U0853725

新编21世纪金融学系列教材

国际结算实务

International Settlement Practice

赵明霄　张德华　主编

中国人民大学出版社
·北京·

前 言

国际结算课程是以国际金融和国际贸易为基础的多边交叉学科，具有很强的实用性和操作性特点。近年来，国内出版的国际结算教材众多，且各具特色，但适合这门课程特点和培养应用型、技能型人才需要的教材寥寥无几。基于此，经过实践调研，在总结长期教学实践活动经验的基础之上，我们组织了具有丰富教学经验的教师以及银行实践部门的业务骨干，编写了《国际结算实务》。作为一门以应用为主的学科，编写时，我们坚持在理论上以“必须、够用”为度的指导思想，强调理论联系实际。

本教材紧密结合国际结算业务运作的实际，在阐述国际银行业务时，提供了各种实例和业务单据的式样；为使每项业务具有直观性和可操作性，书中附有众多业务程序图解，使读者能够较为直观地掌握国际结算的基本知识，加强对所学专业理论知识的理解，提高运用国际结算基本技能的水平，为学生毕业走上工作岗位后缩短适应期、胜任工作奠定扎实的基础；随着“一带一路”建设的推进，为了适应人民币国际化的新形势，我们增加了跨境贸易人民币结算的内容，对跨境贸易人民币结算采取的两类清算渠道即清算行渠道与境内代理银行渠道下，所采用的清算模式即清算行模式与境内代理银行模式的基本原理分别进行了介绍。

本书由兰州财经大学赵明霄教授、中国银行甘肃省分行金融市场部总经理（原国际结算部总经理）张德华任主编。全书共四单元十八章，具体分工如下：赵明霄编写第一章、第八章、第九章、第十章、第十一章、第十二章、第十四章；兰州财经大学闫惠编写第二章、第三章、第四章、第五章、第六章、第七章；兰州财经大学刘思思编写第十三章、第十五章、第十六章、第十七章、第十八章。张德华通读了本书稿并提出了许多宝贵意见。

在本教材的编写过程中，我们参阅了大量的同类教材和有关论著，我们谨对参考资料的作者表示真诚的感谢。

本书既可以作为高等院校金融学、国际贸易、财务管理、会计、商务英语等专业的教材，也可以作为银行、海关、进出口企业相关人员的业务参考用书和培训教材。

由于水平所限，书中难免有不足之处，敬请广大读者批评指正。

编者

2018 年 11 月于金城

目录

第一单元　国际结算票据业务

第二单元　国际结算单据业务

第三单元　国际结算方式业务

第四单元 国际贸易结算融资业务

第一单元

国际结算票据业务

第一章

汇票业务

第一节　汇票概述

一、汇票的含义

汇票是最常见的票据类型之一，我国《票据法》第十九条规定："汇票是出票人签发的，委托付款人在见票时或者在指定日期无条件支付确定的金额给收款人或者持票人的票据。"

国际贸易结算基本上是非现金结算，汇票是国际商务中一种常用的支付工具。在国内贸易中，卖方通常在没有结清账户的情况下先发货，标明货款金额和支付方式的商业发票随后跟到，买方通常可以在不签署任何承认自己义务的正式文件之前先获得货物。相反，在国际贸易中，由于缺乏信任，买方在获得货物之前必须支付货款或者做出支付的承诺。使用以支付金钱为目的并且可以流通转让的债权凭证——票据——为主要的结算工具。依照国际惯例，人们使用汇票来对交易进行结算，它是由出口商开出的、要求进口商或者它的代理在特定时间支付特定金额的命令。汇票的样式如图 1－1 所示。

BILL OF EXCHANGE

No. ×××
Exchange for USD 25,000　　　　London，20 Nov.，2015
　　At 60 days after sight of this First Exchange（Second of the same tenor and date unpaid）pay to the order of ABC Bank the sum of US DOLLARS TWENTY FIVE THOUSAND ONLY.
Drawn under collection
To：B Co.
　　New York
　　　　　　　　For：A Co.
　　　　　　　　（signature）

图 1－1　汇票式样

二、汇票的特征

（1）从当事人方面来看，汇票在出票时，其基本当事人有三方：出票人、付款人和收款人。出票人是签发汇票的人，付款人是受出票人委托支付票据金额的人，收款人是凭汇票向付款人请求支付票据金额的人。

（2）汇票是委付证券，是一种支付命令，故汇票的出票人和付款人之间必须具有真实的委托付款关系，并具有支付汇票金额的可靠的资金来源。

（3）汇票须经承兑。承兑是汇票独有的法律行为。它是指付款人承诺在汇票到期日支付汇票金额的一种票据行为。汇票一经承兑，付款人就取代出票人而成为票据的主债务人。

（4）付款日多样化。汇票除有见票即付的情况外，还有定日付款、出票后定期付款和见票后定期付款等情况。

三、汇票行为

汇票使用过程中的各种行为，都由票据法加以规范，主要有出票、提示、承兑和付款。如需转让，通常应经过背书行为。如汇票遭拒付，还需取得拒付理由书并行使追索权。

（一）出票

出票（draw/issue）是出票人签发汇票并交付给收款人的行为，出票后，出票人即承担保证汇票得到承兑和付款的责任。如汇票遭到拒付，则出票人应接受持票人的追索，清偿汇票金额、利息和有关费用。

出票时有三种方式规定收款人：

（1）限制性抬头（restrictive payee），这种汇票通常会标注“pay ABC Co. Ltd. only”或“pay ABC Co. Ltd. , not negotiable”，这种汇票不得流通转让。

（2）指示性抬头（to order）汇票常标有“pay ABC Co. Ltd. or Order”或者“pay to the order of ABC Co. Ltd. ”。

（3）持票人或者来人抬头（to bearer）常标注有“pay to bearer”或者“pay to ABC Co. Ltd. or bearer”。

（二）提示

提示（presentation）是持票人将汇票提交付款人要求承兑或付款的行为，是持票人要求取得票据权利的必要程序。提示又分付款提示和承兑提示。

（三）承兑

承兑（acceptance），指付款人在持票人向其提示远期汇票时，在汇票上签名，承诺于汇票到期时付款的行为。具体做法是付款人在汇票正面写明“承兑”（accepted）字样，注明承兑日期，于签章后交还持票人。付款人一旦对汇票作承兑，即成为承兑人并以主债务人的地位承担汇票到期时付款的法律责任。

（四）付款

付款（payment）指在汇票到期日，向提示汇票的合法持票人足额付款。持票人将汇票注销后交给付款人作为收款证明。汇票所代表的债务债权关系即告终止。

（五）背书

背书（endorsement）指持票人以转让票据为目的而于其上签字的行为。背书行为的完成包括两个动作：一是在票据背面（有时也在正面）或者粘单上记载有关事项并签章；二是将汇票交付给被背书人，只有经过交付，才算完成背书行为，使其背书有效和不可撤销。

（六）拒付和追索

拒付和追索（dishonour & recourse）。持票人向付款人提示，付款人拒绝付款或拒绝承兑，均称拒付。另外，付款人逃匿、死亡或宣告破产，以致持票人无法实现提示，也称拒付。出现拒付，持票人有追索权，即有向其前手（背书人、出票人）要求偿付汇票金额、利息和其他费用的权利。在追索前必须按规定取得拒绝证明和发出拒付通知。拒绝证明用以证明持票已进行提示而未获结果，由付款地公证机构出具，也可由付款人自行出具退票理由书，或有关的司法文书。拒付通知用以通知前手关于拒付的事实，使其准备偿付并进行再追索。

四、汇票的类型

汇票可以分为以下几种：

（一）按出票人的不同——银行汇票、商业汇票

银行汇票（banker's draft）是出票人和付款人均为银行的汇票。商业汇票（commercial draft）是出票人为企业法人、公司、商号或者个人，付款人为其他商号、个人或者银行的汇票。商业汇票和银行汇票式样分别如图 1－2、图 1－3 所示。

BILL OF EXCHANGE

NO. ①

Exchange for ② ③

At ④ sight of this First of Exchange

(Second of the same tenor and date unpaid), Pay to the order of

⑤ the sum of

⑥

Drawn under ⑦

To: ⑧

⑨

图 1－2　商业汇票式样

说明：①商业汇票编号；②汇票金额（小写）；③出票时间和地点；④付款期限；⑤收款人名称；⑥汇票金额（大写）；⑦取款依据；⑧付款人名称、地址；⑨出票人签名。

BANK OF CHINA

No. ①

This draft is valid for one
year from the date of issue

AMOUNT ②

PAY TO ③

BEIJING ④

THE SUM OF ⑤

TO: ⑥

BANK OF CHINA, HEAD OFFICE
BANKING DEPARTMENT

图 1－3　银行汇票式样

说明：①银行汇票编号；②汇票金额（小写）；③收款人名称；④出票日期；⑤汇票金额（大写）；⑥付款人名称和地址。

（二）按有无附属单据——光票汇票、跟单汇票

光票汇票（clean bill）本身不附带货运单据，银行汇票多为光票汇票。跟单汇票（documentary bill）又称信用汇票、押汇汇票，是需要附带提单、仓单、保险单、装箱单、商业发票等单据，才能进行付款的汇票，商业汇票多为跟单汇票，在国际贸易中经常使用。

（三）按付款时间——即期汇票、远期汇票

即期汇票（sight bill，demand bill，sight draft ）指持票人向付款人提示后对方立即付款，又称见票即付汇票。远期汇票（time bill，usance bill）是在出票一定期限后或特定日期付款。在远期汇票中，记载一定的日期为到期日，于到期日付款的，为定期汇票，记载于出票日后一定期间付款的，为计期汇票；记载于见票后一定期间付款的，为注期汇票；将票面金额划分为几份，并分别指定到期日的，为分期付款汇票。

（四）按承兑人——商业承兑汇票、银行承兑汇票

商业承兑汇票（commercial acceptance bill）是以银行以外的任何商号或个人为承兑人的远期汇票。商业承兑汇票式样如图 1－4 所示。银行承兑汇票（banker's acceptance bill）是以银行为承兑人的远期汇票。银行承兑汇票式样如图 1－5 所示。

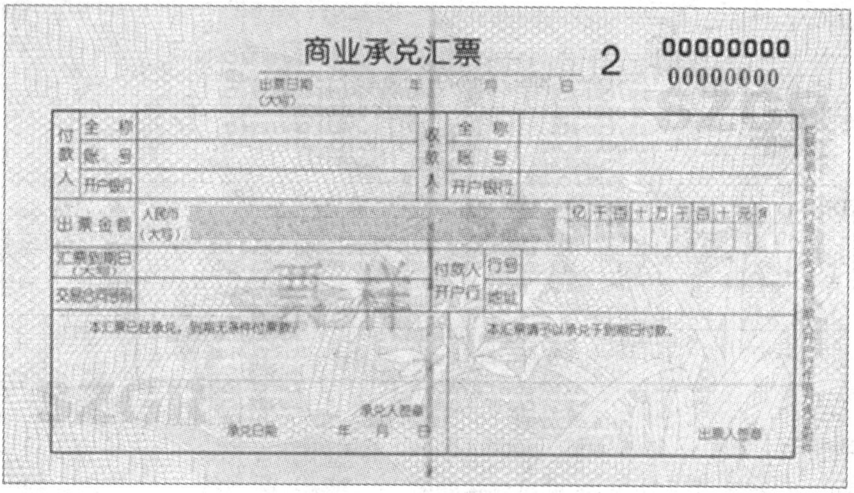

商业承兑汇票 2 00000000 00000000
出票日期（大写） 年 月 日
付款人 全称 / 账号 / 开户银行
收款人 全称 / 账号 / 开户银行
出票金额 人民币（大写） 亿 千 百 十 万 千 百 十 元 角 分
汇票到期日（大写）
付款人开户行 行号 / 地址
交易合同号码
本汇票已经承兑，到期无条件付票款。 承兑人签章 承兑日期 年 月 日
本汇票请予以承兑于到期日付款。 出票人签章

图 1－4　商业承兑汇票式样

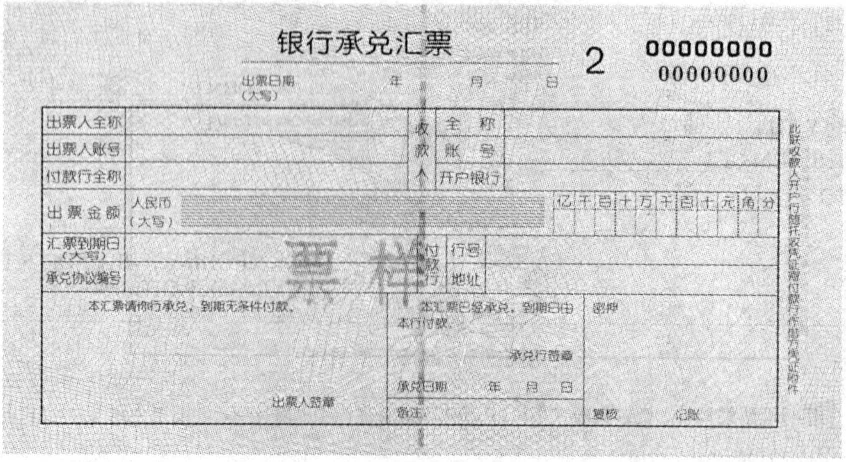

银行承兑汇票 2 00000000 00000000
出票日期（大写） 年 月 日
出票人全称
出票人账号
付款行全称
收款人 全称 / 账号 / 开户银行
出票金额 人民币（大写） 亿 千 百 十 万 千 百 十 元 角 分
汇票到期日（大写）
付款行 行号 / 地址
承兑协议编号
本汇票请你行承兑，到期无条件付款。 出票人签章
本汇票已经承兑，到期日由本行付款。 承兑行签章 承兑日期 年 月 日 备注
密押 复核 记账
此联收款人开户行随托收凭证寄付款行作借方凭证附件

图 1－5　银行承兑汇票式样

（五）按流通地域——国内汇票、国际汇票

第二节　汇票业务办理的程序

一、汇票的内容

汇票的内容是指汇票上记载的项目，主要包括“汇票”字样、无条件支付命令、汇票金额、付款期限、付款地点、付款人、出票日期、出票地点、出票人签字等内容。

（一）“汇票”字样

根据《日内瓦统一法》，只要文字中有字样出现就可以，汇票字样实务中不是非用“汇票”（bill of exchange）不可，同义词也可以（英语的“exchange”或“draft”均可），但必须用作成汇票的同种语言表示。我国也遵循此规定。《英国票据法》不要求必须注出字样，但从实务角度看，一种单据如果注出名称，一看就知道这种单据应该符合什么要求、各当事人有何责任，使经办人方便不少。

（二）无条件支付命令（unconditional order to pay）

（1）命令。英语原文是“Order”，所以必须用“祈使句”，以动词开头，例如：“Pay to John Smith…”若出于礼貌加上“Please”亦可，但绝对不能用“虚拟句”，如“Would you please pay to John Smith…”这类句子已不是命令而只是请求。

（2）无条件。支付这个命令不得以其他行为或事件为条件，如果有三张汇票，支付命令分别是：①如货与合同相符付1万英镑；②从叁号账户付1万美元；③付1万欧元再借记叁号账户。

汇票①的付款是以货物相符为条件，所以是无效票据。

汇票②是从叁号账户付，若叁号账户无款则不能付，所以也是一种条件，票据也无效。

汇票③是先付后借记，是两个分开的行为，借记叁号账户不是付款的条件，所以票据有效。

（3）书面的。《英国票据法》强调必须是书面的（in writing）。其实票据是非书面不可，不然根本无法签字。《英国票据法》与《日内瓦统一法》对票据的大小、作成方式等都未作具体规定，但实务上都要求以适合于业务处理的尺寸和不易涂改的方法作成。为了使字迹容易辨认，一般除签字以外的一切内容都是打出来的。

（三）一定的金额（certain in money）

金额必须确定。《英国票据法》是用“certain”，《日内瓦统一法》是用“determinable”。“确定”的含义是，不论是出票人、付款人还是持票人，任何人根据票据文义计算的结果都一样。

（四）付款期限（Tenor）

（1）种类。《日内瓦统一法》有四种付款期限：

①即期（at sight/on demand）。如：at sight or on demand pay to the order of John Smith。

②见票后定期（见票远期）（at a fixed period after sight）。如汇票中记载：“at 60

days after sight，pay to the order of John Smith.”此见票日是指付款人承兑汇票之日。

③出票后定期（出票远期）（at a fixed period after date）。如汇票中记载：“at 60 days after date，pay to the order of John Smith.”此出票日是指汇票上记载的汇票的出具日期。

④定日（at a fixed date）。

假定未来固定日为 2015 年 5 月 1 日，则汇票中记载：“on 1st may，2015 fixed，pay to the order of John Smith.”

（2）到期日算法。各票据法对到期日算法都有如下准则：

①算尾不算头。是指计算远期汇票的付款时间时，汇票的出票日或者承兑日不包括在内，而将汇票的到期日包括在内。假定汇票付款时间规定为：出票日后 30 天付款，且汇票的出票日为 2015 年 5 月 10 日，则汇票的到期日为 2015 年 6 月 9 日。

②月为日历月。如果汇票的付款时间为出票或者见票后××个月付款，则以到期时对应月份的相同日期为到期日。如汇票规定出票日后 2 个月付款，且出票日为 2015 年 6 月 8 日，则汇票的到期日为 2015 年 8 月 8 日。

若到期月无相同日，则以该月最后一天为到期日。如出票日为 2015 年 1 月 31 日，付款期限为出票后一个月付款，则汇票的到期日为 2015 年 2 月 28 日（平年）。

③半月以 15 天计算。

④月初为 1 日，月中为 15 日，月末为该月最后一日。

⑤先算整月，再算半月。

⑥假日顺延。如果依上面的规则算出的到期日是假日，则到期日顺延至假日后的第一个营业日（first following business day）。

（五）付款地点

付款地点（place of payment）是持票人提示票据请求付款的地点。付款地点有一个非常重要的作用，即根据国际司法的“行为地原则”，在付款地发生的“承兑”“付款”等行为，包括到期日算法都适用付款地法律。

付款地点虽然重要，然而不注付款地点的票据却仍然成立，但这时付款人后面的地址就作为付款地。我国《票据法》规定，汇票上未记载付款地的，付款人的营业场所、住所或者经营居住地为付款地。

（六）付款人

从英语字面翻译，付款人（drawee）应称为受票人，事实上他只是接受命令者，并不一定付款，他可以拒付，也可以指定担当付款人付款。根据我国习惯，本书还是称其为付款人。

汇票上记载的付款人应有一定的确定性（with reasonable certainty），以使持票人能找到并且不会弄错。实务上一般都注明详细地址，特别是以在同一城市有许多机构的银行为付款人时，一定要注明。

汇票付款人可以是出票人自己，称为对己汇票。根据英国票据法，若付款人是出票本人或是杜撰的，则持票人有权选择将该票据作汇票或作本票处理。

英国票据法还允许由两个或两个以上的人作为付款人，但是任何一个付款人都必须对全部债务负责，没有主次之分。

（七）收款人

汇票是债权凭证，而收款人（payee）则是汇票上记明的债权人。汇票上“收款人”

的记载通常称为“抬头”。它应像付款人一样有一定的确定性，但实务上往往不强求地址，而只写一个完整的名字。汇票上的“收款人”可以有许多种类，这些种类直接影响汇票是否可以转让，用什么方法转让。

（八）出票日期

出票日期（date of issue）有三个重要作用：

（1）决定票据有效期。持票人如不在规定时间内要求票据权利，票据权利自动消失。《日内瓦统一法》规定，即期汇票的有效期是从出票日期起的一年时间，我国《票据法》规定见票即付的汇票有效期为两年。

（2）决定到期日。计算出票远期汇票的到期日必须知道出票日期。

《日内瓦统一法》将出票日期作为绝对必要项目。但《英国票据法》却认为，即使没有出票日期，票据仍然成立。如果出具的是远期汇票，为计算到期日，善意持票人可以加上出票日期以确定到期日。

（九）出票地点

出票地点（place of issue）对国际汇票具有重要意义，因为票据是否成立是以出票地法律来衡量的。但是票据不注明出票地却也成立，此时就以出票人后的地址作为出票地点。我国《票据法》规定，汇票上未记载出票地的，出票人的营业场所、住所或者经营居住地为出票地。

（十）出票人签字

票据法是根据某人在票据上的签字来确定他的票据责任的，不签字就不负责。出票人签字（signature of the drawer）是承认自己的债务，收款人因此有了债权，从而票据成为债权凭证。因此若汇票上没有出票人签字，则票据不能成立。出票必须由出票人签字，若是伪造签字，票据就不能成立。

（十一）付一不付二

商业汇票经常是两张一套，但债务只有一笔，因此第一张上说明“付一不付二”[First（second being unpaid）]，在第二张上则记明“付二不付一”[second（first being unpaid）]。

二、汇票办理的程序

根据我国支付结算管理的有关规定，在银行开立账户的法人之间根据购销合同进行商业交易，可以使用商业汇票。签发商业汇票必须以合法的商品交易为基础，禁止签发无商品交易的汇票。商业汇票一律为记名式，允许背书转让。商业汇票承兑后，承兑人即付款人负到期无条件支付票款的责任。

商业汇票按照不同的承兑人可以分为商业承兑汇票和银行承兑汇票两种。由银行承兑的汇票为银行承兑汇票，由银行以外的企事业单位承兑的汇票为商业承兑汇票。商业汇票按介质的不同分为纸质商业汇票和电子商业汇票，纸质票据的最长期限为六个月，电子票据的最长期限为一年。

（一）申请签发银行承兑汇票的程序

交易双方经过协商，签订商品交易合同，并在合同中注明采用银行承兑汇票进行结算。作为销贷方，如果对方的商业信用不佳，或者对对方的信用状况不甚了解或信心不足，使用银行承兑汇票较为稳妥。因为银行承兑汇票由银行承兑，由银行信用作为保证，因而能保证及时收回货款。

1. 银行承兑汇票的适用对象

银行承兑汇票适用于具有真实贸易背景、有延期付款需求的各类国有企业、民营企业、医疗卫生、机关学校等单位。

(1) 存在改善财务状况需求的大型集团客户，尤其是各级国资委监管的大型国有企业；

(2) 财务制度较为严格，希望降低票据应收风险的企业，主要是大型外商投资企业。

2. 签发银行承兑汇票申请资料

(1) 经年检的营业执照或事业单位法人证书、组织机构代码证、贷款卡原件；

(2) 与承兑汇票内容相符的交易双方签订的真实、合法的商品或劳务交易合同原件，或其他能够证实商品或劳务交易关系真实性的书面证明；

(3) 与收款人之间的增值税发票原件；

(4) 上年度及近期财务报表，以保证方式提供担保的还需提供保证人上年度及近期财务报表；

(5) 抵、质押物有关资料（清单、权属证明和评估报告等）；

(6) 银行认为需提交的其他资料。

3. 银行承兑汇票申办程序

付款方按照双方签订的合同的规定，申请签发银行承兑汇票。银行承兑汇票一式三联，第一联为卡片，由承兑银行支付票款时作付出传票；第二联由收款人开户行向承兑银行收取票款时作联行往来账付出传票；第三联为存根联，由签发单位编制有关凭证。

(1) 提交申请。提交书面申请书，即《签发银行承兑汇票申请书》，同时提交其他相关材料；

(2) 银行审核通过签发银行承兑汇票后交承兑申请人签章，承兑申请人签章后将银行承兑汇票第一联返给银行，留存银行承兑汇票第三联，将第二联票据交付收款人签章。

(二) 签发商业承兑汇票的程序

(1) 商业承兑汇票的签发和承兑。由收款人签发的商业承兑汇票，应交付款人承兑；由付款人签发的商业承兑汇票，应经本人承兑。承兑时，付款人须在商业承兑汇票下面签署“承兑”字样，并加盖预留银行印章，再将商业承兑汇票交给收款人。

(2) 商业承兑汇票的收款。商业承兑汇票的收款人或被背书人，对在同一城市的付款人承兑的汇票，应于汇票到期日将汇票送交银行办理收款，对在异地的付款人承兑的汇票，应于汇票到期日前五天内，将汇票交开户行办理收款。对逾期的汇票，应于汇票到期日次日起十天内，将汇票送交开户行办理收款。超过期限，银行不予受理。办理商业承兑汇票收款时，均需填制委托收款凭证，并在“委托收款货物名称栏”注明“商业承兑汇票”及汇票号码，将汇票随托收凭证一并送交开户行。

三、汇票的贴现业务

贴现是指票据（如汇票、本票等）的持票人在票据到期日前，贴付一定利息将票据权利转让给金融机构而获得资金的行为，是金融机构向持票人融通资金的一种方式。

（一）贴现期限与利率

贴现期限从贴现之日起至汇票到期日止，算头不算尾，票据期限最后一日是法定休假日的，以休假日的次日为最后一日。贴现利率按银行当日报价双方约定执行。

其他规定：

（1）汇票自身规定不准贴现的承兑汇票，已公示催告的票据不能办理贴现及本营业单位承兑的银行承兑汇票不得办理贴现业务.

（2）贴现时，申请人须提交商品交易合同及相应的增值税发票复印件，税票金额不得少于汇票金额.

（3）贴现票据的查询：

目前查询分为实地查询和非实地查询两种方式。

①实地查询：对于承兑行在本地的商业汇票，原则上要求上门查询。对于承兑行在异地的商业汇票，审验人员认为有必要实地查询的，需上门查询。

②非实地查询：通过人行大额支付系统查询查复。

（二）贴现的计算

贴现利息＝票面金额×贴现期限（天数）×日利率；

实付贴现金额＝票面金额－贴现利息。

按照规定，贴现利息应根据贴现金额、贴现天数（自银行向贴现单位支付贴现票款日起至汇票到期日前一天止的天数）和贴现率计算求得。

票据贴现利息的计算分两种情况：

1. 不带息票据贴现

贴现利息＝票据面值×贴现率×贴现期

2. 带息票据的贴现

贴现利息＝票据到期值×贴现率×贴现天数/360

贴现天数＝贴现日到票据到期日实际天数－1

贴现利息公式为：

贴现利息＝贴现金额×贴现天数×日贴现率

日贴现率＝月贴现率÷30

实际付款金额＝票面金额－贴现利息

举例：汇票金额 10 000 元，到期日 2006 年 7 月 20 日，持票人于 4 月 21 日向银行申请贴现，银行年贴现利率 3.6%，则贴现利息＝10 000 元×90×3.6%/360＝90 元，银行在贴现当日付给持票人 9 910 元，扣除的 90 元就是贴现利息。（注意：年利率折算成日利率时一年一般按 360 天计算，故要除以 360。）

（三）办理流程

由于我国各家银行的办理流程不尽相同，下面主要以中国银行为例予以说明。

（1）企业持未到期的银行承兑汇票或商业承兑汇票到中国银行各授权分支机构，填制《银行承兑汇票贴现申请书》或《商业承兑汇票贴现申请书》，提出贴现申请；

（2）银行审查申请人资格；

(3) 银行审验银行承兑汇票或商业承兑汇票的真伪并发出查询查复；
(4) 银行按照规定的程序确认拟贴现汇票和贸易背景的真实性、合法性；
(5) 客户与银行签订业务合同；
(6) 按照实付贴现金额发放贴现贷款。

第三节 商业汇票的使用与审核注意事项

一、商业汇票使用注意事项

商业汇票由于其承兑期限较长、便于往来结算、可避免占用企业资金等特征，在经济生活中使用非常普遍，如果商业汇票遗失或者被窃，就会涉及数量较多的当事人，并且为持票人带来不必要的麻烦，为此，使用商业汇票的过程中要注意以下问题。

第一，不要预先在空白处加盖背书人签章及法人印鉴。我国《票据法》第三十一条规定："以背书转让的汇票，背书应当连续。持票人以背书的连续，证明其汇票权利；非经背书转让，而以其他合法方式取得汇票的，依法举证，证明其汇票权利。"背书的连续是指在票据转让中，转让汇票的背书人与受让汇票的被背书人在汇票上的签章依次前后衔接，持票人以背书的连续证明其汇票权利。

根据上述规定，如果预先在汇票空白处加盖背书人签章及法人印鉴，那么捡到汇票或者窃取票据的人，在空白的被背书人一栏填写上自己的名称，就会构成汇票在形式上的连续性，往往导致自己的权利受到侵害。

第二，商业汇票丢失了应当依法申请公示催告。《中华人民共和国民事诉讼法》第二百一十八条规定，可以背书转让的票据持有人，因票据遗失等，可以向票据支付地的基层人民法院申请公示催告，如在公示催告期间没有利害关系人申报权利，那么依据该法第二百二十二条的规定，法院应当根据申请人的申请，做出判决，宣告票据无效，自判决公告之日起，申请人有权向支付人请求支付。

同理，如果发现自己持有的汇票被公示催告，就应当及时向法院申报权利，而且要注意的是，公示催告期间，转让票据权利的行为是无效的。

二、商业汇票真假的辨别

在日常经济活动中，不法分子利用假汇票或假银行承兑汇票诈骗银行、企业或个人资金案时有发生，且金额越来越大，花样越来越多，让人防不胜防。为了避免不必要的经济损失，作为银行、企业的财会人员乃至个体工商户，有必要掌握 2010 版商业汇票的鉴别，新版票据的防伪特征较旧版有了很大的变化，真伪辨别须借助专业性辨别仪器，其防伪要点主要应用了纸张防伪、油墨防伪、印刷技术防伪等多种高科技防伪技术。假票识别要领：一看、二摸、三鉴别；伪造票看特征；变造票看痕迹；克隆变造票要加倍小心。

如果发现汇票可疑，应及时送当地银行进行鉴定，当通过鉴定确属假汇票时，应迅速报告当地人民银行及公安部门，以确保国家和个人财产的安全。

三、汇票审核注意事项

（一）银行汇票的申请人应审查下列事项

（1）汇票是否为统一印制的凭证，汇票和解讫通知是否齐全，汇票号码与记载内容是否一致；

（2）汇票的必需记载事项是否齐全，出票金额、出票日期、收款人名称是否更改，其他记载事项的更改是否由出票银行签章证明；

（3）汇票的记载事项是否严格按照汇票申请书的有关栏目填写，出票金额、出票日期的填写是否确定，小写出票金额与大写出票金额是否一致；

（4）出票银行的签章是否符合有关规定，加盖了汇票专用章和授权经办人员章。

（二）收款人受理银行汇票应审查下列事项

（1）银行汇票和解讫通知是否齐全，汇票号码和记载的内容是否一致；

（2）收款人是否确为本单位或本人；

（3）银行汇票是否在提示付款期限内；

（4）必须记载的事项是否齐全；

（5）出票人签章是否符合规定，大小写出票金额是否一致；

（6）出票金额、出票日期、收款名称是否更改，更改的其他记载事项是否由原记载人签章证明。

（三）被背书人应当审查下列事项

（1）汇票是否为统一印制的凭证，汇票是否真实，提示付款期限是否超过；

（2）汇票和解讫通知是否齐全，汇票号码与记载内容是否一致；

（3）是否作成转让背书，背书是否连续，背书人（仅指被背书人的直接前手）的签章是否真实，被背书人是否确为本单位或者本人；

（4）汇票的必需记载事项是否齐全，出票金额、出票日期、收款人名称是否更改，其他记载事项的更改是否由原记载人签章证明；

（5）汇票的记载事项是否符合有关规定，出票金额、出票日期的填写是否确定，小写出票金额与大写出票金额是否一致，出票银行的签章是否符合有关规定，加盖了汇票专用章和授权经办人员章；

（6）汇票的实际结算金额大小写是否一致，是否在出票金额以内；

（7）汇票是否在规定的范围内转让，背书是否连续，签章是否符合规定，背书使用粘单的是否按规定在粘接处签章。

（四）付款行和代理付款行应审查下列事项

（1）汇票和解讫通知是否齐全，汇票号码和记载的内容是否一致；

（2）汇票是否为统一印制的凭证，汇票是否真实，提示付款期限是否超过；

（3）汇票填明的持票人是否在本行开户，持票人名称是否为该持票人，与银行进账单上的名称是否相符；

（4）使用密押的，密押是否正确；

（5）汇票的实际结算金额大小写是否一致，是否在出票金额以内，与进账单所填金额是否一致，多余金额结计是否正确，如果全额进账，必须在汇票和解讫通知的实际结算金额栏内填入全部金额，多余金额栏填写“—0—”；

(6) 汇票的必需记载事项是否齐全，出票金额、出票日期、收款人名称是否更改，其他记载事项的更改是否由原记载人签章证明；

(7) 持票人是否在汇票背面“持票人向银行提示付款签章”处签章，背书转让的汇票是否按规定的范围转让，其背书是否连续，签章是否符合规定，背书使用粘单的是否按规定在粘接处签章；

(8) 出票银行的签章是否符合规定，加盖的汇票专用章是否与印模相符。

(五) 承兑人承兑商业汇票时应审查下列事项

(1) 汇票是否为统一印制的凭证，提示承兑期限是否超过；

(2) 汇票的必需记载事项是否齐全，出票金额、出票日期、收款人名称是否更改，其他记载事项的更改是否由原记载人签章证明；

(3) 出票人的签章是否符合规定；

(4) 汇票上填明的付款人是否为本单位或者本人；

(5) 与出票人有无真实的委托付款关系，有无支付汇票金额的可靠资金。

(六) 持票人或付款人的开户银行受理应审查下列事项

(1) 汇票是否为统一规定印制的凭证，提示付款期限是否超过；

(2) 汇票上填明的持票人是否在本行开户；

(3) 出票人、承兑人的签章是否符合规定；

(4) 汇票必须记载的事项是否齐全，出票金额、出票日期、收款人名称是否更改，其他记载事项的更改是否由原记载人签章证明；

(5) 是否作成委托收款背书，背书转让的汇票其背书是否连续，签章是否符合规定，背书使用粘单的是否按规定在粘接处签章；

(6) 委托收款凭证的记载事项是否与汇票记载的事项相符。

(七) 受让人（被背书人）受理汇票时应审查下列事项

(1) 汇票是否为统一印制的凭证，提示付款期限是否超过；

(2) 出票人、承兑人的签章是否符合规定；

(3) 汇票的必需记载事项是否齐全，出票金额、出票日期、收款人名称是否更改，其他记载事项的更改是否由原记载人签章证明；

(4) 是否作成转让背书，背书是否连续，背书人（仅指被背书人的直接前手）的签章是否真实，记载的被背书人是否为本单位或者本人，背书使用粘单的是否按规定在粘接处签章。

(八) 收款人受理汇票应审查下列事项

(1) 汇票是否为统一印制的凭证，提示承兑或提示付款期限是否超过；

(2) 出票人、承兑人的签章是否符合规定；

(3) 汇票的必需记载事项是否齐全，出票金额、出票日期、收款人名称是否更改，其他记载事项的更改是否由原记载人签章证明；

(4) 汇票上填明的收款人是否为本单位或者本人；

银行承兑汇票结算相关凭证填制与审核项目实训要求及考核标准见表 1－1。

表 1-1 银行承兑汇票结算相关凭证填制与审核项目实训要求及考核标准

实训项目及步骤		实训要求与考核标准	序号	得分	备注
总体要求	真实可靠	票据上的记载事项应当真实，不得伪造、变造。伪造、变造票据上的签章和其他记载事项的，应当承担法律责任。 商业汇票的出票人必须与付款人具有真实的委托付款关系，并且具有支付汇票金额的可靠资金来源。出票人不得签发无对价的汇票用以骗取银行或者其他票据当事人的资金。	1	3	涂改、更改银行承兑汇票签发日期、收款人、汇款大写金额、本票残损、污染严重无法辨认的，银行不予受理。
	内容完整	将银行承兑汇票各联所列项目逐项填写，不可缺漏；手续齐备。	2	3	
	填制及时	在与其他单位发生经济往来或存在债权债务关系并协议采用银行承兑汇票结算时，应按协议规定及时开出并经开户行承兑后交收款人，做到不积压、不误时。	3	3	
	书写清楚	银行承兑汇票一般为机制打印，也可用蓝色或黑色钢笔或碳素笔填写，不得使用铅笔及圆珠笔。	4	3	
		字迹端正、易于辨认，做到数字书写符合会计上的技术要求，文字工整，不草、不乱、不“造”，不涂改。	5	3	
银行承兑汇票申请书		将银行承兑汇票申请书所列项目逐项填写，不可缺漏，并加盖单位预留印鉴，交由银行审核。	6	5	
银行承兑协议		将银行承兑汇票协议所列项目逐项填写，不可缺漏，并加盖单位预留印鉴，交由银行审核后加盖承兑银行印鉴。	7	5	
联次	第一联	承兑行留存备查，到期支付票款时作为借方凭证附件。	8	2	要求学生口述银行承兑汇票的联次及其作用。
	第二联	收款人开户行随托收凭证寄付款人开户行作为借方凭证附件。	9	2	
	第三联	出票人存查。	10	2	
银行承兑汇票填写	出票日期	按付款业务发生或完成的日期填制。出票日期必须大写，大写数字写法：零、壹、贰、叁、肆、伍、陆、柒、捌、玖、拾。 （1）年：年份应按阿拉伯数字表示的年份所对应的大写汉字书写。 （2）月：壹月贰月前零字必写，叁月至玖月前零字可写可不写。拾月至拾贰月必须写成壹拾月、壹拾壹月、壹拾贰月（前面多写了“零”字也认可，如零壹拾月）。 （3）日：1 日至 9 日、10 日、20 日、30 日前应加“零”字；11 日至 19 日必须写成壹拾壹日及壹拾×日（前面多写了“零”字也认可，如零壹拾伍日，下同），21 日至 29 日必须写成贰拾日及贰拾×日，31 日应写成叁拾壹日。	11	5	
	收款人名称、账号、开户行情况	（1）收款人名称应填写其在开户行开户时预留的单位名称，否则银行不予付款。 （2）填写收款人开户账号。 （3）填写收款人开户行名称及行号。	12	3	

续表

实训项目及步骤			实训要求与考核标准	序号	得分	备注
银行承兑汇票填写	付款人名称、账号、开户行情况		(1) 付款人名称应填写其在开户行开户时预留的单位名称，否则银行不予付款。 (2) 填写付款人开户账号。 (3) 填写付款人开户行名称及行号。	13	3	
	金额	小写金额	正确填写银行承兑汇票的金额。在小写数前用“¥”（或其他币种）符号封顶，一律填写到角分；无角分的，角位和分位可写“00”或“0”。	14	3	
		大写金额	汉字大写数字金额如零、壹、贰、叁、肆、伍、陆、柒、捌、玖、拾、佰、仟、万、亿等，一律用正楷字或者行书体书写，不得用0、一、二、三、四、五、六、七、八、九、十等简化字代替，不得任意自造简化字。	15	3	
			大写金额数字到元或角为止的，在“元”或者“角”字之后应写“整”或者“正”字，不得写为“零角零分”或“零分”；大写金额数字有分的，分字后面不写“整”或者“正”字。	16	2	
			大写金额栏货币名称与金额数字之间不得留有空白。	17	2	
			大小写金额应相符。	18	3	
	到期日		按双方协议的付款日填写票据到期日，到期日可以按日计算也可以按月计算，具体要求同签发日期的填写。	19	5	未记明付款日的，为见票即付。
	交易合同号码		由于银行承兑汇票结算形式必须以真实的交易或者债务关系为前提，因此应按实际情况填写交易合同号。	20	2	
	签名盖章		银行承兑汇票由出票行承兑。出票人及出票行都应在银行承兑汇票的第二联正面签署“承兑”字样并加盖其印章。	21	5	
贴现申请书	贴现汇票		正确填列有关贴现汇票的各项信息，包括种类、号码、出票日、到期日、大小写金额等。	22	3	
	持票人		正确填列持票人的名称、账号、开户行。	23	3	
	承兑银行		正确填列承兑银行的名称、账号、开户行。	24	3	
	贴 现		正确填列贴现率、贴现金额、实付贴现金额等指标。	25	3	
	签 章		当贴现办理完毕，贴现银行应签章。	26	3	
	备注		一般填写票面年利息率、年贴现率、到期值、实际贴现利息、实付贴现金额等内容。	27	3	
贴现协议			将银行承兑汇票贴现协议所列项目逐项填写，如贴现申请人及其法定代表人（或授权代理人）、开户行、账号、企业（法人）营业执照号码；贴现人（下称乙方）银行名称、法定代表人（或授权代理人）、地址、申请贴现理由、申请贴现汇票情况、贴现情况，并加盖贴现申请人及法定代表人签章、贴现人及法定代表人签章。	28	5	
审核要求			审核银行承兑汇票的各要素是否齐全，包括：(1) 表明“银行承兑汇票”字样；(2) 无条件支付的委托；(3) 确定的金额；(4) 付款人名称；(5) 收款人名称；(6) 出票日期；(7) 出票人签章。	29	10	
合计					100	

第二章

本票业务

第一节　本票概述

本票应具备 9 个必要项目（比汇票少了一个重要项目——付款人）：

（1）本票字样。如式样中的“PROMISSORY NOTE”（见图 2－1）。

（2）无条件支付承诺。这里的支付也是不能附加条件的，但不是汇票的“命令”，而是承诺。在式样中“we promise to pay”表明了这一点。

（3）一定金额。要求同汇票。

（4）出票日期。

（5）出票地点。写在式样中的右上角。若未写明出票地点，则出票人所在地即为出票地。

（6）付款期限。若是“×× days after date”，则出票后若干天里是到期日；有的直接指定了到期日，如 2010 年 6 月 3 日，则属固定日期的本票；若没有表明期限，则视为即期本票；若是“×× days after sight”，则见票后若干天付款。

（7）收款人或其指定人。

（8）付款地点。若未写明，则出票地为付款地。

（9）出票人签字。

我国《票据法》第七十六条规定，上述 9 个项目中，除付款地点、付款期限、出票地点外，其余均为绝对必要项目。

PROMISSORY NOTE

USD 5,000.00　　　　Hong Kong，March 15,1988

On demand we promise to pay to the order of D Company the sum of Five Thousand U. S. dollars only.

For A Company
Hong Kong
Signed

图 2－1　本票式样

第二节 本票业务办理的程序

由于我国企业不能签发本票，所以我国没有商业本票。在此，以银行本票为例介绍本票办理流程。

银行本票是银行根据客户申请签发的，承诺自己在见票时无条件支付确定的金额给收款人或者持票人的票据。银行本票分为现金银行本票和转账银行本票两种，提示付款期为2个月。

（一）银行本票适用范围

单位及个人在境内所在地票据交换区域内办理各种款项结算时，均可使用银行本票。与其他银行结算方式相比，银行本票结算具有如下特点：

（1）使用方便。我国现行的银行本票使用方便灵活。单位、个体经济户和个人不管其是否在银行开户，它们之间在同城范围内的所有商品交易、劳务供应以及其他款项的结算都可以使用银行本票。收款单位和个人持银行本票可以办理转账结算，也可以支取现金，同样也可以背书转让。银行本票见票即付，结算迅速。

（2）信誉度高，支付能力强。银行本票是由银行签发，并于指定到期日由签发银行无条件支付，因而信誉度很高，一般不存在得不到正常支付的问题。其中定额银行本票由中国人民银行发行，各大国有商业银行代理签发，不存在票款得不到兑付的问题。不定额银行本票由各大国有商业银行签发，由于其资金力量雄厚，因而一般也不存在票款得不到兑付的问题。

（二）银行本票办理流程

（1）本票申请人填写《银行本票申请书》（见图2－2），并加盖在开户行的预留印鉴；

（2）银行审核无误办理扣账并收取费用后，开立银行本票（见图2－3），连同缴费回单交付本票申请人；

（3）对于申请开立现金本票的，申请人、收款人双方均应为个人，且必须交存现金；

（4）本票申请人将银行本票交付给本票上记明的收款人，收款人可以将银行本票背书转让给被背书人，背书转让时，收款人或背书人填明被背书人名称和背书日期并签章；

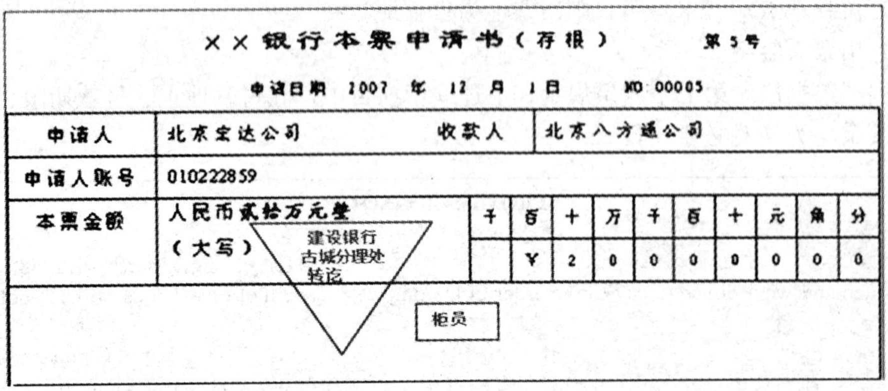
××银行本票申请书（存根）　　第5号

申请日期 2007 年 12 月 1 日　　NO 00005

申请人	北京宝达公司　收款人	北京八方通公司									
申请人账号	010222859										
本票金额	人民币贰拾万元整（大写）	千	百	十	万	千	百	十	元	角	分
			¥	2	0	0	0	0	0	0	0

图2－2 银行本票申请书

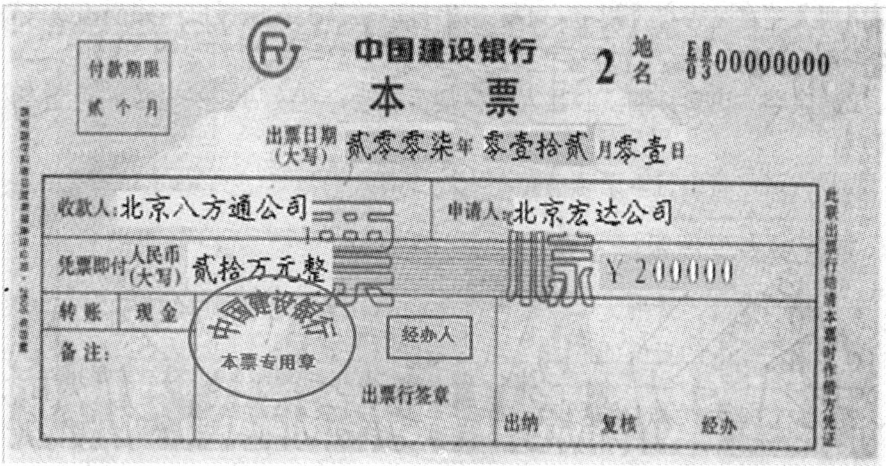
付款期限 贰个月
中国建设银行
本　票　2　地名　00000000
出票日期（大写）贰零零柒年零壹拾贰月零壹日
收款人：北京八方通公司　申请人：北京宏达公司
凭票即付 人民币（大写）贰拾万元整　￥200000
转账　现金
备注：
中国建设银行 本票专用章
经办人
出票行签章
出纳　复核　经办
此联出票行结清本票时作借方凭证

图 2-3　银行本票票样

（5）收款人（持票人）持银行本票、进账单到开户行办理兑付手续，应在本票背面“持票人向银行提示付款签章”处签章，签章须与预留银行签章相同。

第三节　本票的填写与审核

一、申请人使用银行本票时注意事项

（1）申请人在填写“银行本票申请书”时，须填明收款人名称、申请人名称、支付金额、申请日期等事项并签章。申请人和收款人均为个人需要支取现金的，应在“支付金额”栏先填写“现金”字样，后填写支付金额。

（2）申请人或收款人为单位的，不得申请签发现金银行本票。

（3）申请人应将银行本票交付给本票上记明的收款人。

（4）银行本票的出票人为经中国人民银行当地分支行批准办理银行本票业务的银行机构。

（5）定额银行本票面额为 1 000 千元、5 000 元、1 万元和 5 万元。银行本票的提示付款期限自出票日起最长不得超过 2 个月。银行本票的代理付款人是代理出票银行审核支付银行本票款项的银行。持票人超过付款期限提示付款的，代理付款人不予受理。

（6）出票银行受理银行本票申请书，收妥款项签发银行本票。用于转账的，在银行本票上划去“现金”字样；申请人和收款人均为个人需要支取现金的，在银行本票上划去“转账”字样。不定额银行本票用压数机压印出票金额。出票银行在银行本票上签章后交给申请人。

二、收款人受理银行本票时审核注意事项

（1）收款人是否确为本单位或本人；

（2）银行本票是否在提示付款期限内；

（3）必须记载的事项是否齐全；

（4）出票人签章是否符合规定，不定额银行本票是否有压数机压印的出票金额，并与大写出票金额一致；

（5）出票金额、出票日期、收款人名称是否更改，更改的其他记载事项是否由原记载人签章证明；

（6）收款人可以将银行本票背书转让给被背书人。

三、被背书人受理银行本票时审核注意事项

（1）背书是否连续，背书人签章是否符合规定，背书使用粘单的是否按规定签章；

（2）背书人为个人的身份证件。

四、持票人提示付款时注意事项

银行本票是见票即付。跨系统银行本票的兑付，持票人开户行可根据中国人民银行规定的金融机构同业往来利率向出票银行收取利息。

在银行开立存款账户的持票人向开户行提示付款时，应在银行本票背面“持票人向银行提示付款签章”处签章，签章须与预留银行签章相同，并将银行本票、进账单送交开户行。银行审查无误后办理转账。

未在银行开立存款账户的个人持票人，凭注明“现金”字样的银行本票向出票银行支取现金的，应在银行本票背面签章，记载本人身份证件名称、号码及发证机关，并交验本人身份证件及其复印件。

持票人对注明“现金”字样的银行本票需要委托他人向出票银行提示付款的，应在银行本票背面“持票人向银行提示付款签章”处签章，记载“委托收款”字样、被委托人姓名和背书日期以及委托人身份证件名称、号码、发证机关。被委托人向出票银行提示付款时，也应在银行本票背面“持票人向银行提示付款签章”处签章，记载证件名称、号码及发证机关，并同时交验委托人和被委托人的身份证件及其复印件。

持票人超过提示付款期限不获付款的，在票据权利时效内向出票银行做出说明，并提供本人身份证件或单位证明，可持银行本票向出票银行请求付款。

五、银行本票退款注意事项

申请人因银行本票超过提示付款期限或其他原因要求退款时，应将银行本票提交到出票银行，申请人为单位的，应出具该单位的证明；申请人为个人的，应出具该本人的身份证件。出票银行对于在本行开立存款账户的申请人，只能将款项转入原申请人账户；对于现金银行本票和未在本行开立存款账户的申请人，才能退付现金。

银行本票丧失，失票人可以凭人民法院出具的其享有票据权利的证明，向出票银行请求付款或退款。

第三章

支票业务

第一节　支票概述

一、支票的含义

《英国票据法》中支票（cheque/check）的定义很短：支票是以银行为付款人的即期汇票（A cheque is a bill of exchange drawn on a banker，payable on demand）。

《日内瓦统一法》的定义是：

支票须包含：(1) 支票字样。(2) 无条件支付一定金额的命令。(3) 付款人。(4) 付款地。(5) 出票日期与地点。(6) 出票人签名。

《日内瓦统一法》中还有一条款专门加以说明：支票的付款银行必须是持有出票人根据协议有权开立支票处理的存款的银行。

可见，支票是由银行的支票存款储户根据协议向银行开立的付款命令。出票人签发支票必须具备两个条件：(1) 在银行有存款；(2) 与银行之间有支票协议。必须同时满足这两个条件的支票才可得到付款。因此支票不像汇票和本票，通常由出票人自己设计格式，或者由出票人随手写成。支票总是在由开户行设计的印刷精良的格式上作成。这一方面可以说明银行与出票人之间的关系，另一方面也可防止假冒。

我国《票据法》对支票的定义是："支票是出票人签发的，委托办理支票存款业务的银行或者其他金融机构在见票时无条件支付确定的金额给收款人或其持票人的票据。"

从以上定义可以看出，作为支票有两个最重要的特点：一是见票即付，二是银行作为付款人。图 3-1 展示了支票式样。

No. ×××
Check for USD25,000　　　　　　　　　New York，March 20，2010
　　Pay to the order of A Co.　the sum of US DOLLARS TWENTY FIVE THOUSAND ONLY.
To：Bank of ×××
　　New York
　　　　　　　　　　　　　　　　　　　　For AG Co.，New York
　　　　　　　　　　　　　　　　　　　　Manager（Signature）

图 3-1　支票式样

二、支票与汇票的比较

支票与汇票最主要的区别有两点：(1) 必须即期付款。(2) 必须由银行付款。除此之外，支票和汇票并无本质上的不同。下面将其不同之处列入表 3-1。

表 3-1　汇票与支票的区别

汇票	支票
1. 有即期和远期	1. 只有即期
2. 付款人可能是商号、银行、承兑人、参加付款人、保证人等	2. 只能是银行
3. 出票人和付款人之间不必先有资金关系	3. 要有资金关系
4. 无保付和划线	4. 有保付和划线
5. 一式多份	5. 单张
6. 汇票是结算、投资及信贷的工具	6. 只是支付工具
7. 主债务人是承兑人，承兑前是出票人	7. 主债务人是出票人
8. 出票人（背书人）有保证付款和承兑的责任	8. 出票人（背书人）只保证付款
9. 有承兑、参加承兑、参加付款	9. 无
10. 不能止付	10. 可以止付

三、支票主要当事人的责任

(一) 出票人责任

支票出票人与汇票出票人一样，必须担保付款。但它们担保的含义不同。支票出票人必须保证其在银行有足够的存款，或者银行会允许透支，支票提示时银行一定会付款。万一因存款不足等原因银行拒付，出票人的过失就不只是汇票出票人的“不履约”，而是严重得多的“欺骗”。一般国家的法律对于开空头支票的出票人都要课以罚款，金额大的还要拘留甚至判刑。

(二) 付款行责任

付款行对支票付款，当然要看支票是否合格。付款时付款行最重要的责任是核对出票人签字的真实性。因为根据支票账户协议，只有开户人有权指示付款。但是对于支票的背书，银行只管是否连续，不管真伪，只要出于善意，付款行的付款责任就解除了。如果支票是由持票人直接向银行提示取款，银行还必须要求持票人做收款背书。

但是根据付款行与出票人之间的协议，付款行必须严格按照支票的“指示”执行付款。因此在划线支票时，如果付款行疏忽没有照划线内容付款，譬如前来收账的银行不是特殊划线指定的银行，那么万一票据的真正所有人受到损失，付款行就必须赔偿。

(三) 收款人责任

支票收款人必须在有效期内提示支票，不然万一出票人受损失，收款人应予赔偿。譬如，因为提示过期，付款行倒闭，导致出票人受损，这种损失将由收款人赔偿。

四、支票的种类

(一) 记名支票与不记名支票

这里所谓记名不记名，是指支票上收款人这一栏内的行文。凡记名支票者，必须在这一栏写明某某人为收款人；凡不记名支票者，这一栏里就写成持票来人。

记名支票除非有限制转让的文字，否则即为指示性抬头的支票，可以背书转让。记名支票在取款时，必须由收款人签章并经付款行验明其真实性。

无记名支票，又称空白支票或来人支票，即持票来人抬头。任何人只要持有这种支票，就可以向银行要求付款，且取款时不需要签章。银行对持票人获得支票是否合法不负责任。

（二）划线支票与不划线支票

1. 划线支票

所谓划线支票（crossed check）就是在支票的正面划上两条平行线，以此表明该支票不能在付款行的柜台提现，而只能付到收款人的账户入账。

只要提示的票据合格，支票的付款银行就应立即付款，因此万一支票遗失，很容易被冒领，罪犯取了现款立即逃之夭夭，损失难以追回。为了有效地防止冒领，出票人或持票人可以在支票上划线来提高安全性，这样的支票就只能通过银行收款，不得由持票人直接提取现款。因为所划的两条线须平行，因此划线支票又称为平行线支票。根据 1957 年《英国支票法》，银行签发的即期汇票也可划线。划线支票就相当于我国的转账支票。

支票划线可以分为普通划线和特殊划线：

（1）普通划线（general crossing）。普通划线是指不注明收款银行的划线。收款人可以通过任何一家银行收款。其形式有以下四种：

①	②	③	④
	&Company	Not Negotiable	Account Payee

①是最普通的划线支票。②是在横线中加上“& Company”字样，这种做法现在几乎不用。③横线中加上“Not Negotiable”（不可议付），有这种划线的支票的出票人只对收款人负责，收款人虽然仍可转让该支票，但受让人的权利不优于收款人。④横线中可以加“Account Payee”（或“A/C Payee”）（入收款人账），此时，支票的收款银行只可将收到的票款记入收款人账户而不得直接付现，以便有案可查。

划线中间也可以同时写“Not Negotiable”和“A/C Payee”。根据《日内瓦统一法》，只要在支票上横向写上“Payable in Account”就只可通过银行收账。

（2）特殊划线（special crossing）。横线中记有收款银行的划线就是特殊划线，有这种划线的支票只能通过该指定行向付款行作付款提示。《英国票据法》规定，划线中只可记一个银行，而这个银行可以在其中再加一个委托收款银行以方便交换，不然付款行可退票。《日内瓦统一法》则规定一个划线中只能有一个行名，一张支票最多只能有两个特殊划线，其中的一个必须是由另一个中指定的银行所作的委托收款划线。根据《英国票据法》，支票正面横向写上的银行名就作为特殊划线，而不一定要有两条横线。任何一种普通划线都可以加上收款银行行名而转为特殊划线。但是特殊划线却不能涂销行名改为普通划线。支票上的划线是实质性内容（material part），一旦写上任何内容如“A/C Payee”、银行名等，就不得涂销（包括两条横线本身），即使涂销，记载也仍旧有效。

2. 非划线支票

非划线支票（uncrossed check），又称 open check，指支票正面未划有两条平行线。

这种支票既可转账，又可提现，相当于我国的现金支票。

（三）保付支票

支票是以银行为付款人的即期汇票，因为是即期，当然受票银行就无须承兑。支票可以由付款银行加“保付”（certified to pay）字样并签字，成为保付支票（certified check）。付款银行保付后就必须付款，就像汇票的承兑人一样。保付后支票身价升高，有利于流通。

《美国统一商法典》中有票据保付的规定。一经付款行保付，其他债务人一概免责。保付银行与承兑人同责，即使持票人在支票过期后提示，保付银行仍要付款。日本票据法也有关于保付的规定，但是保付的付款行只在支票有效期内保证付款。

《英国票据法》、《日内瓦统一法》和我国《票据法》都没有有关支票保付的内容。

（四）银行支票

上文谈到支票涉及存款人与其开户行的关系，如果把这种关系延伸扩展，变成两家银行之间的关系，即存款者并非某个人，而是一家银行，发展成银行与银行间的关系，是一家银行在另一家银行开立支票账户。这时，开户行开立的支票就不是私人支票了，而叫银行支票（banker's check），是一家银行签发的，命令另一家银行向某人或某人指定的人，或持票来人付款的书面命令。也就是说，银行支票的出票人和付款人都是银行。银行支票一般是银行为客户办理汇款业务时使用的。

（五）支票卡

支票卡（check card）的使用和起因很简单。用支票购物很方便，但要店主或超级市场愿意接受所开的私人支票才行。店主有时候不愿意接受支票，因为他无法断定顾客的银行账户里是否有足够的存款余额；如果余额不足，银行就会退票，店主就不能收回货款了。

为了解决这个问题，银行特发给本行可靠的老客户一种支票卡。银行凭此卡担保：每笔购物所开出的支票，金额不超过一定限额者，本行保证兑付该支票。

此时，店主看到有银行出具的支票卡作保证，知道此笔货款将由银行支付，就可以放心让顾客取走货物了。

由此可知，支票卡就是存款银行发给存款人的一张卡片，以证明持卡人签发的支票是可靠的，在银行账户上有足够的存款，不会遭到退票。可见，支票卡是便利消费者购物、繁荣消费市场的金融手段，支票卡的功能在于证明持卡人有贷方余额。

在我国，由于私人支票尚未成为重要的支付手段和支付凭证，所以支票卡也没有问世。

第二节 支票业务办理的程序

一、支票内容

支票应具备8个必要项目（比汇票少2个必要项目——付款期限和收款人）：

（1）支票字样。

（2）无条件支付命令。

(3) 一定金额。

(4) 付款银行名称（一般支票上都印就了银行名称）。

(5) 付款地点（未写明的，即为付款银行所在地）。

(6) 出票日期。

(7) 出票地点（未写明的，即为出票人名称旁边的地点）。

(8) 出票人签章。

在《英国票据法》中，支票收款人也是必要项目，必须写明。而在《日内瓦统一法》中规定，支票可以不写收款人，此时支票就作为来人抬头。

我国《票据法》第八十五条规定，支票绝对要记载的项目有表明“支票”的字样、无条件支付的委托、确定的金额、付款人名称、出票日期、出票人签章，以上内容缺一不可，否则支票无效。不过，支票上的金额可以由出票人授权补记（支票可以是空白支票）。除必要项目外，收款人、付款地、出票地都是支票的重要内容。支票上未记载收款人名称的，经出票人授权可以补记；未记载付款地的，付款人的营业场所为付款地；未记载出票地的，出票人的营业场所、住所或者经常居住地为出票地。

二、支票有效期

支票是替代现金的即期支付工具，因此有效期较短。《日内瓦统一法》规定了支票的提示期限：若出票与付款在同一国家是自出票日起算 8 天；出票与付款不在同一国家但在同一个洲的是 20 天；不同国又不同洲的则是 70 天。追索的期限是从上述提示期限到期起算 6 个月。

《英国票据法》对支票的有效期没有特殊规定，支票也像汇票一样，应在合理时间内作付款提示。

我国《票据法》第九十二条规定，支票的持票人应自出票日起 10 日内提示付款。

三、支票止付

《日内瓦统一法》禁止在有效期内止付支票，即使出票人死亡、破产也不受影响。这样规定是为了防止出票人开了空头支票又止付得以逃避债务。但是有效期过后出票人可以止付，不然付款行支付支票以后也不负赔偿之责。

《英国票据法》允许止付支票。英国人认为，出票人止付支票并不能摆脱债务。英国银行只有在收到说明支票号码、出票日期、金额、收款人等内容的由出票人签字的书面通知后，才会止付。如果客户用电话通知则必须随后送交书面证实，不然也不止付。根据《英国票据法》，在有确凿证据证明出票人已经死亡或破产时，英国银行有权止付支票。

四、支票办理的程序

（一）支票的适用范围

公司及个人在境内同城或异地办理各种款项结算时，均可使用支票。

（二）支票的办理流程

(1) 出票人（付款人）签发支票并加盖预留银行印鉴。

(2) 在支票付款期限内，持票人（收款人）可以将支票背书转让给被背书人；背书转让时，收款人或背书人填明被背书人名称和背书日期并签章。

（3）支票到期日前办理委托收款或提示付款手续。

①收款人委托收款。收款人将支票和三联进账单提交开户行办理委托收款，付款行付款后，收款行为收款人办理入账。

②付款人主动付款。付款人将支票和三联进账单提交开户行办理提示付款，付款行对支票审核无误后办理付款，收款行办理入账。

第三节　支票的使用与审核注意事项

一、支票的填写规范

支票的填写必须做到标准化、规范化，要素齐全、数字正确、字迹清晰、不错漏、不潦草，防止涂改。

（1）中文大写金额数字应用蓝色或者黑色的签字笔（钢笔）、正楷或行书填写，如壹、贰、叁、肆、伍、陆、柒、捌、玖、拾、佰、仟、万、亿、元、角、分、零、整（正）等字样。不得用一、二、三、四、五、六、七、八、九、十填写，不得自造简化字。如果金额数字书写中使用繁体字，如貳、陸、億、萬、圓的，也予以受理。

（2）中文大写金额数字到“元”为止的，在“元”之后，应写“整”（或“正”）字，在“角”之后可以不写“整”（或“正”）字。大写金额数字有“分”的，“分”后面不写“整”（或“正”）字。

（3）支票金额，一定要顶行写，字体均匀。中文大写金额数字前应标明“人民币”字样，大写金额数字应紧接“人民币”字样填写，不得留有空白。大写金额数字前未印“人民币”字样的，应加填“人民币”三字。

（4）阿拉伯小写金额数字中有“0”时，中文大写应按照汉语语言规律、金额数字构成和防止涂改的要求进行书写。举例如下：

①阿拉伯数字中间有“0”时，中文大写金额要写“零”字。如￥1 409.50，应写成人民币壹仟肆佰零玖元伍角。

②阿拉伯数字中间连续有几个“0”时，中文大写金额中间可以只写一个“零”字。如￥6 007.14，应写成人民币陆仟零柒元壹角肆分。

③阿拉伯金额数字万位或元位是“0”，或者数字中间连续有几个“0”，万位、元位也是“0”，但千位、角位不是“0”时，中文大写金额中可以只写一个“零”字，也可以不写“零”字。如￥1 680.32，应写成人民币壹仟陆佰捌拾元零叁角贰分，或者写成人民币壹仟陆佰捌拾元叁角贰分；又如￥107 000.53，应写成人民币壹拾万柒仟元零伍角叁分，或者写成人民币壹拾万零柒仟元伍角叁分。

④阿拉伯金额数字角位是“0”，而分位不是“0”时，中文大写金额“元”后面应写“零”字。如￥16 409.02，应写成人民币壹万陆仟肆佰零玖元零贰分；又如￥325.04，应写成人民币叁佰贰拾伍元零肆分。

（5）阿拉伯小写金额数字前面，均应填写人民币符号“￥”。阿拉伯小写金额数字要认真填写，不得连写，防止分辨不清。

（6）出票日期必须使用中文大写。为防止变造票据的出票日期，在填写月、日时，月为壹、贰和壹拾的，日为壹至玖和壹拾、贰拾和叁拾的，应在其前加“零”；日为拾壹至拾玖的，应在其前加“壹”。如 1 月 15 日，应写成零壹月壹拾伍日。再如 10 月 20 日，应写成零壹拾月零贰拾日。

(7) 出票日期使用小写填写的，银行将不予受理。大写日期未按要求规范填写的，银行予以受理，但由此造成损失的，由出票人自行承担。

(8) 用途一定要简洁明了。如：写现金支票给小张工资，就写“劳务费”。

(9) 支票的密码不能写错。

(10) 盖章要盖银行预留签章，不要盖到下面的条码上；且不能有重印重影。

(11) 支票不能涂改、挖补。

二、支票审核注意事项

(1) 出票日期书写是否规范正确。

(2) 金额大小写是否正确一致。

(3) 是否填写用途。

(4) 密码是否正确。

(5) 印章是否齐全准确。

(6) 收款人是否写清楚。

三、转账支票的审核注意事项

(一) 日期审核

转账支票中的日期是转账支票审核的一大关键点。转账支票的日期决定了转账支票的有效时间，因此要慎重进行审核。符合规定的清晰的日期填写标志着支票的有效期和支付时间，对于已经延期或过期的支票转账业务可以直接拒绝受理。支票审核日期的要点如下：

(1) 转账支票中的相关日期必须使用中文数字的大写形式进行填写，并要求使用正楷或行书填写相关日期。

(2) 支票上的日期不能使用阿拉伯数字或是中文数字的简体小写字，若使用了这两种字体填写日期，银行有权拒收。但支票日期填写不规范通常称谓不出错的，可以予以受理，但在使用过程中出现的金额错误或损失，一切后果由出票人自负。若出票人在签发转账支票时年份只填写了后两位数，可以以填写错误为由退回转账支票要求出票人重新填写。

(3) 支票上的日期可以使用工具进行打印编写或是盖章戳印或是人手填写，但无论是以哪一种形式填写日期，支票上的日期都只能使用一种方式进行填写。若转账支票上出现了两种日期填写方式，可以拒收并退回支票。

(4) 支票日期是签发支票时必须填写的项目，保证了支票签发有效和注明了有效时间，因此缺失了支票日期的转账支票不具有法律效力，可以不予以受理；被更改过日期的支票同样是无效的，同样可以不予以受理。

(5) 出票人可以签发的只有即期支票，出票人签发的远期支票一般不予以受理，当远期支票被作退票处理后，出票人不得再次签发。

(6) 除非有其他另外的规定，否则一般的转账支票在签发开出后，持票人必须在十天之内进行款项交接，到银行去兑现转账支票上的款项转账。

（二）收款人的审核

具备法律效力的支票必须填有收款人，不具备收款人的支票是废票，资金不能进行转移。收款人审核的要点主要有：

（1）转账支票上收款人名称一项可以使用印章盖印戳记，但戳记之后还自行在印记之后进行加字的，或者是收款人名称的字数超过了委托收款背书签章字数的，可以不予以受理。

（2）转账支票上的收款人名称一经填写就即时生效，任何涂改都视为废票，可以不予以受理。

（3）转账支票上未能及时填写收款人名称的，经由出票人认证授权可以进行事后补记，但未补记收款人名称的转账支票不得背书转让或提示付款。

（4）转账支票上的收款人名称尽可能使用人称全名。若使用规范化简称，要求支票上的所有收款人名称项都使用统一的简称形式，并且注明该收款人简称的属地，并且该简称要得到持票人开户单位的承认。只有持票人开户单位认定其简称具有法律效用，该支票才具有完整的法律效力。

（5）支票上记载的收款人并非企业、单位，而是单个个体人时，该转账支票是否符合规定、是否完整，将交由该收款人的开户单位进行审核。

（三）金额的审核

在进行资金的转账手续之前必须确认支票上的金额，以及金额是否有效、该签发人的账户内是否有充足的资金进行转账。金额审核的要点主要有：

（1）支票上的金额一旦填写就不能进行任何的涂改，否则视为废票，银行不予以受理。

（2）若签发人未能及时填写支票金额，可以进行授权补记。但未补记金额的转账支票在补记完成之前都不能投入使用。

（3）转账支票的金额必须使用中文数字的大写形式，和日期同理，使用正楷或行书进行填写。

（4）转账支票的金额填写支持手写和机械打印，转账支票金额的填写允许存在两种填写方式，如金额的大小写一项由机械进行打印，一项由签发人自行手写，或者是金额采用打印方式填写，但货币单位和货币符号使用手写，银行同样要予以受理。

（5）支票金额前应明确标注"人民币"字样，"人民币"字样与支票金额之间不留白，紧接着进行填写。小写金额前应明确标注"￥"符号，若没有标注"￥"符号或是标注过多，又或是符号与金额之间留空，银行将视其为无效票据不予以受理。

（6）支票金额中以阿拉伯数字进行填写的小写金额数据中若含零，在填写大写形式的支票金额时必须严格按照中文语言的规律和数字的读法构成进行填写。

（7）转账支票中要求支票金额的大小写同时存在，并且大小写填写的金额要完全一致。针对某些有自己文字的少数民族或者是在外国的驻华使馆，根据实际情况和需要允许支票金额上的大写填写使用少数民族的特有文字或者是外文，但大小写金额不一致的同样不予以受理。若因大小写金额填写时间不一导致支票金额被篡改，一切后果由签发人自负。

（8）亿元金额的转账支票上的小写金额前可以不加货币符号，但加上了一样可以予以受理。亿元金额或亿元以上金额的转账支票不能只使用一张转账支票进行转账，必须分张填写和使用。

（四）背书的审核

（1）持票人提交转账支票时，签发人应提前在支票背面背书，表明委托收款用途，背书内容必须明确清晰，必备内容不可缺失。背书人的签章必须字体清晰可辨。

（2）支票的背书内容可以进行更改，但背书人的主体必须更改前后一致。若更改过后发现背书人主体失误或不一致，银行将予以退票处理。背书中内容有误造成转账失败时，有且仅有一次补记机会。

（3）若支票的背书被规定使用某种粘单进行填写并粘贴，那么粘贴处必须有与粘单后最初背书人签章一致的骑缝签章章印。

（4）在背书中含有日期的情况下要遵循“出票日期≤背书日期≤清算章日期≤支票最后付款提示期限”的基本原则。

（5）背书人的盖章要按照规定盖印在规定好的范围格内，若不慎超出范围甚至覆盖其他内容格，可以不予以受理。

（6）背书内容同样使用黑色钢笔或黑色签字笔填写，若使用非黑色钢笔或签字笔的其他黑色笔，造成的一切后果由填写人自负。

（7）背书人签章栏的所有内容填写都必须符合国家规定和法律规定。

（8）转账支票的背书必须具备连续性，背书人之间要相互衔接，若中间出现的断裂或背书人转变（如甲背书给乙，乙背书给丙，丙背书给丁，就是连续的；若乙跳过丙直接背书给丁，则是不连续的），可以不予以受理。

第二单元

国际结算单据业务

第四章

商业发票业务

第一节　商业发票概述

在出口商提交的各种单据中，发票起着非常重要的作用，尤其是商业发票，它是全套出口单据的核心，被称为中心单据。根据交易的需要，发票可分为多种类型，包括商业发票、形式发票、样品发票、海关发票、领事发票等。其中，商业发票使用得最多。

一、商业发票的概念

商业发票（commercial invoice）通常简称发票（invoice），它是卖方开立的凭以向买方索取货款的价目清单，是装运货物的总说明。发票全面反映了有关交易的详细内容，是各种单据的中心单据，也是卖方必须提供的主要单据之一。如表 4 - 1。

表 4 - 1　商业发票

Shipper（发货人）:		Air Way Bill Number（空运单号）:	1234567890
Address（地址）:			
Contact Person（联系人）:			
Phone/Fax（电话/传真）:			
Consignee（收货人）:			
Address [收货人地址（号、楼、街、区等）]:			
City（城市）:			
State/Country（国家）:		Total Weight（总毛重）:	
Contact Person（联系人）:			
Phone/Fax（电话/传真）:			

续表

Full Description of Goods（货物描述）	Harmonized Code（海关商品编码）	No. of Items（项目号）	Quantity（数量）	Unit Value（USD）（单价，美元）	Total Value（USD）（总价，美元）
	（选填）	（选填）			
Total Invoice Value（总价值）：					
Reason for Export（出口理由）：					
I declare that the information is true and correct to the best of my knowledge, and that the goods are of China origin. I (name) 托运人姓名 certify that the contents of this shipment are as stated above. Authorized Signature［签名认可（盖公司章）］：______ Date（日期）：______					

二、商业发票的作用

商业发票主要有以下几个方面的作用：

（1）它是卖方履约情况的书面证明。发票是交易的合法证明文件，在全部单据中，发票是卖方专为说明履约情况提供的单据，从发票可以看出交易的全貌。

（2）它是供买方了解、掌握、验收和核对货物的品名、规格、数量、重量等的依据，用以确认已发货物是否符合合同条款的规定。

（3）它是买卖双方收、付款记账的依据。

（4）它是进出口商进出口报关、缴纳关税的重要依据。

（5）它是供出口商计算和支付佣金的依据。

（6）它是出口商缮制其他单据的依据。

（7）在不用汇票的情况下，发票替代汇票作为索汇的凭证。

除了以上几点外，发票还可作为统计的凭证，在保险索赔时作为价值证明。

三、其他发票

（一）海关发票

海关发票（customs invoice）是进口国海关制定的一种发票格式，要求卖方填制，供买方凭以报关。由于海关发票被看作自由贸易的一种障碍，现在使用海关发票的国家已经不多。

海关发票有以下作用：

（1）供进口国海关作估价完税的依据；

（2）供进口国海关核定货物原产地，按照差别税率征税；

（3）供进口国海关审核有否低价倾销；

（4）供进口国海关作统计的依据。

海关发票的内容有两个特点，一个是必定有证明产地的内容，这是决定征税的税率所必需的。另一个是有详细的商品价格构成。使用海关发票的国家不是根据正规价格（normal price，进口时即 CIF 价）计算税额，而是采用该国的特殊规定来计算的。这些价格构成的内容，就是计算所必需的数据。详细价格构成的另一个作用是可以核定有无倾销。

海关发票应该按规定手签。签字人一般都是以证人（witness）的身份签字。

（二）领事发票

按某些国家的规定，货物从外国进口，须提供领事发票作为核对税款的根据，以防止买方进口时低报货价逃避进口关税，并审查该进口商品有无倾销的情况。这种发票由进口国驻出口国的领事馆签发，具有固定的格式，要求依式如实填写并缴纳一定费用后由该国领事签证，所以也叫"领事签证发票"。

领事发票或领事签证发票的作用和功能有：

（1）证明进口货物的产地与原产地相同；

（2）证明领事发票上所填写的货物名称、价格与数量属实；

（3）它是进口商品征税的依据；

（4）防止出口国廉价倾销出口商品。

由于获得领事发票对出口商来说不仅费时而且增加费用，因此它也被看作自由贸易的障碍，现在已不多见。

（三）形式发票

形式发票（proforma invoice）又叫预开发票，是在交易达成前卖方应买方的要求，将拟报价出售的货物名称、规格、单价、价格条件、装运期及支付方式等一一列明的一种非正式发票，作为买方向本国的进出口管理机构或管汇部门申请进口许可证或批汇的依据。严格地说，形式发票不能凭以结算，票面上注明的价格也是卖方根据当时市场行情的估计价，对买卖双方均无约束，只供买方参考，因其徒具发票形式，故名形式发票。正式成交时，卖方仍需另行开具商业发票。

（四）样品发票

出口商为了说明推销商品的品质、规格、价格，在交易前发送实样，以便客户挑选。此种样品发票不同于商业发票，只是便于客户了解商品的价值、费用等，便于向市场推销，便于报关取样。

（五）厂商发票

厂商发票（manufacturer invoice）是厂方出具的以本国货币计算价格，用来证明出口国国内市场的出厂价格的发票。来证要求提供厂商发票，其主要目的是核查出口交易中是否存在倾销，以便确定是否征收反倾销税。

（六）证实发票

证实发票（certified invoice）实际上即为海关发票。之所以叫作"证实发票"，是由于发票上明列货价和产地这两项主要内容，其中货价部分须经卖方以个人名义签名证实。

需要说明的是，虽然以上介绍的几种发票类型也称为发票，但是其作用不能与商业发票相提并论，也不能代替商业发票来使用。商业发票属于基本单据的一种，而其他几种发票都是附属单据。

第二节 商业发票的缮制与审核

一、商业发票的缮制方法

各国进出口商所使用的商业发票没有统一的标准化格式，但一般商业发票应具备首文、正文和结文三部分基本内容。

（一）首文部分

首文（heading）部分主要写明基本情况，通常标注发票名称及号码、合约或订单号码、发票制作日期和地点、运输工具、装货地点、卸货地点等。

1. 出票人的名称和地址

出票人一般为出口商。要求完整准确，信用证项下发票的签发人应与信用证的受益人名称、地址相同。

2. 抬头人的名称与地址（to）

抬头人的名称与地址同样要求完整准确。只有少数来证在发票条款中指出发票抬头人，多数来证都不做说明。因此习惯上将信用证的申请人或收货人的名称、地址填入这一栏。根据 UCP600 的规定，除非信用证另有规定，商业发票的抬头必须做成开证申请人。

3. 单据名称

“发票”一定要明确表现在单据中。

4. 发票号码（No.）

发票号码由出口公司自行编制，一般用有关代号加序列号构成，以便查对，同时也被作为相应的汇票号码。

5. 发票签发日期（date）

UCP600 规定：“单据的出单日期可以早于信用证开立日期，但不得迟于信用证规定的提示日期。”

6. 信用证号码（L/C No.）

信用证号码按信用证填写。

7. 合同号（Contract No.）

应与具体成交的合同号一致，若买卖双方各有编号，则应一一列出。

8. 运输细节（transport details）

货物运输时，应注明运输工具名称或运输方式，以及装运地点和卸货地点。货物如需转船运输，应加注转运港，转运港应与提单所标明的一致。

（二）正文部分

正文（body）是说明履约情况的部分，主要是通过对货物和货价的描述提供履约证明。

1. 唛头（shipping mark）及号码

贸易中的唛头是为了识别货物而刷制在包装上面的装运标志，便于承运人和收货人识别货物。发票的唛头可以作为依据，分别与提单、保险单、包装单上面的唛头核对，以确保各项单据的唛头是相符的。唛头的内容通常包括：主标志、目的港标志和件号标志。有时也要求加注原产地标志，如“Made in China”。如信用证未规定唛头的具体方案，则出口人可自行设计；如果无唛头，填写“N/M”。

2．货物的描述

货物的描述（description of goods）应严格根据信用证及合同的规定填写，包括货物的名称、规格、数量等。

3．货物的单价和总价

货物的单价（unit price）应与合同相符。在信用证项下，则必须与信用证规定一致，包括货物的计价单位、计价货币、单价金额和价格术语。总价（total price）应与汇票金额相同，在信用证项下，除非另有规定，否则一般不能超出开证金额。

4．商品的包装和件数

在发票中必须列明商品包装方式及件数，不仅要与提单等一致，还要与唛头中相符。

（三）结文部分

结文部分最重要的内容是出口商的签章（exporter's signature），信用证项下，必须是受益人签发发票。除此之外，还可按需要标注进出口许可证号、外汇批准号、税则号等内容或证实性文句。发票必须加盖出口商的图章，若信用证要求发票手签，必须另加负责人的手签，否则被视为无效发票。出口商提交的发票张数必须与信用证要求一致。

二、商业发票的审核

（一）信用证项下商业发票的审核要点

（1）确保商业发票的签发人是信用证的受益人。

（2）除非信用证另有规定，确保发票的抬头为信用证的申请人。

（3）商品的描述必须完全符合信用证的要求。

（4）除非信用证另有约定，不能冠名为“形式发票”或“临时发票”。

（5）确保没有将会引起对货物状况或价值的怀疑的任何附加的、不利的对货物的描述。

（6）未被信用证准许时，银行不接受发票上对货物是“用过的”“旧的”“重新改造的”“修整”的批注。

（7）信用证中提及的货物、价格和条款等细节必须包含在发票中。

（8）确保发票上提供的其他资料，如唛头、号码、运输资料等与其他单据一致。

（9）确保发票上的货币与信用证货币一致。

（10）发票的金额不得超出信用证的金额。

（11）发票的金额必须与汇票金额一致。

（12）如不允许分批装运，确保发票必须包括信用证要求的整批装运货物价值。

（13）根据信用证要求，发票已被签字、公证人证实、合法化、证明等。

（14）提交正确的正本和副本份数。

（二）商业发票的常见不符点

（1）发票名称不符合信用证规定。

（2）发票的开立人不是信用证的受益人。

（3）发票的抬头人与信用证要求不符。

（4）进口商名称与信用证上的开证申请人不同。
（5）货物数量、发票金额及单价与信用证不一致或不在信用证允许的增减幅度之内。
（6）发票对货物的描述与信用证中的货物描述不相符。
（7）发票上的装运港或目的港与提单不一致。
（8）发票上的贸易术语与信用证不一致。
（9）发票上的佣金或折扣与信用证或合同的规定不一致。

第五章

海运提单业务

第一节　海运提单概述

一、海运提单的基本概念

海运提单（marine bill of lading 或 ocean bill of lading）简称提单（B/L），指出口商作为托运人，把出口货物交给作为承运人的轮船公司，由后者运抵目的港，再由承运人把货物交给作为收货人的进口方这样一种运输过程所开出的单据。海运提单式样如图 5－1 所示。

<table>
<tr><td colspan="2" rowspan="2">SHIPPER/EXPORTER（COMPLETE NAME AND ADDRESS）</td><td colspan="2">BOOKING NO.（DOCUMENT NO.）EXPORT DEC.</td></tr>
<tr><td colspan="2">EXPORT REFERENCES</td></tr>
<tr><td colspan="2">CONSIGNEE（COMPLETE NAME AND ADDRESS/NON NEGOTIABLE UNLESS CONSIGNED TO ORDER）</td><td colspan="2">FORWARDING AGENT REFERENCES (COMPLETE NAME AND ADDRESS)</td></tr>
<tr><td colspan="2">NOTIFY PARTY（COMPLETE MAILING ADDRESS）</td><td colspan="2">POINT AND COUNTRY OF ORIGIN</td></tr>
<tr><td>PIER OR PLACE OF RECEIPT</td><td>PRE-CARRIAGE BY</td><td colspan="2">ALSO NOTIFY（NAME AND FULL ADDRESS）/DOMESTIC ROUTING</td></tr>
<tr><td>VESSEL/VOY（FLAG）</td><td>PORT OF LOADING</td><td>TYPE OF MOVE</td><td>CONTAINERIZED（Vessel only）Yes/No</td></tr>
<tr><td>PORT OF DISCHARGE</td><td>PLACE OF DELIVERY（BY ON CARRIER）</td><td colspan="2">FINAL DESTINATION（FOR THE MERCHANT'S REFERENCE ONLY）</td></tr>
</table>

PARTICULARS FURNISHED BY SHIPPER

图 5－1　海运提单式样

<table>
<tr><td>CONTAINER NO.</td><td>SEAL NO.</td><td>MARKS</td><td>NO. OF PKGS OR CONTAINERS</td><td>KIND OF PACKAGES: DESCRIPTION OF GOODS</td><td>TOTAL GROSS WEIGHT KGS (POUNDS)</td><td>TOTAL MEASURE-MENT CBM (CFT)</td></tr>
<tr><td colspan="3" rowspan="2"></td><td></td><td></td><td colspan="2"></td></tr>
<tr><td colspan="4"></td></tr>
<tr><td colspan="7">Optional Declared Value for increased freight charges to avoid Package Limitation: US$ ___</td></tr>
</table>

TOTAL NO. OF PACKAGES OR COMTAINERS (IN WORDS)

<table>
<tr><td>FREIGHT AND CHARGES</td><td>RATED AS</td><td>RATE</td><td>PRE</td><td>PREPAID</td><td>COLLECT</td><td>DATE
BY___</td></tr>
<tr><td rowspan="3"></td><td rowspan="3"></td><td rowspan="3"></td><td rowspan="3"></td><td rowspan="3"></td><td rowspan="3"></td><td>PLACE OF B(S)/L ISSUE</td></tr>
<tr><td>NO. OF ORIGINAL B(S)/L SIGNED</td></tr>
<tr><td>DATE OF B(S)/L ISSUE</td></tr>
<tr><td rowspan="2"></td><td rowspan="2"></td><td rowspan="2"></td><td>TO-TAL</td><td></td><td></td><td rowspan="2">BILL OF LADING NO.</td></tr>
<tr><td></td><td></td><td></td></tr>
</table>

图 5-1　海运提单式样（续）

二、海运提单的作用

(一) 货物收据

它是承运人确认从托运人处收到货物后签发的一纸证明。承运人向托运人签发提单后，确认已按提单上所记载的有关商品的标志、数量，以及商品的表面状况收到商品，从而承运人就有责任在正常情况下，按提单上所列明的情况，向收货人交付货物。

(二) 运输契约

运输契约又称运输契约的凭证。海运提单上规定了承运方与货物关系方（即船方与货方）各自的权利和义务，成为一项正式契约。依照双方的约定，托运人按时向承运人提交货物，承运人向托运人出具海运提单，这份提单就成为双方运输合约的证据。提单背面印就的条款，即视为双方共同接受的运输合约条款，承运人和托运人分别对此承担了合约规定的责任。

(三) 货物所有权凭证

货物所有权凭证即物权凭证。海运提单实际上代表了货物，凭其可以占有、转让、流通和抵押货物，海运提单的转让构成货物所有权的转让。因此，海运提单成为流通证券或半流通证券。

此外，如果货物在运输过程中受到损失，货主向船公司或保险公司提出索赔时，提单还是索赔依据之一。

三、管辖提单的国际公约

提单在国际贸易中用作转移货物的媒介。如果各国法律不同，各个承运人又都自行其是，那么收货人的权利就没有保障。此外，承运人的责任范围也需要有一个规定。管辖提单的国际公约就是基于上述考虑而产生的。从 20 世纪 20 年代起，有关方面先后倡议制定了三个管辖海运提单的国际公约，即《海牙规则》、《维斯比规则》和《汉堡规则》。

（一）《海牙规则》(Hague Rules)

《海牙规则》全称是《统一提单的若干法律规则的国际公约》（International Convention for the Unification of Certain Rules of Law Relating to Bill of Lading)，由国际法协会所属海洋法委员会（Maritime Law Committee）于 1921 年 5 月在荷兰海牙制定，故简称为《海牙规则》，该公约 1924 年 8 月 25 日在布鲁塞尔由 26 国代表签字通过并于 1931 年 6 月生效。由于各国政府根据《海牙规则》的要求，把本国海上运输法与《海牙规则》统一起来，80 多年来，《海牙规则》在促进海运事业发展，推动国际贸易方面发挥了积极作用。自生效以来，该公约得到了 50 多个国家的承认。我国也于 1981 年加入该公约，我国船公司的提单均参照该公约规则制订。

《海牙规则》的基本精神是确定承运人最低责任限度，提单上低于这一标准的规定一概无效。这对于货主来说当然非常有利，只要看到提单背面注明适用《海牙规则》，则不必再看其他条款就知道自己能获得怎样的保障。

《海牙规则》规定，承运人必须谨慎理货，对于管理货物的疏忽必须负责，但是对于管理与驾驶船舶的过失却可免责。许多人认为这种“不完全过失责任制”不合理。

《海牙规则》相对偏重于维护船方利益而忽视货方利益，因此它自生效以来一直受到代表货方利益和航运业不太发达的国家或地区的反对，这就导致了其他两种规则的产生。

（二）《维斯比规则》(Visby Rules)

这个规则因准备工作在维斯比完成而称为《维斯比规则》，全称为《修改统一提单的若干法律规定的国际公约的议定书》(Protocol to Amend the International Convention for the Unification of Certain Rules of Law Relating to Bill of Lading)，也称为《1968 年布鲁塞尔议定书》(The 1968 Brussels Protocol)。

《维斯比规则》并未对《海牙规则》的基本原则做实质性修改，只是提高了货物损害赔偿的最高金额，明确了集装箱和托盘运输中计算赔偿的数量单位和扩大了公约的适用范围，所以只是一些保守的海运国家为了阻碍根本修改《海牙规则》的产物，仍然反映了传统海运国家的利益。由于《维斯比规则》与《海牙规则》不可分离，因此也称为《海牙-维斯比规则》。自 1977 年 6 月生效以来，只有英、法及北欧等 20 多个国家和地区采用这一规则。

（三）《汉堡规则》(Hamburg Rules)

该规则是 1978 年在汉堡通过的，全称为《1978 年联合国海上货物运输公约》(United Nations Convention on the Carriage of Goods by Sea，1978)，它对《海牙规则》做了全面的修订，扩大了承运人的责任，把承运人的责任改为对驾驶与管理船舶的过失也负责的

"完全过失责任制"，对船货双方的权益和责任也做了较为合理的规定，基本上平衡了船、货双方在货物运输过程中所承担的义务与风险。可以说，《汉堡规则》是广大发展中国家在国际经济与航运领域中争取自身权益的一项重大成果，尽管其受到船方利益代表者的批评与反对，但仍获得了许多国家特别是货主国家的欢迎。该公约已于1992年11月正式生效。

国际公约和各国国内立法均对提单需要记载的内容做了明确规定，以保证提单的效力。各国船运公司一般采用自己设计制作的提单，格式上存在不少差异，但内容大致相同，通常分正反两面记载着相关的信息。

四、海运提单的当事人及关系人

（一）托运人

托运人（shipper/consignor）是指委托轮船公司运送货物的当事人，也称货方。根据不同的贸易条件，可能是发货人（卖方），也可能是收货人（买方）。FOB、CIF、CFR等条件下，出口商是发货人、托运人；EXW等条件下，进口商是托运人、收货人（也可以转让给他人）。信用证项下提单的托运人一般是信用证的受益人。

（二）承运人

承运人（carrier）指承运货物的那一方，也称船方，他有义务按照提单记载将货物运至目的地交给收货人。根据不同情况，承运人可能是船舶所有人即船东，也可能是租船人。

（三）收货人

收货人（consignee）即有权在目的港凭提单向承运人提取货物的当事人，也称抬头人。一般是进口商，但也可能是第三方。

（四）受让人

受让人（transferee或assignee）是经过背书或交付转让接受提单的人，有向承运人要求提货的权利。只要抬头许可，提单是可以转让的。

（五）被通知人

被通知人（notify party）是为了方便收货人提货，承运人在货到后免费通知的对象。被通知人不是提单关系人，它只是承运人为了方便"货主"提货的通知对象。在指示抬头提单时，被通知人往往是进口商。

五、海运提单的种类

随着国际海运业务的不断拓展和创新，海运提单的种类日趋增多，可按各种标准进行分类。

（一）按提单签发时货物是否确实已经装上货船，分为"已装船提单"及"待运提单"

已装船提单（shipped on board B/L）是指托运人把货物交付承运人，承运人收到货物装上货船后所签发的提单。提单上必须表明货物所装船舶的船名、装船日期、船长或其代理人签字。已装船提单表示货物已出运，收货人可以根据提单日期推算货物的到岸日期，以便及时提货，这类海运提单在国际贸易业务中被广泛使用。

待运提单（received for shipment B/L）也称备运提单，是指船运公司已收到托运货物在等待装运期间所签发的提单，提单上不写明装船日期和肯定的船名。因为货物装船之前仍存在遭受损失的风险，而承运人不对此负责，且买方也无法确定货物的实际出运日期和到岸时间。因此，进口方一般不接受这类提单。信用证一般规定提供已装船提单，银行一般不接受备运提单。当备运提单上载明的货物确定装船出运时，可由承运人的授权人将提单改签为已装船提单，只需加注“已装船”字样、船舶名称和装船日期。

（二）按运输过程中是否转换运输工具或转换船只，分为直达提单、转船提单和联运提单等

直达提单（direct B/L）是指货物用同一艘货船直接由装货港运达目的港，中途不在任何港口转船所签发的提单。这类提单下承运人及实际运输人为同一海运公司，权责明确，运输业务也容易处理。提单上只注明装货港和卸货港名称，不带有“转船”批注。若信用证明确表明不准转船，则受益人要求议付时必须提供直达提单。

转船提单（transshipment B/L）是指货物在装运港装载后，将于预订的中途港转船，再转运目的港的提单。这种提单的特点反映在跟单信用证的文句上，是“允许在某地转运”这样的字样。为节省转船附加费，减少货运风险，收货人一般不同意转船，但有时直运不可能，必须转船，没有哪个港口能通往全世界各港口，所以国际贸易中转船运输方式是常见的。

联运提单（through B/L）是指由第一承运人（通常为海运承运人）向托运人签发的，表明货物将经过两种或两种以上的运输方式运至最终目的地的提单。当托运人委托承运人承担全程运输，但实际运输往往须经海路、铁路或公路，或者海陆空联运，才能将货物最终运达目的地时，就是联合运输。全程运输方式的特点是第一承运人签发联运提单，其他运输人不签发提单。货到目的港或目的地后可凭第一承运人所签发的联运提单提货。第一承运人虽然签发全程提单，但只对第一运程负责。

（三）按海运提单上对所运货物和包装状况是否有瑕疵批注，分为清洁提单和不清洁提单

凡属包装状况良好无瑕疵、没有加上上述类似批注的提单称为清洁提单（clean B/L）。承运人对不良包装下货物的损坏不承担责任。因此根据 UCP600，银行是不能接受不清洁提单的。

当托运人将货物交与承运人运输的时候，承运人方面理所当然要对货物的状况，特别是对货物的外表和包装情况做大致的观察和检查。一旦发现货物包装有瑕疵情况就在海运提单上加注批语，如“包装渗漏”“包装破裂”等文句。凡带有此类批注的提单，就叫不清洁提单（unclean or dirty B/L）。

（四）按提单可否转让及如何转让，分为记名提单、不记名提单和指示性提单三种

记名提单（straight B/L）是指在提单上收货人这一栏内，直接写明由××人或××单位提货。这种提单又称收货人抬头提单，表明提单项下的货物只能由指名的收货人提取，不得转让。记名提单不能流通转让，所以在国际贸易中较少使用，银行也不愿对记名提单进行议付。

不记名提单（open B/L）意指在提单上收货人这一栏里仅仅写上持单来人字样。这种提单也可转让，但无须背书，仅凭交付即可转让。如果提单丢失，货物被提走，承运人不负责任，对买卖双方都不利，所以风险很大，贸易中也很少使用。

指示性提单（order B/L）指抬头带有“order”的提单。指示性提单又可分为记名指示和不记名指示，前者如“to the order of…”。信用证项下记名人可为出口商、进口商、出口地银行或开证行，后者如“to order”，由托运人背书后方可转让。该提单项下的货物，经过背书转让，由接受转让者提货，所以这类提单称为转让提单。至于背书的具体做法有：

(1) 空白背书。背书人在提单背后签名盖章，但不具体指名被背书人（接受转让人）。

(2) 记名背书。背书人在提单背面写明被背书人即接受转让人的姓名。

(3) 指示背书。指背书人在提单背面写明“凭×××指示”的字样，同时由背书人签名的背书形式。经过指示背书的指示提单还可以进行背书，但背书必须连续。

在国际贸易中，采用指示性提单的情况较为普遍。

(五) 按提单上运输条款的详细差异情况，分为简式提单和全式提单

简式提单（short form B/L）是指仅有正面提单内容和正面条款，在背面没有记载承运人与托运人的责任、权利和义务，或仅摘其中重要条款扼要列出的提单。简式提单大多是美国船公司签发的，其在美国比较流行。提单正面印有 Short Form B/L 字样并注明该货物的收管、运输、费用均按承运人全式提单条款办理，承运人和托运人的权责、免责等均按全式提单条款办理。根据美国海上运输法，承运人只要能使公众都知道提单条款，并能随时索取它的提单条款，就可以出具简式提单，简式提单对货方没有不利影响。

全式提单（long form B/L）是指不但有齐全的正面条款，而且在背面详细记载了承运人与货主的责任、权利和义务的完整条款的提单。全式提单并不是在提单上印有“全式”字样，只要提单正面、背面条款完整、齐全，就是全式提单。在国际贸易中，目前使用的提单大多数是全式提单。

(六) 按船舶营运方式不同，分为班轮提单、租船提单和运输代理行提单

班轮提单（liner B/L）是指货物由班轮承运时，由班轮运输公司作为承运人向托运人签发的一种提单。如果信用证中在价格条件后加注了班轮条件，则受益人必须提交班轮提单。

租船提单（charter party B/L）是指由货主向船东租赁船只，将货物运往目的地，船东根据租船合约签发的提单。它不是完整的独立文件，没有详细的提单条款，无法明确货主和船东之间的权利义务，且必须受到租船合约的约束，所以除非信用证许可，否则一般银行和收货人不接受租船提单。

运输代理行提单（house B/L）是指运输代理行以承运人身份签发的运输单据。出口商将小批量货物委托运输代理行，代理行则将卸货港或目的港相同，但属于不同托运人的货物集中在一起向承运人办理托运，以节省费用。

(七) 按提单签发日期与交单日的关系不同，分为过期提单与倒签提单

过期提单（stale B/L）是指晚于 UCP600 所规定的提单签发后 21 天以内或信用证规定的最迟交单日才向银行提交的提单。此时，银行有权不接受此类提单。

倒签提单（anti-dated B/L）是指承运人应托运人要求，在货物装船以后，以早于该批货物实际装船完毕的日期作为签发日期所签发的已装船提单。这是具有欺诈性质的违法行为，货主或银行一旦发现提单签发日早于货物装船日者，有权拒收货物或拒办业务。

(八) 集装箱运输提单

凡采用集装箱装载货物，由承运人签发的提单称集装箱运输提单（container B/L）。集装箱运输是将一定数量的单件货物装入特制的标准规格的集装箱内，以集装箱为运送单位而进行的运输。此种运输方式的优势在于：运量大、成本低、效率高、节省货物包装费用、货损货差小、缩短货物装卸及船舶停泊时间等，因此已成为国际货物运输的主要手段。由于货物是由托运人自行装货加封，故在提单上注明“托运人自行装货点数”的字句。

集装箱运输提单具有如下特点：（1）由于承运人多在内陆地区收取货物后即签发提单，故集装箱提单多属待运提单。但当货物装载上船后，可根据事实加注“Shipped on Board”字样，将其转化为已装船提单。（2）由于集装箱运输采用专用集装箱货轮，有多数集装箱需装载在舱面甲板上，若货物因此而发生灭失或损坏，承运人不负有责任。所以通常在集装箱提单背面印有舱面装货的选择条款，以明确责任。（3）由于集装箱运输多从内陆地区开始起运，故集装箱运输提单的承运人所承担的责任与风险随之扩大。

第二节　海运提单业务办理的程序

一、海运出口运输工作程序

在以 CIF 或 CFR 条件成交，由卖方安排运输时，其工作程序如下：

（1）审核信用证中的装运条款。为使出运工作顺利进行，在收到信用证后，必须审核信用证中有关的装运条款，如装运期、结汇期、装运港、目的港、是否能转运或分批装运以及是否指定船公司、船名、船籍与船级等，有的来证要求提供各种证明，如航线证明书、船籍证等，对这些条款与规定，应根据我国政策、国际惯例，判断要求是否合理等来考虑接受或提出修改要求。

（2）备货报验。根据出口成交合同及信用证中有关货物的品种、规格、数量、包装等的规定，按时、按质、按量地准备好应交的出口货物，并做好申请报验与领证工作。冷藏货要做好降温工作，以保证装船时符合规定的温度要求。在我国，凡列入商检机构规定的“种类表”中的商品以及根据信用证、贸易合同规定由商检机构出具证书的商品，均需在出口报关前填写“出口检验申请书”申请商检。有的出口商品需鉴定重量，有的需进行动植物检疫或卫生、安全检验的，都要事先办妥，取得合格的检验证书。做好出运前的准备工作，货证都已齐全即可办理托运手续。

（3）托运订舱。编制出口托运单，即可向货运代理办理委托订舱手续。货运代理根据货主的具体要求按航线分类整理后，及时向船公司或其代理订舱。货主也可直接向船公司或其代理订舱。当船公司或其代理签出装货单时，定舱工作即告完成，意味着托运人与承运人之间的运输合同已经缔结。

（4）保险。货物订妥舱位后，属卖方保险的，即可办理货物运输险的投保手续。保险金额通常是以发票的 CIF 价加成投保（加成数根据买卖双方约定，如未约定，则一般加10%投保）。

（5）货物集中港区。当船舶到港装货计划确定后，按照港区进货通知并在规定的期限内，由托运人办妥集运手续，将出口货物及时运至港区集中，等待装船，做到批次清、件数清、标志清。要特别注意与港区、船公司以及有关的运输公司等单位保持密切联系，按时完成进货，防止工作脱节而影响装船进度。

（6）报关工作。货物集中港区后，把编制好的出口货物报关单连同装货单、发票、装箱单、商检证、外销合同、外汇核销单等有关单证向海关申报出口，经海关关员查验合格放行后方可装船。

(7) 装船工作。在装船前，理货员代表船方收集经海关放行的货物的装货单与收货单，经过整理后，按照积载图与舱单，分批接货装船。装船过程中，托运人委托的货运代理应有人在现场监装，随时掌握装船进度并处理临时发生的问题。装货完毕，理货组长要与船方大副共同签署收货单，交与托运人。理货员如发现某批有缺陷或包装不良，即在收货单上批注，并由大副签署，以确定船货双方的责任。但作为托运人，应尽量争取不在收货单上批注以取得清洁提单。

(8) 装船完毕，托运人除向收货人发出装船通知外，还可凭收货单向船公司或其代理换取已装船提单，这时运输工作即告一段落。

(9) 制单结汇。将合同或信用证规定的结汇单证备齐后，在合同或信用证规定的议付有效期限内，向银行交单，办理结汇手续。

二、集装箱运输出口程序

(1) 订舱。发货人根据贸易合同或信用证条款的规定，在货物托运前一定时间内填好集装箱货物托运单（container booking note）委托其代理或直接向船公司申请订舱。

(2) 接受托运申请。船公司或其代理公司根据自己的运力、航线等具体情况考虑发货人的要求，决定接受与否，若接受申请就着手编制订舱清单，然后分送集装箱堆场（CY）、集装箱货运站（CFS），据以安排空箱及办理货运交接。

(3) 发放空箱。通常整箱货货运的空箱由发货人到集装箱码头堆场领取，有的货主有自备箱；拼箱货货运的空箱由集装箱货运站负责领取。

(4) 拼箱货装箱。发货人将不足一整箱的货物交至货运站，由货运站根据订舱清单与场站收据负责装箱，然后由装箱人编制集装箱装箱单（container load plan）。

(5) 整箱货交接。由发货人自行负责装箱，并将已加海关封志的整箱货运到 CY。CY 根据订舱清单，核对场站收据（dock receipt D/R）及装箱单验收货物。

(6) 集装箱的交接签证。CY 或 CFS 在验收货物与/或箱子之后，即在场站收据上签字，并将签署后的 D/R 交还给发货人。

(7) 换取提单。发货人凭 D/R 向集装箱运输经营人或其代理换取提单（combined transport bill of lading），然后去银行办理结汇。

(8) 装船。集装箱装卸区根据装货情况，制订装船计划，并将出运的箱子调整到集装箱码头前方堆场，待船靠岸后，即可装船出运。

第三节　海运提单的缮制与审核

一、海运提单的基本内容

（一）提单正面内容

海运提单正面内容主要包括：

(1) 货物的品名、标志、包装和件数、重量和体积，以及运输危险货物时对危险性质的说明。

(2) 承运人的名称和营业地点。

(3) 船舶名称。

(4) 托运人名称。

(5) 收货人名称。

(6) 被通知人。

(7) 装货港和在装货港接收货物的日期。

(8) 卸货港。

(9) 多式联运提单还要增加接收货物的地点和交付货物的地点。

(10) 提单的签发日期、地点和份数。

(11) 运费的支付。

(12) 承运人或者其代表的签字。

(二) 提单背面条款

海运提单背面条款主要包括：

(1) 首要条款，说明该提单所适用的法律条款或规则。

(2) 定义条款，对与提单有关的术语的含义和范围做出明确规定。

(3) 司法管辖权条款，规定当事人之间的争执或纠纷受哪一国法律管辖。

(4) 承运人责任和免责条款，责任条款明确承运人承运货物过程中应承担的责任；免责条款则说明了在约定的特定情况下，承运人对货物所遭受的损失不予负责，无须赔偿。

(5) 承运人责任期间条款，明确承运人对货物运输承担责任的开始和终止时间。

(6) 赔偿条款。

(7) 特定货物条款，明确承运人在运输一些特定货物时应承担的责任和享有的权利，如危险货物、散装货物、高价值货物、舱面货物等。

此外，还有其他多样条款，如有关碰撞、共同海损、货主所付分摊损失的条款。

二、UCP600 下海运提单的缮制与审核

(一) 提单的名称

UCP600 下信用证要求提交仅涵盖港至港运输的运输单据，即信用证没有提及收货地、接管地或最终目的地。无论名称如何，这表示该单据的审核将适用 UCP600 第 20 条。

提单无须标明“海运提单”(marine bill of lading)、“海洋提单”(ocean bill of lading)、“港至港提单”(port-to-port bill of lading) 或类似名称，即使信用证如此命名所要求的单据。

《国际标准银行实务》(ISBP) 745 第 El、E2 条清楚地指出了提单的名称并不紧要，只要信用证规定的运输路径是港至港，且没有声明要求租船提单，就是要求提单。例如信用证要求全套正本海洋提单，交单中提单的名称没有“ocean”(海洋) 字样，不能就此认定单据不符合信用证的要求，内容才是主要的。

(二) 提单的出具、签署

首先，提单表面必须注明承运人名称，也就是说通过提单表面能知道谁是承运人。提单可以由下列人员签署：

- 承运人或其具名代理人，或者

- 船长或其具名代理人。

承运人、船长或代理人的任何签字都必须表明其承运人、船长或代理人的身份。代理人的任何签字都必须表明其系代表承运人还是船长签字。

提单签署举例：

(1)"ABC shipping line CO. as carrier 张丽"[ABC shipping line CO. 作为承运人张丽(签字人)]。

(2)"Tom as master(其他地方体现××× CO. as carrier) Tom"[Tom 作为船长(其他地方体现××× CO. 作为承运人) Tom(签字人)]。

(3)"DEF CO. as agent for carrier ABC shipping line CO. 李力"[DEF CO. 作为承运人 ABC shipping line CO. 的代理李力(签字人)]。

(4)"DEF CO. as agent for master Tom 李力(其他地方体现××× CO. as carrier)"[DEF CO. 作为船长 Tom 的代理李力(签字人)(其他地方体现××× CO. 作为承运人)]。

(三)"shipper"栏位

此栏位为托运人或发运人栏位，一般表示为"shipper's name and address"(托运人的名称和地址)。在信用证下，"shipper"一般为信用证的受益人。UCP600 第十四条 K 款规定，在任何单据中注明的托运人或发货人无须为信用证的受益人。所以，如果信用证没有特别规定，例如"Third party as shipper not acceptable"(第三方作为托运人不可接受)，"shipper"栏位不是受益人也是可以的。

(四)"consignee"栏位

此栏位为收货人栏位，一般表示为"consignee's name and address"(收货人的名称和地址)。此栏位需要严格按照信用证的要求填制。

ISBP745 第 E12 条：当信用证要求提单表明以具名实体为收货人(即"记名"提单)时，例如，"收货人：(具名实体)"，而非"收货人：凭指示"或"收货人：凭(具名实体)指示"时，在该具名实体前不应含有"凭指示"或"凭×××指示"字样，也不应在该具名实体后注明"或凭指示"字样，无论该字样是打印还是预先印就。

ISBP745 第 E13 条：当提单收货人做成"凭指示"(to order)或"凭托运人指示"(to order of the shipper)时，该提单应当由托运人背书。该背书也可以由托运人以外的具名实体做出，只要该背书是代表托运人做出的。例如：提单要求"made out to order and blank endorsed，shipper"为 ABC CO.，那么背书可以为"DEF CO. for(or on behalf of) ABC CO."。如果信用证提单收货人要求做成"凭指示"(to order)或"凭托运人指示"(to order of the shipper)时，不得做成以具名实体为收货人或者 to order of 其他人。

(五)"notify party"栏位

此栏位为通知方栏位，一般表示为"notify party name and address"。在信用证下，"notify party"一般为信用证的开证申请人，也可以为信用证指定的一方或几方。

ISBP745 第 E14 条规定：当信用证规定了一个或多个被通知人的细节时，提单也可以显示另外一个或多个被通知人的细节；当信用证未规定被通知人的细节时，只要不是第 E14 段 b(ⅱ)款项表明的情形，提单就可以任何方式显示任何被通知人的细节。如果信用证未规定被通知人的细节，而提单显示了作为被通知人的申请人细节，包括申请人地址和联络细节等，则其不应与信用证规定的申请人细节相矛盾。

也就是说：如果信用证要求通知一个或多个被通知人，那么提单可以多通知另外的一个或多个被通知人，即可以多通知，同时应保证信用证要求的被通知人在提单上都有显示；如果信用证没有规定被通知人，那么提单可以任意填写此栏位甚至留白。如果信用证没有规定被通知人的细节，提单将申请人的细节显示在了被通知方栏位，那么这些细节不能与信用证申请人的细节相矛盾。

ISBP745 第 E15 条规定，当信用证要求空运单据表明“收货人：‘开证行’或‘申请人’”，或“被通知人：‘申请人’或‘开证行’”时，提单应显示开证行或申请人的名称，但无须显示信用证可能规定的相关地址或任何联络细节。

例如，当信用证规定“B/L consigned to applicant (or issuing bank) and notify applicant (or issuing bank)”时，提单不能直接制作成“consigned to applicant (or issuing bank); notify applicant (or issuing bank)”，而是需要指明申请人（或开证行）的具体名称，但无须显示信用证可能规定的相关地址或任何联络细节。

ISBP745 第 E16 条规定，当申请人地址和联络细节显示为收货人或被通知人细节的一部分时，其不应与信用证规定的申请人细节相矛盾。

（六）船名

船名和班次有固定栏位，英文名称分别是“vessel”和“voyage number”。

提单要表明货物已经在信用证规定的装货港装上具名船只。如果提单载有“预期船只”(intended vessel) 或类似的关于船名的限定语，则需以已装船批注注明发运日期和实际船名。例如，批注“shipped on board vessel PACIFIC 0031 W OCT., 08 2015”。

（七）起运港和卸货港

需要注明具名的装/卸货港口在装货港和卸货港的栏位。

● 提单应当显示信用证规定的装货港；当信用证规定了装货港，也表明了装货港的所在国时，提单上无须注明该国别名称。

● 当信用证规定了装货港的地理区域或港口范围（例如，“任一欧洲港口”或“汉堡”“鹿特丹”“安特卫普港”）时，提单应当显示实际的装货港，且其应当位于该地理区域或港口范围之内。

● 提单无须显示该地理区域。卸货港同理。但具名卸货港也可以显示在“最终目的地”或类似栏位中，只要批注表明卸货港为“最终目的地”或类似栏位中的港口即可。例如，当信用证要求货物运送至费利克斯托港，但费利克斯托港显示为最终目的地而非卸货港时，提单可以通过批注表明“卸货港：费利克斯托”。

● 当提单显示了不同于装货港的收货地，例如，收货地：阿姆斯特丹，装货港：鹿特丹，且（在前程运输栏位或收货地栏位）显示了前程运输工具时，无论是预先印就的“已装船”提单，还是预先印就的“收妥待运”提单，该提单都应当载有注明日期及船名和信用证规定的装货港的装船批注。该装船批注也可以显示在指定的栏位或方框中。装船批注日期或指定栏位或方框中的日期将被视为装运日期。

● 如果提单（在前程运输栏位或收货地栏位）显示了前程运输工具而未显示收货地，则无论是预先印就的“已装船”提单还是预先印就的“收妥待运”提单，都应当载有注明日期并包括船名和信用证规定的装货港的装船批注。该装船批注也可以显示在指定的栏位或方框中。装船批注日期或指定栏位或方框中的日期将被视为装运日期。

（八）商品描述、唛头及加注内容等

商品描述、唛头、信用证号码及合同号等需要加注的内容，可以打在提单的空白处。商品描述可与信用证一致，也可以使用与信用证中的描述不矛盾的概括性用语。

（九）栏位是否可以空白不填写

信用证以及 UCP600 和 ISBP745 没有要求一定要填写的栏位，可以空白。对此，ISBP745 第 A17 条以及 A37 条有明确指引。

ISBP745 第 A17 条：单据上留有填写数据的方框、栏位或空格，并不表示该方框、栏位或空格中必须要填写。

ISBP745 第 A37 条：单据上留有签字的方框、栏位或空格，其本身不表示该方框、栏位或空格中必须载有签字。例如，在空运单上通常会有标明名称为“托运人或其代理人签字（signature of shipper or their agent）”的空格，在公路运输单据上通常也会有标明名称为“托运人签字”的空格，并不表示一定要在该处载有签字。

（十）清洁提单

提单不得载有明确声明货物或包装状况有缺陷的条款，如载有“包装无法满足海运航程”或类似措辞的条款，均属于明确声明包装状况有缺陷的不清洁批注，不可以接受。但如载有“包装可能无法满足海运航程”则不属于声明包装状况有缺陷，不能视为不清洁批注。此外，清洁提单并不要求必须显示“清洁”字样，即使信用证要求显示“清洁”字样。如果提单上显示了“清洁”字样，又将其删除，也并不能表明货物或者包装状况有缺陷，不能视为是不清洁的表示。

（十一）运费的表述

如果信用证要求 CIF 价格条款，一般在提单的要求中规定要显示“freight prepaid”（运费已付）字样；如果信用证要求 FOB 价格条款，一般在提单的要求中规定显示“freight collect”（运费到付）字样。上述字样在提单的空白处打印或戳记都可以。

- 提单显示的运费支付事项，无须与信用证规定的等同一致，但不应与该单据、任何其他规定的单据或信用证中的数据相矛盾。例如，当信用证要求提单标注“运费目的地支付”（freight payable at destination）时，其可以标明为“运费待收”（freight collect）。
- 如果信用证规定运费以外的费用不可接受，则提单不得显示运费以外的费用已经或将要产生。
- 提单显示运费以外的费用时，可以明确提及额外费用，或使用与货物装卸费用相关的贸易术语，包括但不限于“船方不管装货”（free in，FI）、“船方不管卸货”（free out，FO）、“船方不管装卸货”（free in and out，FIO）及“船方不管装卸货及积载”（free in and out stowed，FIOS）。

（十二）提单的修改

提单上数据内容的任何更正必须经证实。该证实须看似由承运人、船长所为，或者由其任意具名的代理人做出。该代理人可以与出具或签署该提单的代理人不同，只要表明其作为承运人或船长的代理人身份即可。提单副本上的修改及更正无须证实。

（十三）不能提交租船提单

UCP600 明确规定，港至港提单不得表明受租船合同约束。这也就是说，如果信用证要求提单，但没有说明租船提单可接受，那就不得提交租船提单。

（十四）正本份数

ISBP745 第 E11 条规定：提单须注明所出具的正本份数。一般来讲，我们常见的提单正本份数为三份，表述为“number of original B (S)/L：3”。如果提单标注“第一正本”（first original）、“第二正本”（second original）、“第三正本”（third original），或标注“正本”（original）、“第二联”（duplicate）、“第三联”（triplicate），或标注类似字样，均为正本。

第六章

保险单据业务

第一节　保险单据概述

出口货物运输保险是对外贸易中不可缺少的一环。在运输过程中，货物常因自然灾害或意外事故而遭到损失。货主为了在蒙受损失后取得经济补偿，往往会在货物出运前及时向保险公司投保。保险公司接受投保后，签发投保凭证——保险单据，承担保险责任范围内的经济补偿责任。

货物运输保险属于财产保险，根据国际贸易货物的运输方式不同，国际贸易货物运输保险有海上运输保险、陆上运输保险、航空运输保险、邮政运输保险等。由于国际货物绝大部分是通过海上运输的，所以海上货物运输保险在各种保险中占主要地位。

一、保险单的含义

保险单（insurance policy）是保险人（insurer 或 assurer）在收取保险费后，向被保险人（insured 或 assured）签发的对其承保的书面证明。它具体规定了保险人与被保险人的权利与义务。保险单式样如图 6-1 所示。

二、保险单的作用

作为一种书面证明或文件，保险单主要有两方面的作用。

（一）保险单是保险合同证明

保险单是保险人与被保险人签订的保险契约。它是保险人在接受被保险人的“投保单”或“投保申请书”后签署的承诺文件，是合格的保险合同证明。虽然按保险业的惯例，只要保险人在投保单或投保申请书上签了字，保险合同关系就告成立，但根据法律规定，投保单并不具有合同证明文件的效力。因此，在办理保险时，保险人必须签发保险单。

（二）保险单是赔偿的证明

保险单是一种补偿性合同或证明文件，在保险标的物出险时，被保险人有权根据保险合同即保险单要求赔偿，保险单是赔偿权的证明文件。如果被保险人的索赔符合保险单的

中保财产保险有限公司

The People's Insurance (Property) Company of China, Ltd

发票号码 保险单号次
Invoice No. Policy No.

海 洋 货 物 运 输 保 险 单

MARINE CARGO TRANSPORTATION INSURANCE POLICY

被保险人：
Insured:

中保财产保险有限公司（以下简称本公司）根据被保险人的要求，及其所缴付约定的保险费，按照本保险单承担险别和背面所载条款与下列特别条款承保下列货物运输保险，特签发本保险单。

This policy of Insurance witnesses that the People's Insurance (Property) Company of China, Ltd. (hereinafter called "The Company"), at the request of the Insured and in consideration of the agreed premium paid by the Insured, undertakes to insure the undermentioned goods in transportation subject to conditions of the Policy as per the Clauses printed overleaf and other special clauses attached hereon.

保险货物项目 Descriptions of Goods	包装 单位 数量 Packing Unit Quantity	保险金额 Amount Insured

承保险别 货物标记
Conditions Marks of Goods

总保险金额
Total Amount Insured____

保费 载运输工具 开航日期
Premium__________ Per conveyance S. S__________ Slg. on or abt__________

起运港 目的港
From __________ To __________

所保货物，如发生本保险单项下可能引起索赔的损失或损坏，应立即通知本公司下述代理人查勘。如有索赔，应向本公司提交保险单正本（本保险单共有____份正本）及有关文件。如其中一份正本已用于索赔，则其余正本自动失效。

In the event of loss or damage which may result in acclaim under this Policy, immediate notice must be given to the Company's Agent as mentioned here under. Claims, if any, one of the Original Policy which has been issued in ____ original (s) together with the relevant documents shall be surrendered to the Company. If one of the Original Policy has been accomplished, the others to be void.

赔款偿付地点
Claim payable at

日期
Date____________________ at ____________________

地址
Address________________________

图 6-1 保险单式样

规定，那么保险人应在保险单规定的范围内进行赔偿。可见，保险单是索赔和理赔的根据。

作为一种权利凭证，保险单可以背书转让。

三、保险单的当事人

根据在保险合同中的权利和义务不同，保险单的当事人可以分为保险人和被保险人两类。

（一）保险人

保险人是保险合同中与被保险人订约的一方，有取得保险费的权利，也有根据承保责任赔偿的义务。以保险人身份经营业务的机构有：

（1）保险公司（insurance company）。指以公司名义注册的经营保险业务的组织。这是保险人的最主要形式。

（2）保险商（underwriter）。指个体的保险经营人，是英国特有的保险人。英国保险法允许劳合社（Lloyd's）的成员以个人名义经营保险业务。

（二）被保险人

被保险人是指与保险人相对应的当事人，包括投保人（订约者）、被保险人（出险时受损者）、受益人（出险后索赔者）。在货运保险中，这三者的界线难以划分，办理出口保险时，投保人是出口商，在保险单证未提交前，被保险人与受益人都是出口商；银行在购进单据后而未得到偿付前成为被保险人与受益人；在进口商付款赎单后，进口商又成为被保险人与受益人。在办理进口保险时，投保人、被保险人、受益人都是进口商。银行所接受的保险单据是出口商所提供的，因而表现为 CIF、CIP 条件成交下保险人与出口商订立的保险合同。

根据保险惯例，被保险人要取得赔款必须具备两个条件：

（1）有保险利益。指被保险人对保险标的拥有某种合法的经济利益，如享有所有权、担保物权，或承担经济风险和责任，如果保险标的发生损失，会给被保险人造成损失，则该被保险人就有保险利益（insurable interest）。在索赔时，被保险人只有证明自己具有保险利益，才能取得赔款。在货物运输保险时，掌握提单即可证明拥有保险利益。

（2）善意持有保险单。承办保险时，保险人对被保险人的投保申请并不调查核实。因此，要求被保险人如实介绍货物及运输等有关情况，以利于保险人做出准确判断；并且，被保险人还必须保证标的物尚未出险，至少在投保时不知道标的物已经出险。如果被保险人未达到“善意”标准，保险人有权在货物出险时拒绝赔偿。

（三）保险代理

对于保险公司自己无法完成的业务，保险公司通常通过签订代理协议请海外机构代为办理，如检验、批改保单等，这类机构即为保险代理（insurance agent）。

（四）保险经纪人

保险经纪人（insurance broker）指代理被保险人投保，赚取佣金的中间人。保险经纪人受理保险业务时，对被保险人签发暂保单（cover note），然后向保险公司投保，因而暂保单并非保险合同，只是一种代办约定。

四、海上运输货物保险的险别

保险险别是确定保险人和被保险人权利和义务的条款，也是保险人承担责任大小和收取保费多少的依据。主要分为基本险和附加险两大类。基本险是主险，附加险则是在投保基本险的基础上，可以任意选择附加投保。保险险别是根据造成损失的原因和损失的类型确定的。

（一）损失

1. 损失的原因

（1）海上风险。海上风险（peril of sea）又叫海难，它包括在海上发生的自然灾害和意外事故。

①自然灾害（natural calamity），是指由非常的自然力量所造成的灾害，如恶劣气候、暴风雨、雷电、海啸、洪水、地震等。

②意外事故（fortuitous accident），是指由非意料之中的原因或不可抗拒的原因造成的事故，如搁浅、触礁、碰撞、沉没等。

（2）外来风险。外来风险（extraneous risk）是指外来原因引起的损失。根据造成损失的严重程度不同，外来原因又可分为：

①一般外来原因，指造成的损失相对较轻的外来原因，如偷窃、钩损、雨淋、串味等。

②特殊外来原因，指造成的损失十分严重的外来原因，如战争、罢工等。这类损失往往属于保险人的除外责任的范围。

2. 损失的类型

海上货物运输保险中保险人承保的损失又叫海损（average）。海损一般是指海运保险，即在海洋运输中由于海上风险所造成的损失和灭失。根据保险业务习惯，海损也包括与海陆连接的陆运过程中所发生的损失或灭失。

（1）根据损失的程度不同，海损可分为全部损失和部分损失

①全部损失（total loss，TL）简称全损，指运输过程中的整批货物或不可分割的一部分货物全部发生损失。全损又包括以下三种。

A. 实际全损（actual total loss），指货物的全部灭失，或失去原有的性质和用途。其主要表现形式有：保险标的物完全灭失；丧失并无法挽回；丧失商业价值或失去原有用途；船舶失踪达到一定时间等。

B. 推定全损（constructive total loss），指保险标的物在遇险后，虽然没有直接造成全部损失，尚有部分残值，但要挽救这些残值，还需支付更多的费用，因此，宁愿放弃救助。这种损失叫推定全损。

构成“推定全损”的情况有：保险货物受损后，修理费用已超过货物修复后的价值；整理和续运到目的地的费用，超过到达目的地的价值；保险标的物的实际全损已无法避免，或为了避免实际全损需要花费的施救费用，将超过获救后的标的价值；保险标的遇险后，使被保险人失去标的所有权，而收回这一所有权所花的费用，将超过收回后的标的价值等。

C. 部分全损，指货物中可以分割的一部分全部损失或灭失。

②部分损失（partial loss），指除全损以外的其他损失。

（2）根据损失的性质不同，海损可以分为共同海损和单独海损。

①共同海损（general average，GA），指当载货船舶在海上遇到自然灾害和意外事故，威胁到船货等各方的共同安全时，为了解除这种威胁，维护船货安全，或者使航程得以继

续进行，由船方有意识地、合理地采取措施而造成某些特殊损失或支出特殊额外费用的行为。

共同海损是采取救难措施所引起的。构成共同海损应具备以下条件：

A. 共同海损的危险必须是实际存在的，或者是不可避免地产生的，不是主观想象的；

B. 必须是主动的、有意识采取的救助行为，不是被动的损失；

C. 采取的救助措施必须谨慎、合理，船方不能滥用职权；

D. 必须属于非常性质的损失。

共同海损的牺牲和费用是为了使船舶、货物和运费方免于遭受更大损失而支出的，因而应由三方按最后获救价值共同按比例分摊，这种分摊叫共同海损的分摊（GA contribution）。目前，国际运输中发生的共同海损都是按照《约克-安特卫普规则》（York-Antwerp Rules）来处理的。

②单独海损（particular average），指除共同海损以外的部分损失。它属于特定方面的损失，不涉及其他货主和船方。单独海损由特定利益方承担。

（二）保险险别

保险险别可分为基本险和附加险两类。

1. 基本险

基本险又叫主要险，是保险人对承保货物所负担的最基本的保险责任，是投保人必须投保，并且可以单独投保的险别。就海运保险而言，基本险可分为平安险、水渍险和一切险。

（1）平安险（free from particular average，FPA）。由英文可看出，平安险最初承保范围只针对全损，即“单独海损不保”。但随着实践的发展，保险业竞争加剧，平安险的承保范围已经超出了全损和共同海损的限制。目前平安险的一般责任范围包括：海上风险造成的全损；海上风险造成的共同海损；意外事故造成的单独海损。平安险是保险人承保责任最小的一种基本险。

（2）水渍险（with particular average，WPA）。水渍险是在平安险的承保责任范围之外，增加单独海损的赔偿责任的险别，即“包括单独海损”。保险人的承保范围大于平安险，除平安险包括的责任范围外，它还包括自然灾害所造成的单独海损。

（3）一切险（all risk，AR）。一切险的责任范围除了水渍险的各项责任外，还负责货物在运输途中由于一般外来原因所造成的全损或部分损失。一切险并非承保一切风险，它不包括特殊外来原因造成的损失。

由上面的叙述可以看出，三种基本险别是层层包含的关系：一切险包含了水渍险的承保范围；水渍险包含了平安险的承保范围。投保人办理货物运输保险时，只需任选一种基本险投保即可。

2. 附加险

附加险是在投保人投保基本险之后加保的险别。

（1）一般附加险（additional risk）。一般附加险承保由一般外来因素造成的损失。它不能单独投保，必须先投保平安险或是水渍险，然后才可投保一般附加险以扩展保险的责任范围。若已投保一切险，则不必再投保一般附加险。

常见的一般附加险有下列 11 种，投保人可根据需要选择一种或多种投保：①偷窃、提货不着险（theft，pilferage，and non-delivery，TPND）。②淡水雨淋险（rain，fresh water damage，RFWD）。③短量险（risk of shortage）。④混杂、沾污险（risk of intermixture & contamination）。⑤碰损、破碎险（risk of clash & breakage）。⑥渗漏险（risk of leakage）。⑦串味险（risk of odor）。⑧受潮、受热险（sweating & heating risk）。⑨钩损险（hook damage）。⑩包装破裂险（breakage of packing risk）。⑪锈损险（rust risk）。

（2）特殊附加险（special additional risk）。特殊附加险指由特殊外来原因引起的特殊风险造成的损失的特殊险别。它也必须依附于基本险项下投保。任何一种基本险都可附加投保特殊附加险。特殊附加险主要包括：①战争险（war risk）。②罢工险（strike risk）。③交货不到险（failure to delivery risk）。④进口关税险（import duty risk）。⑤舱面险（on deck risk）。⑥拒收险（rejection risk）。⑦黄曲霉素险（aflatoxin risk）等。

（三）保险人的保险期限和除外条款

1. 保险期限

保险期限即保险有效期，是指保险人承担保险责任的起止期限。国际保险业惯用的是“仓至仓”（warehouse to warehouse，W/W）条款，即保险责任自被保险货物运离保险单所载明的起运地发货人的仓库时生效，直到货物到达保险单所载明的目的地收货人的仓库时止；或被保险货物在最后卸载港卸离海轮后满 60 天止；或货物在运到保险单所载明的目的地之前，或运到非目的地的任何其他仓库时，由被保险人用作分配和分派，或用作该运输过程之外的货物储存。

2. 保险人的除外责任

承保货物运输保险时，保险人的除外责任包括：

（1）被保险人的故意行为或过失造成的损失。

（2）属于发货人责任引起的损失。

（3）在保险责任开始前，被保险货物已存在的品质不良或数量短差。

（4）被保险货物的自然损耗，本质缺陷，或因市价跌落、运输延迟所引起的损失或费用。

（5）战争、罢工险中规定的责任和除外责任等。

（四）保险条款

保险条款指选用的保险规则。在货物运输保险包括海上货物运输方面，目前国际上还没有统一的规则。在实际业务中，流行较广且在国际上具有一定权威性，并为众多国家所承认的主要有《伦敦保险协会保险条款》和《约克-安特卫普规则》。此外，《中国人民保险公司海洋运输货物保险条款》（Ocean Marine Cargo Clauses of The People's Insurance Company of China）在我国对外海洋运输保险中采用较多。

1.《伦敦保险协会保险条款》

（1）《伦敦保险协会保险条款》的产生。《伦敦保险协会保险条款》的前身是《伦敦保险协会货物保险条款》（Institute Cargo Clauses，ICC），它是英国伦敦保险协会于 1912 年制定的，有三个主要险别：平安险（FPA）、水渍险（WPA）和一切险（AR）。此外，还针对特定的商品和特定的航程等，规定了战争险条款等附加险条款。该条款由于新条款的制订而于 1983 年宣告失效。

新条款名为《伦敦保险协会保险条款》，于 1982 年 1 月 1 日在伦敦保险市场开始运用。该条款在国际保险市场和世界货运业务中有很大影响。据统计，目前世界上 2/3 的国家在海上保险业务中直接采用这一条款。

（2）《伦敦保险协会保险条款》的主要内容。与旧条款相比，新条款有了很大变化。新条款的险别有六种：协会货物条款（A）（B）（C）、协会战争险条款（货物）、协会罢工险条款（货物）、恶意损害险条款。其中前三项条款最为重要。

①协会货物条款（A）。即ICC（A），相当于旧条款中的一切险。ICC（A）采用的是"一切风险减除外责任的办法"。ICC（A）的除外责任规定为：一般除外责任；船舶不适航和不适货除外责任；战争除外责任和罢工除外责任。

其中，一般除外责任包括：

A. 被保险人故意行为所造成的损失和费用；

B. 保险标的物的自然渗漏，重量或容量的自然损耗或自然磨损；

C. 包装不足或不当造成的损失和费用；

D. 由于保险标的物内在缺陷或特性造成的损失和费用；

E. 由迟延引起的损失和费用；

F. 由于船舶所有人、经理、租船人或经营人破产或不履行债务造成的损失和费用；

G. 由于使用任何原子或核武器所造成的损失和费用。

②协会货物条款（B）。即ICC（B），相当于旧条款中的水渍险。ICC（B）采用的是列明风险名称的办法。ICC（B）承保的风险是：

A. 火灾或爆炸；

B. 船舶或驳船触礁、沉没或倾覆；

C. 陆上运输工具的翻车或出轨；

D. 船舶、驳船或其他运输工具同除去水以外的任何物体碰撞；

E. 在避难港卸货引起的损失或特别费用；

F. 共同海损的牺牲；

G. 抛货；

H. 地震、火山爆发或雷电；

I. 浪击落海；

J. 海水、湖水或河水进入船舶、驳船、运输工具、集装箱、大型海运箱或储存处所；

K. 货物在装卸时落海或摔落造成的整体全损。

③协会货物条款（C）。即ICC（C），相当于旧条款中的平安险。它只承保"重大意外事故"，而不承保"自然灾害及非重大意外事故"，其具体内容是ICC（B）条款中的A～G项内容。

2.《约克-安特卫普规则》

（1）《约克-安特卫普规则》的产生。《约克-安特卫普规则》是国际清算共同海损所依据的一项规则。1860年由英国、美国、法国、荷国、比利时等国的代表在英国格拉斯哥港制定。其后又于1864年和1877年分别在英国的约克城和比利时的安特卫普港召开会议进行修改，此规则便以这两个城市的名称命名。该规则于1890年通过。此后，又经过多次修改，现行的《约克-安特卫普规则》是2004年通过的修正案。

这一规则制定的目的是使各国制定的关于共同海损的法律趋于一致。

（2）《约克-安特卫普规则》的主要内容。《约克-安特卫普规则》（以下简称《规则》）共30条，可分3组，分别对《规则》的适用范围，共同海损的定义、范围、分摊等做了规定。

①《规则》的适用范围。《规则》明确规定：当采用本《规则》时，共同海损应按本《规则》理算，凡与本《规则》相抵触的一切法律和惯例都不适用。

②共同海损的定义。《规则》规定：只有在为了共同安全、使同一航程中的财产脱离危险，有意而合理地做出特殊牺牲或引起特殊费用时，才能构成共同海损行为。

③共同海损的范围。共同海损的范围包括由共同海损的牺牲造成以及由共同海损的费用造成两部分。

由共同海损的牺牲造成的损失包括：

A. 采取抛弃措施所造成的损失；

B. 救火所造成的损失；

C. 自动搁浅所造成的损失；

D. 船舶在避难港卸载，重装，倒移货物、燃料或物料所产生的损失。

由共同海损的费用造成的损失指为了使船、货获得安全的共同利益而支出的非正常的特殊费用，包括：

A. 救助费用；

B. 搁浅船舶因轻载所引起的费用；

C. 在避难港等地的费用；

D. 修理费用。

④共同海损的分摊。《规则》规定：共同海损的分摊以航程终止时财产的实际净值为基础，货物以卸货时的价值为基础。即共同海损要按获救船舶、运费和货物的价值，由船、货、运费三方按各自比例分摊。

3.《中国人民保险公司海洋运输货物保险条款》

《中国人民保险公司海洋运输货物保险条款》是中国人民保险公司制定的《中国保险条款》(China Insurance Clauses，CIC）中的货物运输条款，简称《海洋运输保险条款》，目前使用的是1981年的修订条款。

《海洋运输保险条款》规定了保险人的责任范围、除外责任以及保险责任的起讫期限；基本险和附加险；被保险人的义务和索赔期限等。

（1）责任范围和除外责任。保险公司对货物在运输途中由于自然灾害、意外事故等外来原因造成的损失负赔偿责任。

除外责任包括：

①由被保险人的故意行为，或发货人的过失所引起的损失；

②在保险责任开始以前，被保险货物已存在的品质不良或数量短差所造成的损失；

③商品在运输途中的自然损耗、本质缺陷以及运输延迟所引起的损失。

（2）被保险人的义务。《海洋运输保险条款》规定，被保险人的义务包括：

①应及时提货，当发现被保险货物遭受损失时，应及时申请检验并取得有关证明；

②对遭受危险的货物应采取合理的抢救措施，防止或减少货物的损失；

③如遇航程变更或发现保险单所载明的货物、船名或航程有遗漏或错误时，应及时通知保险人；

④向保险人提出索赔时，应提供必要的单证。

（3）保险险别及责任期间。保险险别分为：基本险，即平安险、水渍险和一切险；附加险，即一般附加险和特殊附加险。

责任期间采用“仓至仓”条款。

(4) 索赔期限。从被保险货物在最后卸载港全部卸离海轮后算起，不得超过两年。

我国进出口公司或国外客户向中国人民保险公司办理海运货物保险业务时，原则上都采用《中国人民保险公司海洋运输货物保险条款》，如果国外客户要求采用伦敦保险协会的保险条款，我们也可以接受。

五、其他保险单据

保险单据的出单人必须是保险公司或保险商或其代理人。除了前述的保险单据中的基本单据——保险单——之外，还有一些其他单据。

(一) 预约保险单

预约保险单（open policy of open cover）又称预保合同，是一种长期的、总括性的货物运输保险合同。合同中规定承保货物的范围、险别、责任、费率、赔款处理等项目。凡属于合同约定的运输货物，在合同有效期内自动承保。其优点是减少了逐笔签订的保险合同的手续，并可以防止因漏保或迟保而造成的无法弥补的损失。保险公司一般对使用预约保险单的投保人提供更优惠的保险费用，因而也吸引了不少投保人。

在货物运输保险中，一些有大量运输业务的单位对逐笔业务进行保险，不仅烦琐，而且容易发生漏保等差错。为了简化投保手续，可以与保险公司签订预约保险合同。预约保险合同一般要求投保单位所有的运输业务都要投保，遇特殊情况，即使未及时办理投保手续，只要货物装上保险单载明的运输工具，或被承运人收受签发运单，保险公司就自动承担了被保险人的货物风险责任。但这并不意味着可以不办理投保手续，而是仍需向保险公司逐笔办理投保，只不过投保时限要求没有那么严格。同时，保险公司也会经常查核投保单位的账目，一旦发现漏保或未投保的货物，不论是否发生保险事故，即使货物已安全运抵，都会要求补办投保手续并收取相应的保险费。

(二) 保险凭证

货物出运前，投保人填制“起运通知”，列明这次出运的货物、价值、包装数量、起运港/地、运输工具名称、起运日期等细节通知保险人，保险人在预约保险单项下据以签发一份保险证明。

保险凭证（insurance certificate）俗称小保单，是保险人出具的一种简化的保险契约，原则上它与大保单具有同等效力。但按习俗，凡信用证上规定要求提供保险单者，则不能以保险凭证代替；但信用证要求提供保险凭证时，却可以用保险单取代。有的保险证明需要投保人的会签才有效，这时投保人应该签字。

(三) 保险声明

投保人在确定货物详情、装运日期、运输工具等细节后，就把这些资料填写在印有保险人预先签字表明双方确曾订有预约保险单，并注明其号码的声明格式上面，这就是投保人向保险人的保险声明（insurance declaration）。由于它是预约保险项下依据预约保险单而陈报的货物保险，因此这项声明与保险证明同样是具有保险效力的。

(四) 联合凭证

联合凭证（combined certificate）是一种更为简化的保险凭证，保险公司只在出口公司的商业发票上加注保险编号、险别、金额，并加盖保险公司印章。联合凭证仅适用于我国内地对港、澳地区的部分交易。

（五）暂保单

保险经纪人在接受投保人的委托之后，向投保人签发暂保单（cover note），此暂保单只是代投保人办理保险的约定，并不证明保险公司已经与投保人签订了保险合同，不起保险单的作用，不能凭以向保险公司索赔。保险人对经纪人签发给投保人的暂保单不负法律责任。暂保单是基于不明确货物的运载工具以及起运日等情况，先办理投保而经保险公司同意后签发的，一旦确定相关信息，须将暂保单交给保险公司换取正式保单，因此银行不接受保险经纪人出具的暂保单。

六、其他货物运输保险

指海上货物运输保险以外的其他运输保险，包括：

（一）陆上货物运输保险

陆上货物运输保险承保陆运途中因自然灾害或意外事故造成的货物损失，基本险别为陆运险和陆运一切险。

（二）航空货物运输保险

航空货物运输保险指承保航空运输途中因自然灾害和意外事故造成的货物损失，基本险别为航空运输险和航空运输一切险。

（三）邮运包裹保险

邮运包裹保险承保邮递途中因自然灾害或意外事故造成的货物损失，基本险别为邮包险和邮包一切险。

在各种保险中，陆运险、航空运输险和邮包险的承保范围与海运水渍险承保范围大体相同。保险公司对各种运输方式下的货物保险都订有相应的专门条款，由于海运的主要地位，海上运输货物保险成为实务中最经常处理的险别。

第二节 保险单据业务办理的程序

采用FOB（船上交货）、FCA（货交承运人）、CFR（成本加运费）和CPT（运费付至……）等贸易术语成交时，进口商要按合同规定办理保险手续。我国进口货物最好在国内办理保险，因为我国保险公司对进口货物收取的保险费费率低于国际市场，而且对多数商品的保险责任扩展到内地，从而可以降低进口商成本。另外，如果发生保险事故，对货损的检验、理赔都在国内，可便捷迅速地处理。如果在国外投保，则需向国外保险公司交涉，十分不便。因此，在此以进口货物保险为例，介绍货物运输保险操作流程。

（1）进口商在预订航次到达装运港完成装货前，向保险公司申请投保，填写投保单；在投保人和保险公司之间存在预约保险合同时，进口商在确定货物起运日期时，将船名、开航日期及航线、货物品名及数量、保险金额等内容，及时通知保险公司，即视为向保险公司办理了投保手续，保险公司就应对此批货物负自动承保责任。

（2）保险公司业务人员审核投保单各要素填写是否准确、完整。

（3）保险公司业务人员根据投保单缮制保险单。

(4) 保险公司对该笔业务核保，并收取保险费。

(5) 保险公司向进口商发放保单，保险合同成立。

第三节　保险单据的缮制与审核

一、保险单的基本内容

保险单记载和印定的内容包括正面和背面两部分。正面是有关保险人、被保险货物保险险别等有关情况的记载，背面是印定条款。银行主要审核正面记载内容。主要包括：

(一) 保险人名称

即承保的保险公司名称，应符合信用证要求。

(二) 单据名称

提供哪种单据要看信用证规定，前文已述。

(三) 编号

(四) 被保险人名称或代其投保者名称

如果是信用证业务，被保险人与信用证受益人一致。如信用证规定保单抬头为银行，则须在投保人名称后加上“held to the order of… (银行)”字样；若信用证规定保单抬头为第三者名称，则可填被保险利益人 (to whom it may concern)；若信用证规定空白抬头空白背书，被保险人名称可为“×××CORP. (投保人) for the account of whom it may concern”；若信用证规定以“××公司”为抬头，被保险人即为此公司。

(五) 唛头

按发票或提单上所标唛头填写有种简化的办法，只标上“as per Invoice No. ××”。

(六) 包装及数量

参照发票填写，信用证上规定标明重量的，必须标出重量。

(七) 保险货物项目

可以使用统称。

(八) 保险金额

如果信用证规定了最低保险金额，应按其规定投保；如果信用证没有规定，则根据 UCP600 第 28 条的相关规定，其最低投保金额应是货物的 CIF 价或 CIP 价格的 110%。如果从单据中不能确定 CIF 或 CIP 价格，保险金额就按信用证要求承付或议付金额的 110%，或发票毛值 (如尚未扣除折扣或佣金时的总金额) 的 110%，两者之中取金额较大者作为最低投保金额。保险金额的大写与小写应该一致。

(九) 投保费及费率

一般只需注明“as arranged”(按照约定) 即可。

(十) 运输工具

根据具体情况填写。直达海运写明船名及航次，出单时若船名未定，可填“To be declared”(待告)；如投保时已明确需要在中途转船，第一程船名后加填第二程船名，若第二程船名未加，则以“and/or steamers”表示。其他运输工具照实填写，火车运输填“by train”，航空运输填“by airplane”，邮包运输填“by parcel post”，陆海联运填“by train and/or steamers”，海陆联运第一程船名后加填“and/or other conveyance”，陆空陆联运可填“by train/air/truck”。

（十一）开航日期

海运填“as per B/L”，陆运填“as per cargo receipt”，空运填“as per airway bill”，邮运填“as per post receipt”。

（十二）运输起讫地

采用海洋运输到内陆目的地的，必须表明卸货港。陆空邮运可直接标明起运地和目的地。

（十三）承保险别

险别内容必须与信用证有关条款保持一致，填写顺序为先主险，后附加险、特别附加险、战争险、罢工险。

（十四）检验理赔代理人

填写保单所载明最后目的地的保险公司代理人名称；若无，可由当地合格的代理人检验。

（十五）赔款地点

赔款地点（chain payable at...），一般为保险单所载明的目的港/地。

（十六）签发日期

一般应早于运输单据日期。

（十七）签章

保险单必须被保险公司或承保人或其代理人签字或以其他方式证实。

二、保险单据的缮制

根据下述条件缮制一份保险单据（见图 6－2）。

1. 信用证资料：

L/C NO. A66789

APPLICANT：XYZ COMPANY，NEW YORK

BENEFICIARY：ABC COMPANY，NANJING

SHIPMENT FROM NANJING TO NEW YORK

MERCHANDISE：GIRLS' SKIRTS，CIF NEW YORK

TTL AMOUNT：USD 50,000.00

DOCUMENTS REQUIRED：FULL SET（2/2）OF INSURANCE POLICY IN DUPLICATE IN NEGOTIABLE FORM BLANK ENDORSED FOR 110 PERCENT OF INVOICE VALUE COVERING OCEAN TRANSPORTATION CLAUSES ALL RISKS，STRIKES，RIOTS AND CIVIL COMMOTIONS CLAUSES OF PICC，INCL. WAREHOUSE TO WAREHOUSE，I. O. P. CLAIMS PAYABLE AT NEW YORK IN THE CURRENCY OF L/C.

信用证未对保险单据做任何其他规定。

2. 附加信息：

发票号码：JS66/2007

PICC 中国人民财产保险股份有限公司
PICC Property and Casualty Company Limited
总公司设于北京　一九四九年创立
Head Office：Beijing　Established in 1949

货物运输保险单
CARGO TRANSPORTATION INSURANCE POLICY

发票号码：
(INVOICE NO.)　**JS66/2007**　保险单号次
POLICY NO.
被保险人：
INSURED：**ABC COMPANY，NANJING**
中国人民财产保险股份有限公司（以下简称本公司）要求，以被保险人向本公司缴付约定的保险费为对价，按照本保险单列明条款承保下述货物运输保险，特订立本保险单。
THIS POLICY OF INSURANCE WITNESSES THAT PICC PROPERTY AND CASUALTY COMPANY LIMITED (HEREINAFTER CALLED "THE COMPANY") AT THE REQUEST OF THE INSURED AND IN CONSIDERATION OF THE AGREED PREMIUM PAID TO THE COMPANY BY THE INSURED，UNDERTAKES TO INSURE THE UNDERMENTIONED GOODS IN TRANSPORTATION SUBJECT TO THE CONDITIONS OF THIS POLICY AS PER THE CLAUSES PRINTED BELOW.

标　记 MARKS & NOS.	包装及数量 PACKAGE & QUANTITY	保险货物项目 DESCRIPTION OF GOODS	保险金额 AMOUNT INSURED
SKIRTS—NEW YORK	**100 CARTONS**	**GIRLS' SKIRTS**	**USD55，000.00**

发票显示：DESCRIPTIONS：GIRLS' SKIRTS，100 CARTONS，CIF NEW YORK，TTL AMT：USD 50，000.00

提单显示：

PORT OF LOADING：NANJING　　VESSEL：FREEDOM V. 123
PORT OF DISCHARGE：NEW YORK　　ON BOARD DATE：JAN. 3，2007
SHIPPING MARKS：SKIRTS—NEW YORK

图 6-2　货物运输保险单

总保险金额
TOTAL AMOUNT INSURED：SAY UNIT DOLLORS FIFTY FIVE THOUSAND ONLY
保费　　费率　　装载运输工具
PREMIUM：AS ARRANGED　RATE______　PER CONVEYANCE S. S.：FREEDOM V. 123
开航日期　　自　　经　　至
SLG. ON OR ABT. **JAN. 3，2007** FROM：**NANJING** VIA______ TO **NEW YORK**

承保险别
CONDITIONS：**OCEAN TRANSPORTATION CLAUSES ALL RISKS，STRIKES，RIOTS AND CIVIL COMMOTIONS CLAUSES OF PICC，INC. WAREHOUSE TO WAREHOUSE，I. O. P.**
所保货物如发生保险单项下可能引起索赔的损失或损坏，应立即通知本公司下述代理人查勘。如有索赔，应向本公司提交正本保险单（本保险单共有 2 份正本）及有关文件。如一份正本已用于索赔，其余正本自动失效。

图 6-2　货物运输保险单

IN THE EVENT OF LOSS OR DAMAGE WHICH MAY RESULT IN A CLAIM UNDER THIS POLICY, IMMEDIATE NOTICE MUST BE GIVEN TO THE COMPANY OR AGENT AS MENTIONED HEREUNDER. CLAIMS, IF ANY, ONE OF THE ORIGINAL POLICY WHICH HAS BEEN ISSUED IN TWO ORIGINAL(S) TOGETHER WITH THE RELEVANT DOCUMENTS SHALL BE SURRENDERED TO THE COMPANY. IF ONE OF THE ORIGINAL POLICY HAS BEEN ACCOMPLISHED. THE OTHERS TO BE VOID.
SURVEY TO BE CARRIED OUT BY A LOCAL COMPETENT SURVEYOR. CLAIM DOCUMENTS TO BE MAILED TO THE UNDERWRITER, WE SHALL EFFECT PAYMENT BY REMITTANCE TO THE CLAIMANT.
LIBERTY MUTUAL INSURANCE COMPANY
NEW YORK　　TEL. 212-333-6666

中国人民财产保险股份有限公司南京市分公司
PICC Property and Casualty Company Limited
Nanjing Branch

赔款偿付地点
CLAIM PAYABLE AT **NEW YORK**　　Authorized Signature
日期
DATE **JAN. 3, 2007**

图 6-2　货物运输保险单（续）

说明：保险单据的投保日期与提单的装船日期相同。

三、电子保单的审核

作为一份具备法律效力的并保证被保险人合法权益的凭证，保险单据的真实性和不可篡改性尤为重要。目前，国内保险公司大多以纸质形式签发保单，然而纸质保单往往会引发假保单的问题。为了解决这个问题，电子保单应运而生。相比纸质保单，电子保单具有以下优势：一是电子保单一般都印有内含数字签名信息的二维条形码，可以通过扫描随时验证其真伪；二是电子保单可以通过网络等电子传送方式发送至客户，既缩短了传送时间又节约了人力打印和传送成本；三是电子保单在保单系统生成后，可以对保单内容、签署时间、印章名称、签署人员等信息进行核查，杜绝伪造和篡改。

随着互联网的日益发展，不仅越来越多的保险公司开始采用电子保单，银行在单证业务项下也越来越多地收到客户自行打印的电子保险单据，银行的出口单证团队更是经常会为客户寄出由外资保险公司签发的电子保单，并且几乎很少遭到开证行/保兑行的拒付。这说明，电子保单已得到业内的广泛认同。为更清晰地进行操作，单证业务项下电子保单审核中主要涉及以下几点问题。

（一）电子保单的出具和签署

根据 UCP600 第 28 条 a 款规定，保险单据必须看似是由保险公司或承保人或其代理人或代表出具并签署的。

首先，何谓“出具”？单据的出具（issue）是指单据制作完成、签署（如果需要）并最终发出。而这一系列的动作往往是由个人或实体来完成的。根据 ISBP745 Para A20 的规定，当信用证要求单据由具名个人或实体出具时，单据看似是由该具名个人或实体使用其函头（letter）出具，或者当没有函头时，单据看似已由该具名个人或实体或其代表完成或签署，即满足要求。因此，银行在确认电子保单的出具是否符合惯例规则时，应遵循UCP及ISBP对于“出具”的相关条款。

其次，何谓“签署”? 根据UCP600第3条的规定，单据签字可用手签、摹样签字、穿孔签字、印戳、符号或任何其他机械或电子的证实方法为之。《UCP600实务精解》一书中指出，UCP对签署的解释实际上是将传统的狭义的“sign”概念扩展为对单据的出具者、单据内容以及单据的真实性和有效性加以证实的一种行为方式，强调的是该行为的证实功能，因而其概念包括代表公司签署的自然人的手写签字、摹样签字、穿孔签字，代表公司签署的自然人的名章、符号或公司的印章、符号，以及其他机械、电子的证实方式。也就是说，签署包括签字（签署的传统定义，通常限定于自然人的名字）、加盖印章或符号（包括自然人和公司的印章或符号）及其他机械或电子的证实方式（比如数字信息交换中的电子签名）。

另外，ISBP745 Para A35（a）款同样规定，单据签署无须使用手写，可以使用摹样签字（如预先印就或扫描的签字）、穿孔签字、印戳、符号（如印章）或任何机械或电子的证实方式。

（二）电子保单的证实

根据UCP600第3条的规定，单据的签字还可以用电子的证实方法。对此，ISBP745 Para A35（d）款也规定：单据上的声明证实可以通过明确提及的网址（URL）核实或获得。有些电子保单表面会印有查询或下载该保单的网址，不仅用于下载和打印电子保单，还可用于查阅法律事务声明和保单签名属性，以便于投保人或被保险人证实文本文档未被篡改，以及验证文档中数字签名的名称、日期、有效性等详细信息。因此，根据UCP600第3条的签字要求，这是一种电子证实方式。

不过需要注意的是，按照UCP600第三十四条的规定，银行对于任何单据的形式、充分性、准确性、内容真实性，虚假性或法律效力，概不负责。即银行只负责审核单据表面的相符性，不负责认定单据的真实性。对此，ISBP745 Para A35（d）款的最后一句也明确表示，银行将不访问该网址以核实或获得证实。言下之意，即使需要核实保单的真实性和有效性，也是由被保险人或保单受益人根据实际需要自行完成。

（三）电子保单的正本确认

虽然有些电子保单印有“original”字样，但是通过打印机可打印无限份，银行又如何认定其为正本?

UCP600第17条b款和c款对于单据正本的认定给出了详细的规定。此外，国际商会曾于1999年针对业界在判断正本单据方面的困惑特意发布了《国际商会银行技术与惯例委员会对“正本”单据解释的意见书》，对如何判断正本单据做出了清晰和权威的解释，规定符合下列任一条件的单据即为正本：（1）表面看来是从电子化保存的文本中全部打印出来的（甚至包括出单者的信头及签字）；（2）一份单据（甚至复印件）看来由出单人手工标注完成（手写、打字）、标有原始签字、穿孔签字、标记、摹样签字或盖章；（3）单据看似使用了出单人的原始信笺（比如复印件是在原始信笺上制作的）；（4）单据中有该单据为正本的陈述，除非该陈述不是针对被出示的单据（例如被出示的单据是另一份标有正本陈述的单据的复印件）。综上可见，电子保单符合上述第一点的规定，是从电子化储存的文本中整体（包括单据出具人的信头及签字）打印出来的单据，其制作和签发符合国际商会认定的关于正本单据的规定。

（四）电子保单的正本份数

UCP600 第 28 条 b 款规定：如果保险单据表明其以多份正本出具，所有正本均须提交。

ISBP745 Para K8 款指出：当信用证要求保险单据出具一份以上的正本，或者保险单据显示其已经出具一份以上的正本时，所有正本都应提交并看似已经被签署。这段规定与其总则部分 Para A29 款相呼应，即提交的单据正本数量应至少为信用证或 UCP600 所要求的数量，以及除非 Para H12 和 J7（c）款另有规定，当运输单据或保险单据注明已出具的正本数量时，该单据注明的正本数量均应提交。

但是，当提交了多份正本保险单据时，是否与提单部分 Para Ell(a) 款的规定“提单应注明所出具的正本份数”一样，也必须在保单上显示正本出具份数?

国际商会意见 TA784rev 对此进行了补充。此意见共罗列了五种情况：

情况 1：The credit is “silent” as to the number of originals/copies to be presented.（信用证没有规定需提交的正副本数量。）

结论：如果保单上没有注明其出具了一份以上的正本，那么仅提交一份正本即可；如果保单提交了一份以上的正本，并且未注明所出具的正本份数，那么提交的保单份数将被视为此保单出具的所有正本份数。

情况 2：The credit requires “insurance policy in original and duplicate”.（信用证要求提交“original”和“duplicate”保险单据。）

ISBP745 Para A28 规定，单据出具一份以上正本时，可以标注为“正本”（original）、“第二联”（duplicate）、“第三联”（triplicate）、“第一正本”（first original）、“第二正本”（second original）等。任何这些标注均不使单据丧失其正本资格。

结论：没有要求保单注明已出具的正本份数。提交的单据可以包括两份正本或者一份正本和一份副本（或第二联“duplicate”）。如果开证行或申请人要求提交两份正本保单，为了避免开立指示不明确的条款，信用证须规定提交两份正本单据“two originals”，而不是“original and duplicate”或“in duplicate”。

情况 3：The credit requires “insurance policy in duplicate”.（信用证要求保险单据一式两份。）

UCP600 第 17 条 e 款规定，如果信用证使用诸如“一式两份”（in duplicate）、“两份”（in two fold）、“两套”（in two copies）等用语要求提交多份单据，则提交至少一份正本，其余使用副本即可满足要求，除非单据本身另有说明。

结论：没有要求保单注明已出具的正本份数。所提交的正本保单份数将被视为已出具的正本份数。“a duplicate”可以是一份副本，也可以是一份正本。如果开证行或申请人要求提交两份正本保单，为了避免开立指示不明确的条款，信用证须规定提交两份正本单据“two originals”，而不是“original and duplicate”或“in duplicate”。

情况 4：The credit requires “insurance policy in 2 originals”.（信用证要求两份正本保险单据。）

结论：没有要求保单注明已出具的正本份数，但至少应提交两份正本。

情况 5：The credit requires “full set insurance policy”.（信用证要求提交全套保险单据。）

结论：没有要求保单注明已出具的正本份数，然而，如果保单注明了已出具的正本份数，那么须按该份数提交正本保单；如果保单没有注明正本份数，所提交的正本份数将被视为全套正本。

由此可以看出，国际商会意见 TA784rev 澄清了保险单据是否必须显示正本出具份数的疑问，即如果信用证没有特别要求保险单据注明正本份数时，出具的保单可以不显示正本出具份数，只需按照信用证规定的正本单据份数提交相应的正本即可。

鉴于这种规定，即使提交了分别有"original""duplicate""copy"等字样的电子保单，银行也只需根据信用证的具体规定，并参照 UCP、ISBP 以及国际商会意见 TA784rev 的规定进行相应处理即可。

（五）电子保单的背面条款

传统的纸质保险单一般都印有背面条款，那么在提交电子保单时是否需要连同这些背面条款一同打印和提交呢?

UCP600 第 28 条 h 款规定：当信用证规定投保"一切险"时，如保险单据载有任何"一切险"批注或条款，无论是否有"一切险"标题，均将被接受，即使其声明任何风险除外。根据这一条款的规定，似乎保险单据不列明保险条款的具体内容，仅按照信用证规定进行相关险别的批注也将被银行接受。

ISBP745 Para K22 指出：银行不审核保险单据的一般条款和条件。本段规定与运输单据方面关于"银行无须审核运输单据上的一般承运条款和条件"的规定相似。但是，实务中如何判断保险单据上的条款是否属于一般条款和条件? 国际商会意见 TA731rev 对以下两种情况给出了其观点：一是保险单据载明了其生效条件——"当且仅当运输船只具备了有效的 ISM certificate and classification certificate（国际安全管理证书及船级证明）时，保险才生效"；二是保险单据的签署区域载有"此保单遵循下列条件和保证……"（省略部分为罗列的四种关于运输船只必须具备的资质和船龄等条件）的声明。国际商会银行委员会经过分析得出结论，上述案例中的此类条款不属于一般性条款或条件，而属于特别约定的条款。所以银行必须审核，以表面上"不得矛盾"为准。

在银行收到的电子保单中，有些会在正面详细列明所投保的保险条款，而有些则仅列明"All terms and conditions subject to Institute Cargo Clauses（A）1/1/1982"[所有条款和条件均适用于 1982 年 1 月 1 日正式生效的伦敦保险协会制定的协会货物条款（A）]。那么后一种情况是否属于 ISBP 认定的一般条款和条件? 目前，英国伦敦保险协会制定的《伦敦保险协会保险条款》是世界保险界和贸易界最为普遍接受的保险条款，包括了三个基本险别：协会货物条款（A）、协会货物条款（B）、协会货物条款（C）。其中，协会货物条款（A）[简称 ICC（A）] 是指承保除规定除外责任以外的一切风险所造成的保险标的损失。而我国现行的货物运输保险条款则是由中国人民保险公司于 1981 年 1 月 1 日修订的《海洋运输保险条款》（简称中国保险条款，CIC），它包括平安险、水渍险、一切险等基本险别。从 UCP600 第 28 条 h 款"如保险单据载有任何'all risks'批注或条款，均将被接受"的规定可以推断出，伦敦保险协会条款 ICC（A）和中国保险条款中的"all risks"均属于被保险界、贸易界及银行界所普遍接受的一般条款和条件，因此，根据 ISBP745 Para K22 的规定，银行可以不审核。也就是说，保险公司在其网站上提供的保单背面条款只是供客户选择打印，即使提交的电子保单含有此背面条款，银行也将不予审核。

第三单元

国际结算方式业务

第七章

汇款业务

第一节　汇款概述

一、汇款的概念及其当事人

（一）汇款的概念

汇款（remittance），或称汇付，是债务人或付款人主动通过银行将款项汇交收款人的结算方式。在国际贸易中，当买卖双方采用汇款方式结算债权债务时，说明双方或由卖方先将货物发运至买方，再由买方付款；或由买方向卖方预先支付款项，然后卖方发货，因而汇款方式是建立在买卖双方相互提供信用基础上的支付方式，属于商业信用的范畴。

（二）汇款方式的当事人

在汇款方式中，一般有4个当事人：汇款人、收款人、汇出行和汇入行。

（1）汇款人（remitter）。汇款人是委托银行向国外债权人付款的当事人。在国际贸易中汇款人通常是进口商或债务人。其责任是填具汇款申请书，向银行提供将要汇出的金额并承担有关费用。

（2）收款人（payee或beneficiary）。收款人是指接受汇款人所汇款项的当事人。在国际贸易中汇款方式下的收款人通常为出口商或债权人。

（3）汇出行（remitting bank）。汇出行是指接受汇款人委托，办理款项汇出业务的银行。汇出行通常是汇款人所在地银行，其职责是按汇款人的要求将款项汇给收款人。

（4）汇入行（paying bank）。汇入行也称解付行，是指接受汇出行委托，向收款人解付汇入款项业务的银行。汇入行通常是收款人所在地银行，它一般是汇出行的联行或代理行。其职责是证实汇出行委托付款指示的真实性，通知收款人取款并付款。

二、汇款的类型

汇款通常有电汇、信汇和票汇三种方式。

（一）电汇

电汇（telegraphic transfer，T/T）是汇出行应汇款人的申请，通过拍发加押电报或电传指示汇入行解付一定金额给收款人的汇款方式。

（二）信汇

信汇（mail transfer，M/T）是汇出行应汇款人的申请，用信函的方式指示汇入行解付一定金额给收款人的一种汇款方式。这种汇款方式现在较少使用。

（三）票汇

票汇（remittance by banker's demand draft，D/D）是汇出行应汇款人的申请，代汇款人开立以其分行或代理行为解付行的银行即期汇票（banker's demand draft），并将票据交给汇款人，由汇款人自行寄送或自己携带出国交给收款人，收款人持票取款的一种汇款方式。

第二节 汇款业务操作流程

一、电汇业务程序

（一）电汇业务操作流程

电汇业务程序如图7-1所示：

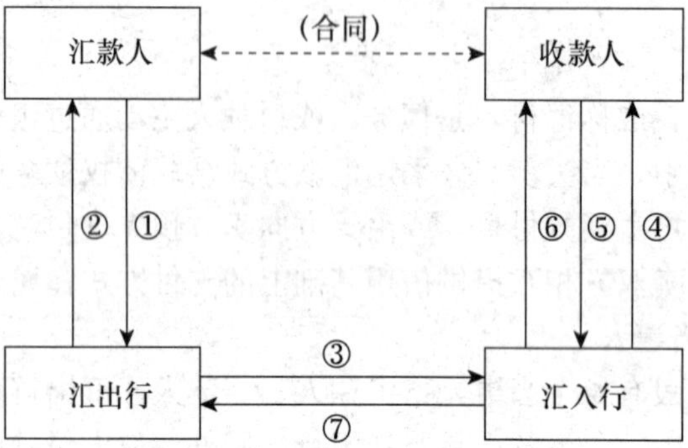

图7-1 电汇业务程序

说明：①汇款人填写电汇申请书，交款付费给汇出行。

②汇出行给汇款人以电汇回执。

③汇出行根据汇款人申请书内容，将汇款金额、收款人和汇款人姓名、地址、汇款人附言等内容以电汇或电报通知汇入行委托解付。汇出行在发电报或电传时，要加列与汇入行约定使用的密押，以证实电报或电传内容确实是汇出行所发；汇入行收到电文，要核实密押无误后才能办理解付手续。

④汇入行收到汇出行汇款电文并核对密押相符后，立即通知收款人取款。目前国际贸易结算的汇款，一般收款单位都在汇入行开有账户，故汇入行可以仅凭电文将款项收入汇款人账户，然后给收款人一张收账通知单。

⑤收款人持通知书到汇入行取款时，必须在“收款人收据”上签名或盖章。

⑥汇入行向收款人解付汇款。

⑦汇入行将付讫借记通知书邮寄给汇出行，以使双方的债权债务得以结算。

（二）电汇业务的特点

（1）交款迅速。电汇是收款最快的一种汇款方式，银行一般均当天处理，交款迅速，但汇出行无法占用邮递过程的汇款资金。

（2）安全可靠。由于电传是银行与银行之间的直接通讯，并有密押核实，因而产生差错的可能性很小。在目前的汇款业务中，电汇已占绝大部分。

二、信汇业务程序

（一）信汇业务操作流程

信汇的业务程序与电汇基本相同，但汇款人必须填写信汇申请书。信汇与电汇的唯一差别是，汇出行通过航空信函邮寄信汇委托书（M/T advice）或支付委托书（payment order）给汇入行，而不是采用电报（见图 7-2）。

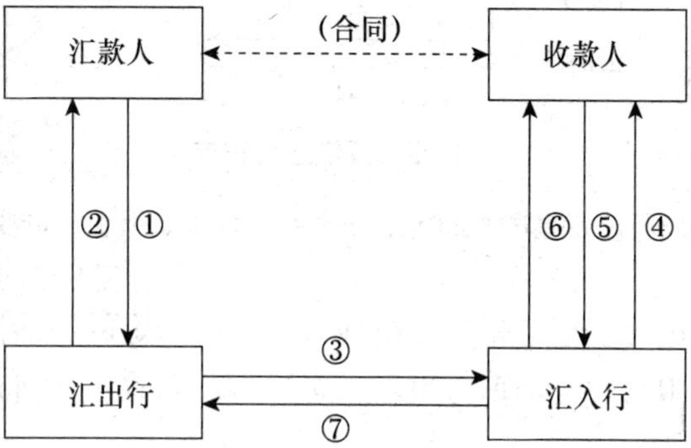

图 7-2 信汇业务程序

说明：①信汇申请书，交款付费；②信汇回执；③信汇委托书或支付委托书；④信汇通知书；⑤收款人收据；⑥付款；⑦付讫借记通知书。

（二）信汇的特点

（1）资金的转移速度较慢。信汇通过航邮至汇入行，汇款在途时间较长，收款时间较慢。

（2）银行可短期占用资金。由于信汇有一邮递在途时间，因此汇出行可占用邮递时间内的信汇资金。

（3）信汇费用相对低廉。信汇的成本低于电报、电传，并且银行只收取较少的手续费用，所以在以往的汇款中，信汇所占比例比较大。

三、票汇业务程序

（一）票汇业务操作流程

票汇业务操作流程见图 7-3。

（1）汇款人填写票汇申请书，并交款付费给汇出行；

（2）汇出行开立银行即期汇票交给汇款人；

（3）汇款人将银行即期汇票自行邮寄给收款人；

（4）汇出行将票汇通知书［即票根（advice of drawing）］邮寄给汇入行；

（5）收款人凭银行即期汇票向汇入行取款；

（6）汇入行对汇票和票根审核无误后，付款给收款人；

（7）汇入行同时把付讫借记通知书寄给汇出行。

（8）收款人向汇入行领款时，应对汇票进行背书，汇入行核实后才能解付。

（二）票汇的特点

（1）取款方便，手续简便。汇入行无须通知收款人取款，而是由收款人持票自行到汇入行取款，省却了汇入行通知的环节，简化了手续。

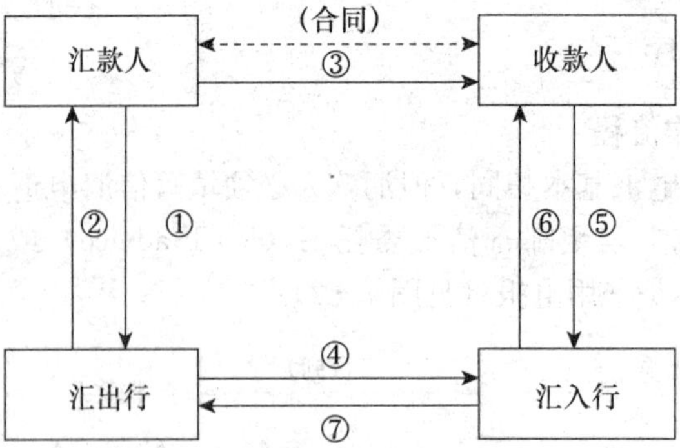

图 7-3 票汇业务程序

说明：①票汇申请书，交款付费；②银行即期汇票；③寄送；④票汇通知书；⑤提示银行即期汇票；⑥付款；⑦付讫借记通知书。

（2）汇款人可以通过背书把票据转让给他人，具有一定的灵活性。

（3）银行可无偿占用资金。票据的出票、寄（带）或者转让所占时间较长，银行在此期间可以无偿使用资金。

四、三种汇款方式的比较

三种汇款方式的比较见表 7-1。

表 7-1 三种汇款方式的比较

种类	支付工具	核查方式	费用	速度	转让性
电汇	电报、电传、SWIFT	密押证实	高	最快	不可转让
信汇	信汇委托书或支付委托书	签字证实	较低	较慢	不可转让
票汇	银行即期汇票	签字证实	最低	最慢	可以转让

第三节 汇款的退汇

一、退汇的含义及原因

（一）退汇的含义

退汇就是汇款在解付前的撤销，即在汇款过程中，汇款人由于自身的原因，在汇款完成以前，按照法定程序，取消原汇款。汇款人和汇入行都可以要求退汇。

（二）退汇的原因

（1）汇款人交汇汇款后，因故自己要求将汇款退汇；

（2）收款人拒收汇款或逾期仍不来领取；

（3）地址不详或无此收款人，汇款通知无法投递。

二、退汇的主体及程序

（一）收款人退汇

收款人退汇比较方便，在信汇、电汇时，只要他拒收信汇、电汇，通知汇入行，汇入行就可以将汇款委托书退回汇出行，必要时说明退汇原因，然后由汇出行通知汇款人前来办理退汇，取回汇款。在票汇下，收款人退汇，要将汇票寄给汇款人，然后汇款人自己到汇出行办理退汇手续。

（二）汇款人退汇

首先，电汇、信汇汇出行应该立即通知汇入行停止解付，撤销汇款，如果收款人有意见，应向汇款人交涉，不能要求汇出行和汇入行付款。然而，汇款人的退汇要在撤销通知到达汇入行时该行尚未付款才能实现：汇出行接受汇款人电汇、信汇的退汇要求后，应用信函或电文通知国外汇入行办理退汇，汇入行接到汇出行要撤销电汇、信汇的通知后，如尚未解付款项，一般可以同意照办；如果汇入行已经解付款项，汇入行不能向收款人追索，汇款人也不能要求退汇，只能由汇款人直接向收款人交涉要求退款。

其次，在票汇的情况下，汇出行处理很谨慎。因为汇出行自己开出汇票，自己即为出票人，对任何合法的善意持票人均要担负保证付款责任，如无理退回汇票，一方面会增加手续，另一方面还可能丧失信誉，或引起许多纠纷与争执。

因此，如果是汇出行开出汇票交汇款人，汇款人还没寄出汇票，他可以持原汇票到汇出行申请注销汇款。如果属于寄递时遗失，属于火灾、水灾以及如飞机、轮船失事而造成的毁灭，一般在了解到汇票收款人确实无法收取款项时，可以接受办理退汇。

如果汇款人已经将汇票寄出，汇票款项已经被收款人领取，或者虽然没领取但估计汇票已经在市场上流通，则不论汇出行还是汇入行都不会办理退汇。

汇票如果遗失、被盗，应该办理挂失、止付手续，即由汇款人向汇出行出具担保书，担保若发生重付，由汇款人负责。有的银行还要向法院或公证行办理公告等手续进行挂失，汇出行收到担保书和公告后，据以通知汇入行挂失止付，待汇入行回电、回函确认后，才能办理退汇或者补发一张汇票。止付对于汇入行来说，如有汇出行的通知，可以不付款，但如果汇入行认为必须付款，则汇出行或汇款人不能因此提出异议。汇款人退汇最为常见。

（三）汇入行退汇

电汇、信汇汇出后，如果收款人迟迟不来取款，过了一定时期，汇入行有权主动通知汇出行注销，办理退汇。凭汇票取款的期限，各国银行规定不同，一般是半年或者一年。汇出行汇出汇款后，如果汇款人得知收款人未能如期收到汇款或汇款有错漏，可以到汇出行或经汇出行到汇入行进行查询。

第四节　汇款头寸调拨

一、汇款头寸调拨的含义

汇款头寸调拨（reimbursement of remittance cover）指汇出行办理汇出业务时应及时将汇款金额拨交给解付汇款的汇入行的行为，俗称拨头寸。汇款调拨必须通过代理行之间的资金往来实现，是通过账户上的划拨来完成的，称为银行划拨。

按照国际惯例，汇出行在发出汇款委托书的同时，必须将头寸拨付给付款行，使付款行不致因执行付款指示而垫付头寸。因此，每一笔汇款都必须注明拨付头寸的具体指示，即每一笔汇款必然引起一笔相同金额的头寸偿付业务。有的银行在相互建立业务代理关系时，采取在代理合约中订明汇款头寸偿付的方法，有的银行则采取在逐笔汇款委托书或汇票通知书中注明头寸如何调拨的方法。拨头寸必须结合汇出行和汇入行的账户开设情况，具体可以分为下述四种头寸调拨方法。

二、汇款头寸调拨的方法和程序

（一）主动贷记

如果汇入行在汇出行开有账户，作为偿付，汇出行主动将相应头寸贷记汇入行的账户。（In cover，we have credited your A/C with us.）

（二）授权借记

如果汇出行在汇入行开有账户，作为偿付，汇出行授权汇入行借记本行在汇入行中的账户。（In cover，please debit our A/C with you.）汇入行收到汇款委托书后借记汇出行账户，拨出头寸解付收款人，并寄出借记报单通知汇出行。

（三）共同账户行（碰头行）转账

当汇出行与汇入行相互之间没有往来账户，但是在同一代理行开立了账户时，为了偿付解款，汇出行可以在汇款时主动授权这个共同账户行借记汇出行账户并同时贷记汇入行账户。（In cover，we have authorized X bank to debit our A/C and credit your A/C with them.）

（四）各自账户行转账

当汇出行和汇入行之间没有共同账户行，但它们各自的账户行之间有账户往来关系时，则汇出行指示其账户行（X bank）拨付头寸给汇入行的账户行（Y bank）开立的账户。（In cover，we have instructed X bank to remit proceeds to you.）

第五节　结售汇业务

一、结售汇的含义

结售汇是结汇与售汇的统称。结汇是指境内企事业单位、机关和社会团体（外商投资企业除外）取得外汇收入后，按照国家外汇管理相关规定，按照银行挂牌汇率，把外汇卖给外汇指定银行，换回本币的行为。结汇有强制结汇、意愿结汇和限额结汇等多种方式。售汇是指境内企事业单位、机关、社会团体和个人因对外支付需用外汇时，可按照国家外汇管理相关规定，持有关证件、文件材料等，用人民币到外汇指定银行购买所需外汇，从用汇单位和个人角度讲，售汇又称购汇。

二、结售汇业务的办理程序

结售汇业务的程序各家银行不尽相同，下面以中国银行为例予以说明。

（一）个人购汇的办理流程

1. 年度总额内购汇

（1）购汇用途。

自费出境学习学费、生活费、出境旅游、商务考察、探亲会友、境外就医、朝觐、境外培训、被聘工作、国际交流、出境定居、外派劳务、境外邮购费用、缴纳国际组织会费、境外直系亲属救助、境外咨询、其他相关费用等经常项目购汇，可持本人有效身份证件及相关资料到中行网点办理。

(2) 所需材料。

①本人真实身份证明，包括：本人身份证（中国公民）、户口簿（十六岁以下中国公民）、军人身份证件（中国人民解放军）、武装警察身份证件（中国人民武装警察）、港澳居民往来内地通行证（港澳居民）、台湾居民往来大陆通行证（台湾居民）、护照（外国公民）。

②由直系亲属代为办理的，还须提供委托人的授权书、代办人的真实身份证明和亲属关系证明。

(3) 购汇额度。

个人购汇年度总额为每人每年等值5万美元。

(4) 注意事项。

①年度总额不得跨公历年度使用，对于上一年度未使用或未用完的额度不得转入下一年度使用。

②境内居民个人所购外汇可以存入本人境内外汇账户、可以汇出境外，可以持汇票、旅行支票、信用卡等携出境外；个人提取外币现钞当日累计等值1万美元以下（含）的，可以在银行直接办理；超过上述金额的，凭本人身份证件、提钞用途材料向当地外汇局报备。银行凭外汇局出具的有关凭证为个人办理提钞业务。

③境内居民个人所购外汇可存入本人外汇账户，也可提取外币现钞并携带出境。其中，1万美元以上现钞携带出境需到所在地外汇管理局办理外币携带证。

④境内居民个人购汇不受其户籍所在地地域的限制。

⑤境内居民个人身份证号码如出现重复，应提供当地公安机关出具的确认证明，银行方能为其办理购汇手续。

2. 超过年度总额内购汇

(1) 自费出境学习学费、生活费所需材料。

①本人因私护照及有效签证（或签注）；

②境外学校录取通知书（购买第二学年或学期以后的学费或生活费无须提供）；

③境外学校相应年度或学期学费证明或生活费证明。

(2) 境外就医所需材料。

①本人因私护照及有效签证（或签注）；

②境内医院出具的证明附医生意见以及境外医院出具的费用证明。境外医院出具的费用证明无法提供原件的，可提供传真件办理。

(3) 境外培训所需材料。

①本人因私护照及有效签证（或签注）；

②境外培训费用证明。费用证明无法提供原件的，可提供传真件办理。

③银行审核其他证明材料后直接办理。

(4) 缴纳境外国际组织会费所需材料。

①本人真实身份证明；

②境外国际组织缴费通知。无法提供原件的，可提供传真件办理。

（5）境外直系亲属救助所需材料。

①本人真实身份证明；

②有关部门或公证机构出具的亲属关系证明、有关救助的相关证明材料或传真件办理。

③直系亲属是指境内居民本人的配偶、父母、子女。

（6）境外邮购所需材料。

①本人真实身份证明；

②广告或定单等收费凭证或传真件、网上下载件。

（7）境外咨询所需材料。

①书面申请；

②本人真实身份证明；

③合同（协议）、发票（支付通知）、税务凭证。按照个人办理服务贸易售付汇的相关规定进行审核。

（8）注意事项。

①境内居民个人购汇应先在年度总额内购汇，对于超过年度总额的部分，需提供有交易额的相关证明材料。

②境内居民个人购汇，由他人代为办理的，还须提供委托人的授权书、代办人的真实身份证明。

③以上如遇调整，以国家外汇管理局最新公布为准。

（二）个人结汇办理流程

个人结汇是指个人通过中国银行将外汇结算成人民币，按照国家外汇管理政策，中国银行对境内个人客户和境外个人客户结汇实行年度总额管理，个人年度结汇总额为 5 万美元。

1. 办理流程

（1）经常项目项下凭本人身份证件和有交易额的相关证明等材料在银行办理。

（2）资本项目项下按资本项目有关管理规定办理。

2. 相关规定

资本项目项下按资本项目有关管理规定办理。

（1）捐赠，个人客户接受境外捐赠必须符合国家规定，并提供经公证的捐赠协议或合同后方可结汇。

（2）赡养，赡养款则需提供直系亲属关系证明或经公证的赡养关系证明、境外给付人相关收入证明，如银行存款证明、个人收入纳税凭证等相关凭证后方可结汇。

（3）遗产继承，对于遗产继承收入，需提供遗产继承法律文书或公证书等相关证明后方可结汇。

（4）保险外汇收入，需提供保险合同及保险经营机构的付款证明后方可结汇。

（5）专有权利使用和特许收入，需提交付款证明、协议或合同。

（6）法律、会计、咨询和公共关系服务收入，需提交付款证明、协议或合同。

（7）职工报酬，需提交雇佣合同及收入证明。

（8）境外投资收益，境外投资外汇登记证明文件、利润分配决议或红利支付书或其他收入证明。

第六节　西联汇款简介

一、西联汇款的含义

西联汇款是西联国际汇款公司（Western Union，以下简称西联公司）的简称，是世界上领先的特快汇款公司，迄今已有150年的历史，它拥有全球最大最先进的电子汇兑金融网络，代理网点遍布全球近200个国家和地区。西联公司是美国财富五百强之一的第一数据公司（FDC）的子公司，在我国的代理行有中国邮政储蓄银行、中国光大银行和中国农业银行。

二、西联汇款的优势

（一）可靠

全球平均每秒钟就有人使用西联汇款向家乡亲人表达心意，援助有急需的旅游者，或者进行贸易往来。西联全球安全电子系统确保每笔汇款的安全，并有操作密码和自选密码供客户核实，使客户的汇款在瞬间全部如数、安全地交付到指定的收款人手中。

（二）快捷

西联汇款手续简单。它利用全球最先进的电子技术和独特的全球电子金融网络，即时在全球近200个国家和地区处理汇款。在几分钟内收款人即可如数收到汇款。

（三）方便

西联国际汇款公司在国外的代理网点遍布全球各地，有包括银行、邮局、外币兑换点、火车站和机场在内的共135 000个代理网点。在国内，西联代理网点已遍布全国各省，而且网点还在不断增加。

三、西联汇款的办理流程

（一）汇款方法（只接受美元，收一定的手续费）

（1）汇款人前往就近的西联汇款代理网点填写发汇单。

（2）将填妥的表格及款项递交柜台办理。

（3）汇款办理完毕，收妥发汇单，并将汇款信息及汇款监控号码告知收款人。若汇款人预留收款人的验证身份问题（验证身份问题视同取款密码），应一并告知收款人。双方在通知过程中应注意汇款信息的保密。

（二）取款方法（可兑换成其他币种，不收手续费）

（1）收款人接到汇款人通知后，认明西联汇款标识，前往就近的西联汇款代理网点办理领汇手续。取款时，填写收汇单，出示本人有效身份证件，交邮局办理。

（2）收款人领取西联汇款，必须本人亲收，不得委托他人代领。

四、西联汇款的注意事项

（一）西联汇款限额

中国邮政储蓄银行最高发汇额为10 000美元，中国农业银行最高发汇额为9 000美元，中国光大银行最高发汇额为 9 000 美元。

（二）西联汇款查询方法

为了节省客户的收款时间，客户在去银行收款之前，可以先查询一下汇款状态。

对于中国收款用户来说，有两种方式可以查询汇款状态。

（1）电话查询，可以拨打西联公司在中国的 800 免费查询电话（必须通过座机拨打）及付费查询电话（上海区号）。

西联客服通常要求客户提供汇款监控号码 MTCN，汇款人国家，汇款人全名，汇款币种、金额，收款人全名，以上所有信息核对无误后就可以去西联合作伙伴银行取款了。

（2）登录西联官方网站查询汇款，可以在官网上点击“check a transfer”按钮，在打开的页面中，输入汇款监控号码 MTCN、汇款人姓名（必须使用英文），如果汇款已经到达，那么系统会提示“available for pick up!”。

五、西联汇款的资费

西联汇款分为收汇人和汇款人，收汇人是不需要支付任何费用就可以收取汇款的，汇款人需要按照一定的比例支付汇款手续费，表 7－2、表 7－3 和表 7－4 是不同汇款金额收费列表：

表 7－2　西联国际汇款资费表（非洲地区除外）　　单位：美元

发汇金额	手续费
500 美元以下	15.00
500.01～1 000.00	20.00
1 000.01～2 000.00	25.00
2 000.01～5 000.00	30.00
5 000.01～10 000.00	40.00
超过 10 000 美元，每增加 500 美元或其零数，加收 20.00 美元	

表 7－3　西联国际汇款资费表（仅非洲）　　单位：美元

发汇金额	手续费
50 美元以下	13.00
50.01～100.00	14.00
100.01～200.00	21.00
200.01～300.00	27.00
300.01～400.00	32.00
400.01～500.00	37.00
500.01～750.00	42.00
750.01～1 000.00	47.00
1 000.01～1 250.00	55.00
1 250.01～1 500.00	60.00
1 500.01～1 750.00	70.00
1 750.01～2 000.00	75.00
2 000.01～2 500.00	85.00
超过 2 500 美元，每增加 500 美元或其零数，加收 20.00 美元	

表 7-4　西联国际汇款附加服务收费表　　单位：美元

项目	国家名称	收费金额
按址投送	多米尼加共和国	3.00
	哥伦比亚	4.00
	菲律宾	4.50
	厄瓜多尔	7.00
	美国	14.00
	印度、越南	7.00
	其他所有国家	13.00
电话通知	越南	1.50
	智利	2.50
	其他所有国家	3.00
附言	10 个词	2.00
	每增加一个词	0.20

第七节　汇款结算方式下的风险及其防范

一、汇款结算方式下的风险类型

（一）信用风险

汇款结算方式下，一方交货，另一方通过银行汇款来支付货款；或者一方预付货款，另一方再交货。能否如期付款或交货，全凭买卖双方的商业信用。在预付货款情况下，进口商面临出口商收到货款后迟交或不交货的风险；在货到付款的情况下，出口商面临着发货以后不能及时并足额从进口商处收到货款，甚至完全收不到货款的风险。

（二）欺诈风险

在电汇时，欺诈者往往向银行发来电传，要求将汇款贷记某账户或付现金给某人，他们常在假付款委托书上加列“使用某某银行密押”条款，然后以某某银行名义向解付行发来密押证实电，诱使解付行付款。这种诈骗方式隐蔽性极强。

（1）信汇方式中的欺诈。信汇方式下，解付行是凭汇款行寄来的信汇委托书并根据信汇委托书上的指示办理汇款的解付。办理付款的银行和委托付款的银行应具有代理行关系或是同一银行的不同分行，并已交换了密押、有权签字人印鉴样本。通常情况下，信汇委托书不需要加密押，只需汇出行有权签字人的签字。根据汇款金额的大小，有的需要双签（两位有权签字人的签字），有的只需单签，加之不同的银行其信汇委托书的格式各有不同，这就给解付行核对信汇委托书的真伪性带来了一定的不便，也给不法分子造假提供了可能，如：伪造信汇委托书、模仿银行有权签字人的签字或与汇款银行内部的不法人员勾结作案。

（2）票汇方式中的欺诈。票汇在国际贸易中的应用可以是银行汇票，也可以是本票

（一般本票或银行本票）或支票，可预付，也可后付。一般来说，银行汇票、银行本票的安全性较高，但不排除不法分子盗用银行汇票、本票进行诈骗。如果是一般本票或支票，出口商更应防止进口方以假票据、空头支票进行诈骗。

在票汇时，近年来伪造票据的发案率很高。据美国银行统计，平均每年全世界伪造票据达 5 亿张之多，1989 年美国银行因假票据而遭受的损失约 13 亿美元。一些不法商人精心伪造汇票或支票以及其他重要证明文件，大肆进行诈骗。例如，非洲某国境内的一些诈骗分子以公司名义向我国开来假支票、假汇票、空头支票或授权付款书，假意急购我某公司货物（常为一些滞销商品），并往往要求空运境外。我某公司急于售货，匆匆空运去目的地，结果发现票据不能兑现，货款两空。

伪造旅行支票诈骗案①

案情：

2000 年 12 月 25 日，A 市甲公司财务人员到乙银行 A 市分行营业部要求兑付 9 张每张价值 1 000 美元的由美国丙公司发行的旅行支票。该银行业务人员审核后发现，这些旅行支票与票样相比，支票的印刷粗糙，估计是彩色复印机所制；票面金额、徽标等没有凹凸感；复签底线也非由小字母组成，而是一条直线，估计是复印机无法分辨原票样的细微字母；票面在紫光灯光下泛白色，没有水印。经仔细查询审核，该行确认这些旅行支票为伪造票据，予以没收。

经查，这些伪造的旅行支票是丁公司出具给甲公司抵债用的，甲公司准备兑付后还贷款。

分析：

本案例是利用伪造旅行支票进行诈骗。从该案的发生可以看出，境外不法分子常常利用内地银行外汇票据业务经验少的弱点进行诈骗。

启示：

(1) 银行业务人员要加强对外汇票据业务的学习，掌握外汇票据的识别技术，辨真伪、明是非。

(2) 要有高度的责任感和认真的态度，谨慎细致地处理每一笔业务，不能有半点马虎。

(3) 要向企业宣传外汇票据知识，使企业能够掌握一般的外汇票据鉴别技术。企业遇到难以识别的外汇票据要通过银行进行查询，以免误收假票据而遭受损失。

(3) 电汇方式中的欺诈。电汇方式是通过加押电报、电传或 SWIFT 向解付行发出解付通知，欺诈者就利用电传机向银行发出假的付款指示电文，要求银行将汇款解付给某某人或公司。由于解付行在解付款项之前必须核对电文上的密押，如果解付行与付款行之间没有代理行关系或未互换密押，有的银行的做法就是使用第三家银行的密押，欺诈者就利用这种不严密的做法，在付款指示电文中炮制假密押，如故意捏造“使用 A 银行密押”，

---

① 更多案例请参阅赵明霄. 国际结算习题与案例. 北京：中国金融出版社，2010.

随即再以 A 银行的名义向解付行发出一份证实密押核对相符的电传，促使解付行在不辨真相的情况下付款。

二、汇款结算方式下的风险防范措施

对于汇款结算方式下的风险，大体的防范措施有四方面：第一，在客户资信不佳或不明时，尽量不要采用汇款结算方式。如采用了汇款结算，应委托银行或专业咨询机构进行客户资信调查。第二，汇款结算一般不用于金额较大的交易。第三，出口公司一旦收到国外客户寄来的票据，应委托银行或专业机构检验其真实性，必要时等收妥款项后才能发货。第四，凭单付款时，出口发货宜采用海运方式，通过海运提单掌握货权，不宜采用空运方式。具体到三种汇款结算方式，其风险防范如下：

（一）信汇方式中风险的防范

解付银行除应仔细核对信汇委托书上有权签字人员的印鉴外，还应熟悉不同银行的信汇委托书格式样本，熟悉不同银行对汇款金额权限的控制，发现问题或产生疑问时，应在解付款项前及时与汇出行联系，要求汇出行以加押电传或 SWIFT 证实，并在得到汇出行的有效证实后方可办理解付。

（二）票汇方式中风险的防范

在出口业务中，对于资信不好的客户或新客户，应尽量避免使用票汇方式结算，如果使用票汇方式结算，为保障货款的安全，出口方应先将收到的票据委托当地银行办理核验或查询，最好委托银行向进口方收妥货款后才可发货。

（三）电汇方式中风险的防范

为防止欺诈行为，银行应避免使用电报、电传，更应避免使用第三家银行的密押，对有疑问的汇款，应向汇款行发出查询，或在收到对账单并证实头寸收妥后才办理解付。自从 SWIFT 被银行广泛使用后，电汇方式一般都通过 SWIFT 处理，SWIFT 电汇报文有统一的格式，并由系统自动加押和解押，安全性大大提高。

第八章

托收业务

第一节　托收概述

一、托收的含义

托收（collection）是指委托人开立汇票并附带货运单据委托银行向付款人收款的方式。近年来，欧洲一些国家为减轻印花税的负担，对即期托收业务可不使用汇票，委托银行收款时仅提供货运单据。但在远期业务中，汇票一般不能免除。因此，跟单托收中最实质的单据乃运输单据。

简单地说，托收就是这样的一个过程：一个出口商为了向国外买方收取货款并能贷记其在往来银行的账户，可委托其银行代为处理这些业务。出口商可将全套单据交给出口商委托的银行并给银行相应的托收指示，委托银行再委托其在买方所在国的分行或代理行要求进口商付款。

银行受出口商的委托，通过其国外分行或代理行向进口商收取货款，这是银行的出口托收业务；银行受出口地银行的委托向进口商收取货款属银行的进口代收业务。

二、托收的主要关系人及其相互关系

（一）托收的主要关系人

此项业务涉及的当事人有以下几个：

（1）委托人（principal），是开出汇票，提交单据委托银行代收货款的人，亦即债权人、受益人、出票人（beneficiary，payee，drawer）、卖方。

（2）托收行（remitting bank），又称委托行，它一方面接受委托人的委托代收款项；另一方面又委托国外联行或代理行向债务人收款。托收行一般是委托人的开户行。

（3）代收行（collecting bank），又称受托行，是接受托收行的委托，向债务人收款的银行，一般都是托收行的国外分行或代理行。

（4）付款人（drawee/payer），即进口商、买方，是代收行收款的对象。付款人的责任就是按合同规定付款，当然是以委托人提供合格的单据为前提。

(5) 提示行 (presenting bank)。实际向付款人提示单据的银行。有时，代收行与付款人不在一地，代收行要委托另一家银行代收。否则，代收行与提示行是一家。

(6) 需要时代理 (case for need)。交易中一旦发生拒付等纠纷，为了处理存仓、保险、转售、运回等事项，委托人可在付款人所在地指定一个代理人，这个代理人就叫“需要时代理”。它的权限应由委托人通知托收行。

上述前四者是基本当事人，后两者并不是在所有的托收业务中都涉及的。

(二) 托收当事人之间的关系

1. 委托人与付款人之间的关系

委托人与付款人之间的关系是买卖关系。

出口商应按照合同的规定向进口商按质按量按时交运货物；向进口商提交符合合同要求的单据。进口商应在出口商向他提交了足以证明出口商已经履行了合同义务的单据时，按合同规定付款。

2. 委托人与托收行之间的关系

委托人与托收行之间的关系是委托代理关系。二者关系的依据是托收申请书 (collection application)。托收申请书实质上是委托人与托收行之间的委托代理合同。作为委托人的出口商，必须履行的责任有以下几点：

(1) 托收申请书中的指示必须是明确的。

(2) 及时指示。当银行将发生的一些意外情况通知委托人时，委托人必须及时指示，否则，因此而发生的损失由委托人负责。

(3) 负担费用。委托人不但要向托收行支付手续费，而且应支付托收行为执行委托指示而支出的其他各种费用。即使托收行没有收到货款，委托人也必须支付这些费用。如果托收委托书中规定国外代收行的费用须由进口商负担并不得豁免，那么当遭到拒付时，国外代收行的费用也必须由委托人负担。

托收行在接受委托人的委托以后，它的责任主要有：

(1) 执行委托人的指示。托收行在托收业务中完全处于代理人的地位，它必须根据委托人的指示办事。因此对于托收行来说，它最主要的责任就是其打印的“托收委托书”的内容必须与委托人申请书中的指示严格相符。如果对委托人的有些要求无法执行，应向委托人解释，由其修改申请书的内容以后再办理托收。

(2) 对委托人提供的单据是否与买卖合同相符不负责任。托收行没有审核单据内容的义务。托收行只需将收到的单据的种类和份数与托收申请书中所列情况核对，如发现单据遗漏时，应立即通知委托人补交。在具体业务中，托收行应对委托人交来的主要单据进行重点核对，但这完全是银行对客户提供的服务，而不是应尽的责任。

(3) 负担过失的责任。银行 (包括托收行、代收行、提示行等银行) 办理托收业务时，应与办理信用证业务一样，善意和谨慎行事，这是一条基本的原则。银行在受理托收时，向委托人收取手续费，因此银行必须善意和谨慎地行事，凡因未按照申请书的指示行事而产生的后果，应由银行对其过失负责。

3. 托收行与代收行之间的关系

代收行是托收行的代理人，代收行须严格按照作为委托人的托收行所发出的托收委托书 (collection advice) 办事。因此代收行的责任基本与委托行相同，但附有一些特殊责任。

(1) 保管好单据。进口商要取得单据，必须对汇票进行承兑或付款。在进口商未承兑或付款时，代收行绝对不能把单据交给进口商。此外，在进口商拒绝承兑或拒绝付款时，代收行应立即通知托收行，并且在通知中声明保管单据并听候进一步的指示。如未在合理时间内收到托收行的进一步指示，代收行应发电催办。

(2) 无义务对托收项下货物采取任何行动。按照银行的习惯做法，银行对跟单托收项下的货物，没有义务采取任何行动。

(3) 托收情况的通知。按照银行的习惯做法，代收行应根据下列规则，通知托收情况：

第一，代收行发给托收行的所有通知中必须列有合适的说明，其中必须列明托收行的托收委托书编号。

第二，如无明确的指示，代收行则必须用最快的邮件，将托收情况的通知，包括付款通知、承兑通知、拒付通知或拒绝承兑通知等，寄给托收行；如果银行认为事情紧急，也可以采用更快的通知方法，如电报、电传或电子通信系统等，费用由委托人负担。

第三，代收行提示托收单据而付款人拒绝付款、拒绝承兑时，应尽力查明理由并通知托收行。

4. 代收行与付款人之间的关系

代收行与付款人之间并不存在契约关系。付款人对代收行应否付款，完全根据付款人与委托人之间所订立的契约义务而决定。

三、托收的类型

按照是否附带货运单据，托收分为光票托收和跟单托收。

(一) 光票托收

在《托收统一规则》(URC522) 中，国际商会将单据分为金融单据 (financial document) 和商业单据 (commercial document) 两类。金融单据指汇票、本票、支票、付款收据或其他类似用以取款的凭证。商业单据指发票、提单、其他类似单据，或其他非金融单据。

根据《托收统一规则》规定，光票托收 (clean collection) 是指金融单据不附带商业单据的托收，即提交金融单据，委托银行代为收款。光票托收一般用于收取货款尾数、代垫费用、佣金、样品费或其他贸易从属费用。

有的光票托收也附有单据，但并不是整套货运单据，只是发票、垫款清单等，也属于光票托收。

光票托收的业务程序是委托人将金融单据 (汇票) 交到托收行，托收行委托国外联行或代理行向汇票付款人收款。光票托收的汇票，可以是即期汇票或远期汇票。如果是即期汇票，代收行应在收到汇票后，立即向付款人提示，要求付款。付款人如无拒付理由，应立即付款赎票。如果是远期汇票，代收行应在收到汇票后，向付款人提示，要求承兑，以确定到期付款的责任。付款人如无拒绝承兑的理由，应立即承兑。承兑后，代收行收回汇票，于到期日再做提示，要求付款。若付款人拒绝承兑或拒绝付款，除托收委托书中另有规定外，应由代收行在法定期限内作成拒绝证书，并及时把拒付情况通知托收行，托收行再通知委托人，以便采取进一步措施。

(二) 跟单托收

跟单托收 (documentary collection) 是指金融单据附有商业单据或不附有金融单据的商业单据的托收。跟单托收如以汇票作为收款凭证，即使用跟单汇票。

如无汇票，仅以货运单据委托银行，向买方即进口商收取货款的做法，也属于跟单托收业务。欧洲大陆一些国家为了避免印花税负担，一般的即期付款托收不使用汇票。

国际贸易中货款的收取大多采用跟单托收。在跟单托收方式下，按照向进口商交单条件的不同，可分为付款交单和承兑交单两种。

1. 付款交单

付款交单（document against payment，D/P）指代收行在付款人付款后再向其交付货运单据，即交单以付款为前提条件。按付款时间的不同，付款交单分为两种情形：即期付款交单和远期付款交单。

（1）即期付款交单（D/P at sight）。在这种方式下，可以有也可以没有汇票。在没有汇票时，发票上的金额即托收的金额。采用这种方式，当代收行收到所有有关单据并审核无误后，应立即向付款人提示，付款人见票后须马上付款，付清后方能赎单。

（2）远期付款交单（D/P after sight 或 D/P after date）。采用这种方式时，卖方须开具远期汇票，代收行收到汇票和货运单据后向付款人提示，付款人审核无误后签字承兑，汇票到期时再付款赎单。

由于付款后才交出货运单据，若汇票遭拒付，出口方对货物仍有所有权，所以风险较小，有利于出口方。

在付款交单中经常发生两个问题：一是对“见票”的理解。国外商人往往认为托收是出口商给予进口商的一种商业信用，目的在于使进口商不必长时期地垫付资金，因此不论即期还是远期，“见票”都应在货到以后，即货到见票。这种解释对出口商是非常不利的，也缺少理论上的根据。因为从票据法的角度看，“at sight”“on demand”“on presentation”是“即期”的同义语，分别含有“付款人见到汇票时”“应持票人的要求后”“一经提示”之意，所以什么时候提示取决于持票人，付款人无权决定持票人应在什么时候提示汇票，这本来没有什么好争辩的，但有些国家强调要按当地要求，货物到达目的地后再见票，银行在货到以前不能向付款人提示，以拖延付款时间。这个“习惯”甚至成为合同中的一个条款。如果经了解进口地确有货到见票的习惯，倒不如把途中的运输时间匡算在内，改为出票后若干天付款。二是远期付款交单问题。远期付款交单是先承兑后付款，其目的是给付款人准备资金的时间，但由于承兑后又不交付单据，作用不大，故欧洲大陆国家的不少银行至今仍声称不做远期付款交单，有的则按即期处理；而拉丁美洲国家的银行则把远期付款交单按承兑交单处理。因为出口商同意远期付款交单，本是给予进口商资金融通的一种方式，如果付款期限长，运输期限短，货到以后进口商因为没有付款不能提货，也没法出售（使用）货物，虽然期限长，但进口商并没有获得什么好处。进口商虽可以用担保提货，但已失去了原来要求的较长期限的本意。所以，实务中使用即期付款交单的多。国际商会在《托收统一规则》中，对这种情况做了规定，即当托收为付款交单时，不应含远期付款的汇票。这样就可避免远期付款交单时，受票人在货物抵港后无法提货而不得不支付保险费、仓储费，而用提货担保又会使代收行承担付款人不付款赎单、货物又被提走的风险。同时还规定：“如托收包括一张远期付款的汇票，托收委托书上注明是付款交单，单据只能在付款后放行，而代收行将不对由于交单延误产生的任何后果负责。”

2. 承兑交单

承兑交单（document against acceptance，D/A）指代收行在付款人承兑远期汇票以后，就向付款人交付货运单据，而无须同时付清票款，只有在汇票到期时才履行付款义务的一种方式。在承兑交单方式下，只使用远期汇票，付款期限通常为30～180天。这种方式对买方是十分有利的，因为他只需承兑就能得到货权凭证去提货，不必先行垫款或筹资，如期限在180天，即可以做无本生意，就是可在货物销售后以货款来清偿汇票之款。但卖方的风险相对大一些，买方提货后若拒付，则钱货两空。虽然卖方可凭买方的承兑汇票起诉，但在国外诉讼，费时费钱，而且有时付款人已倒闭破产无力偿付，所以收效不大。因此对资信不好或不甚了解的客户一般不宜采用此方式。

3. 付款交单与承兑交单的比较

在付款交单方式下，只有在进口方付清货款后才能得到货运单据。对于进出口双方而言，是一方交款，另一方交单。可见，这种交单条件给出口方提供了一定的保障。

在承兑交单方式下，进口方先行拿到了单据提取了货物，然后待汇票承兑到期付款之日再履行付款责任。这种交单条件无疑对进口方十分有利，也是出口方对进口方提供了一定的商业信用。所以这种交单条件对出口方来说具有一定的风险。

付款交单与承兑交单的比较见表8-1。

表8-1 付款交单与承兑交单的比较

	付款交单	承兑交单
名称	document against payment，D/P	document against acceptance，D/A
汇票	即期汇票，也可不要	必须要有远期汇票
是否承兑	不需要	必须承兑
交单条件	付款赎单	承兑赎单
风险	商业信用，可以控制物权，出口商面临一定风险	商业信用，无法控制物权，有可能钱货两空

第二节 托收业务操作流程

一、托收业务操作流程

托收业务操作流程可用图8-1表示。

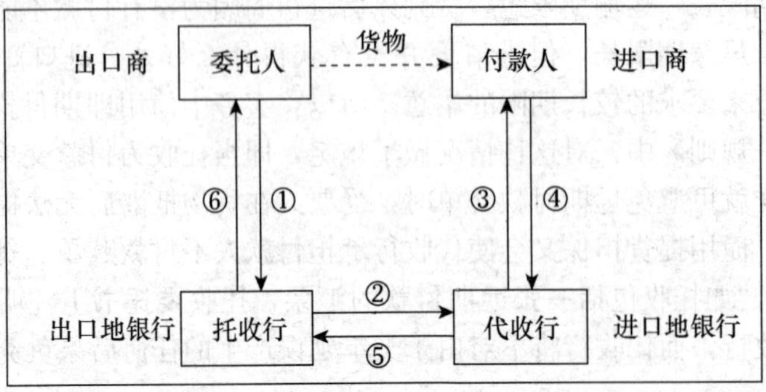

图8-1 托收业务操作流程

说明：①委托；②委托；③提示；④付款；⑤付款；⑥结汇。

（一）委托人发货并委托银行收款

根据进出口双方事先签订的合同，委托人（出口商）发货后，将单据交托收行，委托银行收款（见图8-1中①）。出口商在要求银行办理跟单托收时，应给托收行完整明确的指示，以便托收行按出口商的指示提供正确的服务。具体的指示反映在出口商填具的托收申请书中。因此，卖方按双方签订的合同发货并取得货运单据后，应将汇票、单据及托收申请书一同提交托收行，这是首要的步骤。

托收申请书的主要内容包括：

（1）交单方式，是付款交单还是承兑交单。

（2）货款收妥后的处理方式。托收行要在代收行已收妥货款并划入托收行的账户后，才会将货款付给委托人，代收行可以用电报或航函通知托收行，但用哪一种方式则需根据托收行的要求。为此，委托人需在代理合同中确定用电报还是航函通知。

（3）银行费用的处理。一般情况下，进口商或出口商各自负担本国银行的费用。根据银行管理，如果在托收委托书中仅规定须由进口商负担费用，而进口商拒付费用时，则代收行可以将自己应收的费用从应汇给托收行的货款中扣除。如果托收委托书明确规定不准豁免该项费用，则托收行、代收行、提示行对因此而产生的付款延迟或额外开支不负责任。

（4）拒付时是否需作拒绝证书。委托人在委托代理合同中应对遭到拒绝承兑和拒绝付款时是否需作成拒绝证书给予明确指示。根据惯例，在委托人没有指示必须作成拒绝证书时，银行没有义务在拒绝时作拒绝证书。

（5）拒付后货物处理的方式。理想的处理方式是出口商能在进口当地找到买主就地将货物售出；如果出口商在进口地有可靠的代理人，它可以在汇票上记载预备付款人以应急。

（6）选定国外的代收行。如果委托人明确指示通过国外某一代收行办理收款，如托收行与代收行开有账户，则可按委托人指示办理；否则，需征得委托人同意后，由托收行自行选择一家代收行。此外，代收行有时也可以由进口商指定。

（二）托收行审查

（1）托收行审查托收申请书和单据，并制作托收委托书寄给代收行（见图8-1中②）。托收行接到委托人提交的托收申请书和单据后，首先应审查托收指示中所记载的条款是否明确，项目是否齐全。然后要对所附的单据进行审核。根据《托收统一规则》，托收行只是处于代理人的地位，对货物并无权益可言，只要核实所收到的单据与申请书上所列的相符即可。但银行具有道义上的义务提请客户注意单据上的差错及单据之间的矛盾之处，这是银行为客户提供良好服务所必需的，所以银行要对单据进行审核，以提出哪些能引起延误货物清关、发生滞期费或者造成付款长期延误等问题。

银行同意办理后，应将申请书的一联作为回执退给委托人。

（2）选择合适的代收行。代收行可由委托人在托收申请书中指定，如不指定，托收行有权自行决定，一般都是托收行在付款地的联行、代理行或账户行。若委托人所指定的代收行资信不详，托收行可选择对方同城所在地的代理行、联行作为代收行。

（3）填制托收委托书或托收指示并寄给代收行。托收行对托收申请书及所附单据审核无误后，按出口商托收申请书的内容，缮制对代收行的托收委托书，内容与托收申请书差不多。委托书中的付款人名称须详细、准确，以便代收行顺利进行提示，并要说明收妥款项时应如何汇交托收行，一般是根据托收行与代收行是否开立账户以不同的方式办理。

若双方有账户关系，可要求代收行贷记我账户或授权我借记代收行的账户，文字可这样表达："Upon collection，please authorize us to debit your account by airmail/cable quoting our Ref. No. ..."或"Upon collection，please credit the proceeds to our account with you under airmail/cable advice to us quoting our Ref. No. ..."

若双方没有账户关系，可请代收行将款汇交我海外联行或其他账户行收账："Upon collection，please remit the proceeds by airmail/cable to ____ for credit our account with them under airmail/cable advice to us quoting our per. No. ..."

《托收统一规则》规定，委托书上虽有"代收行的费用由付款人负责"的批注，但代收行在付款人拒付时费用仍可在货款中扣除，除非表明不能放弃，所以委托书上要表示这一点："... such charges or/and expense may not be waived."

另外，若允许分批付款、分批提货及逾期罚款和提前贴息也均应在委托书中说明："Merchandise may be partial released against partial payment"，及"Please collect delay interest at current rate prevailing at your location in case of delay in taking up document. Discount at the rate of ... p. a. is allowed on payment effected before the due date of the draft"，同时要注明各种单据的份数，最后由托收行的有权签字人签字。

以上工作应在接受委托的一个工作日，最迟不超过两个工作日内办完。委托书都是多联，其中两联附正副单据，分两次寄给代收行。

图 8-2 列出了托收指示范例。

托收指示范例

The Industrial & Commercial Bank of China
Collection Instruction

ORIGINAL

Date ________

Our Ref No. ________

TO

Dear Sirs，

We send you herewith the under-mentioned item (s) /documents for collection.

Drawer	Draft No. Date	Due Date/Tenor
Drawee (s)	Amount	
Goods	From	To
	By Par	On

Documents	Draft	Invoice	B/L	Ins. Policy/Cert.	W/M	C/O			

Please follow instruction marked "X"：

☐Deliver documents against payment/acceptance.

图 8-2 托收指示范例

□Remit the proceeds by airmail/cable.
□Airmail/cable advice of payment/acceptance.
□Collect charges outside ________ from drawer/drawee.
□Collect interest for delay in payment ________ days after sight at ________% P. A.
□Airmail/cable advice of non-payment/non-acceptance with reasons.
□Protest for non-payment/non-acceptance.
□Protest waived.
□When accepted, please advise us giving due date.
□When collected, please credit our account with ________.
□Please collect and remit proceeds to ________ Bank for credit our account with them under their advice to us.
□Please collect proceeds and authorize us by airmail/cable to debit your account with us.
Special Instructions For The Industrial & Commercial Bank of China
This collection is subject to Bank of China
Uniform Rules for Collections ________________________
(1995 Revision) ICC Publication No. 522 Authorized Signature (s)

图 8-2　托收指示范例（续）

（三）代收行审查托收委托书并向付款人提示

代收行收到托收行寄来的托收委托书后，应核对所附单据与委托书上所列的名称和份数是否相符，所列项目和指示是否明确，能否办理，交款条件是 D/A 还是 D/P。审核无误后，编号登记并作成代收通知书。然后向付款人提示（见图 8-1 中③）。

（四）付款人付款

付款人付款见图 8-1 中④。

（1）即期 D/P。按国际上的做法，银行将汇票连同代收通知书交给付款人，即进行提示。要求立即付款，付款人付清汇票金额及其他费用，代收行即可将全套单据及付讫汇票交给付款人凭以提货。若付款人不付或要求修改付款方式、延期、减价等，那么代收行无权强行要求付款，但可要求进口商说明理由并及时告知托收行。

（2）远期 D/A。同即期 D/P 一样，将汇票连同通知书交给付款人，要求承兑。承兑时要在汇票的正面加盖“承兑”章，注明承兑日期及到期日并签字。付款人承兑后即可取得单据去提货。汇票退给代收行，以便到期日向付款人提示付款。代收行还应将承兑日期通知托收行。进口商即付款人在承兑前可要求验看单据，若不符合要求可拒绝承兑，代收行在得到理由后告知托收行。委托人要求做拒绝证书的，应办理这方面的手续，其费用由委托人负担。

（3）远期 D/P。若有汇票，先要求付款人承兑，但要在到期日付款后才能领单提货。

（五）代收行向托收行发收妥通知

代收行收讫票款及费用后，应按托收行的指示，扣除代收行的手续费交托收行（见图 8-1 中⑤）。

（六）托收转款

托收行收到收妥通知后，应告知委托人即出口商，并将款项转入委托人的账户（见图 8-1 中⑥）。

二、托收业务的特点

（1）比汇款安全。在跟单托收时，由于是交单或承兑付款，对于出口商来说，不会像货到付款时要冒“钱货两空”的风险。而对进口商来说，托收要远比预付货款安全。

(2) 收款依靠商业信用。在托收时，是否付款完全由进口商决定，银行只是转手交单的代理人，对付款不负责任，因此托收是对进口商有利的支付方式。当然，进口商也不是没有风险，它的主要风险就是在货到后发现货物与合同不符。因此在托收方式下，进口商也必须了解出口商。

(3) 资金负担不平衡。托收时出口商的资金负担较重，但是因为有单据，有些银行愿意做押汇，出口商因此能获融资。而在汇款支付方式下，出口商没有单据，所以根本不能做押汇以改善资金周转。

(4) 费用稍高，手续稍多。银行的托收手续费要比汇款手续费略高些，托收要通过银行交单，自然手续也比汇款多，但以此来换得比汇款安全的优点，还是合算的。

第三节　托收业务中的注意事项

一、托收行审单时重点审核的事项

托收行在审单时，也应遵循单单一致的原则，并以商业发票为中心进行。以下几点尤其是应重点审核的：

(1) 汇票的开立是否正确；

(2) 有关单据的背书是否正确；

(3) 是否提交了全套正本提单；

(4) 当提单的收货人是代收行或代收行的指定人时，托收行应提醒委托人由于代收行不肯提货而有可能引起的损失，或因交货而发生的费用和损失均由委托人自己承担，银行不承担任何费用和开支。

二、代收行付款时应注意的事项

代收行在付款人付款时应注意：

(1) 所收的货币必须是托收单据上的货币；

(2) 除非托收行特别授权，否则不能接受部分付款，应在托收款全部付清后才能交付单据；

(3) 如托收指示中含有加收利息的指示，但汇票上未记载利息条款，代收行可不收利息而交单，除非托收指示中表明不能放弃利息，如汇票上载明了利息条款，则应视利息是托收款的构成部分；

(4) 如托收指示中含有一切费用由付款人负担条款而付款人拒付时，代收行可免收费用，而把应收的费用在收妥的托收款内扣除，除非托收指示中明确了不能放弃。

三、托收行和代收行其他注意事项

在办理托收时，托收行和代收行还要分别注意以下几个问题：

(1) 托收行在将托收委托书和跟单汇票寄交代收行后，代收行应有回单即一联通知书寄来，以告知托收行是否收妥。对超过 10 天以上的未收款项，或只有付款通知而实际过期款未到的，应向代收行查询，并记录在案，以积累资料。

（2）托收行对来自代收行的各种通知，如拒付、拒绝承兑、改变交单条件或其他要求的，应及时（一个工作日内）通知委托人，由委托人决定采取必要的措施，若代收行发出买方拒付或拒绝承兑通知后 60 天未接到托收行的进一步指示，可以退单。因此，托收行和委托人要配合，及时处理。

（3）如付款人提出拒付或拒绝承兑等，代收行应要求付款人提出具体理由，并及时将情况通知托收行。需做成拒绝证书的，应督促付款人办理。对延付、减价、改变支付条件等超越委托书条件的，要在托收行同意后才能办理。

（4）如货比运输单据提前到达，代收行可按托收行的指示办理存仓、保险，并通知托收行，也可不执行这方面的指示。对货物的处理代收行一般不负责任。

（5）代收行可根据托收行的指示或自行决定同意进口商凭信托收据提货。

第四节　托收业务中出口商的风险及其防范

托收是以商业信用为基础的，没有银行信用的参与，因而风险较大，尤其是承兑交单条件下，出口商面临较大的风险。

一、托收业务中出口商的风险

（一）市场风险

虽然买卖双方签订了贸易合同，但从订立合同起，备货、加工、打包、发运到制单、托收货款，时间很长，期间利率、汇率、物价等因素的变化都有可能使出口商的盈利减少。例如利率一旦上调或汇率上调，出口商预计的利润甚至可能会全部消失乃至为负；货物价格下降时，由于能使进口商无利可图甚至造成亏损，从而挑剔单据或借故拒付，同样会给出口商带来损失。

（二）信用风险

如果进口商信誉很差，就有可能存心挑剔、无理拒付，迫使出口商降价，

尤其是在货物行情下跌时，为转嫁市场风险，进口商更会使出浑身的解数。当资信不好的进口商面临财务状况恶化时，若使用的是 D/A，进口商承兑汇票后提走货物，到期时进口商已倒闭，出口商就会钱货两空。

（三）业务风险

如果进口商业务水平不高或不熟悉情况，可能没有按本国外贸、外汇管制方面的规定取得进口许可证或外汇，从而无法进行支付。

（四）货物损失风险

当进口商拒绝付款赎单时，出口商不但收不到货款，还要冒货物遭受损失及费用增加的风险。首先，因为在托收业务中，代收行没有代出口商提货、存仓和保管的义务；其次，由于没有及时提货，货物可能变质、短量；再次，若转售货物，可能发生价格上的损失，若转售不出去，将货物运回时又增加了费用；最后，存放时间过长的货物，可能会在当地廉价拍卖。

（五）保险方面的风险

当双方以进口方投保的FOB或CFR价格成交时，出口商面临着保险方面的风险。当进口商准备拒付时，一般不再愿意支付保费或不去投保，这样万一货物遭受损失，出口商将不能从保险公司得到赔偿。即使进口商已办好保险手续，但由于保险单掌握在进口商手中，货物受损办理索赔时也非常被动，除非进口商将保单转让给出口商或者出口商将货运单据交给进口商，否则也得不到赔偿。

（六）地区习惯风险

如远期D/P被按承兑交单处理；远期D/P要求在货到后付款或即期D/P要求在货到后见票等。前者使不法商人可先凭承兑汇票提取货物，而后又找借口推卸付款责任；而后者改变了付款交单的基本原则，使得推定交货变成实际交货，由于货物堆放在码头或仓库，费用、风险和损失都有可能增加。

二、托收款无法收回案例

案情：

2000年12月10日，某市A公司与德国B公司签订了一份出口地毯的合同，合同总价值为50 000美元，收货人为B公司，付款条件为D/A 30天。2000年12月20日，A公司按照合同的要求备齐货物发运。在取得空运提单和原产地证之后，A公司拿着已缮制好的汇票、发票、单据一起交到该市C银行。因A公司近期资金紧张，随即以此单向C银行申请办理押汇。C银行考虑虽然托收风险大，但A公司资信状况良好，与本行有良好的合作关系，无不良记录，就为A公司办理了出口押汇，押汇金额为50 000美元，押汇期限为50天，到期日为2001年2月9日。同日C银行将此款项转到A公司账户，随后A公司便支用了该笔款项。2001年1月12日，C银行收到国外提示行电传，声称客户已经承兑，并取走了该套单据。到期日为2001年2月8日。但是到期日之后，却迟迟未见该笔款项划转过来。经A公司与C银行协商，由A公司与买方联系，买方声称已将该笔款项转到银行。2001年3月25日，C银行发电至代收行查询，代收行未有任何答复。此时，A公司再与B公司联系，B公司一直没有回电。到2001年9月，B公司突然来电声称自己破产，已无偿还能力。至此，该笔托收款已无收回的可能。C银行随即向A公司追讨，但A公司一直寻找借口，拖欠不还。C银行见A公司无归还的诚意，就将A公司告上法庭，要求A公司清偿所欠的银行债务。

问题：

在本案例中，托收款无法收回的损失最终应由谁承担？C银行承担了哪一方的信用风险？C银行和出口商共同承担着怎样的欺诈风险？这些风险应如何妥善管理？

分析：

这是一个信用风险与欺诈风险同时存在的例子。在案例事实中，不难看出存在欺诈的情况。在2001年1月，C银行收到国外提示行电传，声称B公司已经承兑，并取走了该套单据。到期日为2001年2月8日。但是到期日之后，却迟迟未见该笔款项划转过来。A公司与B公司联系，B公司声称已将该笔款项转到银行。2001年3月25日，C银行发电至代收行查询，代收行未有任何答复。直到半年以后的2001年9月，B公司才突然来电声称自己破产，已无偿还能力。B公司与代收行的言行前后严重矛盾。最后的结果是B公司没有支付货款，但取走了单据，作为取走单据的自然结果，B公司也取走了货物。A公司与C银行落得钱货两空的境地。

作为以商业信用为基础的结算方式，在托收中，进口商的信用风险由出口商承担，也就是说，托收款无法收回的损失最终应由出口商A公司承担。同样是托收，D/A的风险高于D/P，因为D/A方式下进口商只需承兑即可拿到单据，出口商在进口商最终付款前仍然承担着信用风险。本案正是一个典型的例子，出口商应尽量避免运用D/A方式结算。即使要用，也需十分谨慎，要对进口方有充分的了解，防止信用风险和欺诈风险。

C银行以出口押汇方式向A公司提供了贸易融资。在出口押汇业务中，银行在押汇时保留着对出口商的追索权。在此意义上，银行承担出口商的信用风险。信用风险是指债务人偿还债务的能力和意愿。在本案中，虽然C银行试图行使对A公司的追索权，但显然A公司没有偿还其债务的意愿。这就是C银行将其告上法庭的原因。从风险管理的角度，C银行可以更谨慎并做出更敏捷的反应。2001年3月C银行发电至代收行查询，代收行未有任何答复，此时银行就应该向A公司追索货款，而不是等到9月，B公司来电声称破产时才行使追索权。在这里C银行浪费了半年的时间，使该笔信贷的变数大大增加。虽然C银行可以将A公司告上法庭，但诉讼耗费人力物力，且最后也不一定能收回货款。如果C银行能早做反应，这些情况则大有可能避免。

启示：

为了避免出现类似的风险，出口商应尽量避免运用D/A方式结算。即使要用，也需要十分谨慎，要对进口方有充分的了解，防止信用风险和欺诈风险。从银行的角度，应始终清醒地分析情况，并在适当的时候做出谨慎而又敏捷的处理。

三、托收结算方式下出口商的风险防范措施

尽管托收方式存在风险，但因托收方式在卖方竞销情况下有一定的促销能力，可以吸引不少客户，增强出口商的竞争力，所以托收仍是一种重要的结算方式。为此可采取以下防范措施：

（1）认真选择客户，掌握客户资信情况。

（2）合理控制交易额。托收方式下成交金额一般不应超过进口商的经营能力和信用程度。

（3）慎做D/A（承兑交单）。资信不好的进口商常会拒绝承兑，或承兑后提货，到时不付款，致使出口方钱货两空。

（4）对远期付款交单（即D/P远期）也要谨慎采用。D/P远期单据在付款前由代理行掌握，进口商只有经过一定手续方可借出单据，并在提货后付款，故其收汇风险小于承兑交单，但遇行情下跌，进口商根本不愿借单。此外，各国银行对远期付款交单的理解与运作尚存在较大的分歧，由此产生了很多业务纠纷。国际商会在《托收统一规则》中明确建议不宜采用D/P远期，现在西欧和美国的银行均已把远期付款交单自动视为承兑交单或不做远期付款交单了。

（5）谨慎选择代收行。国外代收行在托收中起着关键作用，实务中已多次发生国外代收行与进口商相互勾结，在进口商未履行交单条件时先行放单，恶意拖欠货款或诈骗的案

例，所以应选择知名度和资信条件好的银行作为代收行。

(6) 应根据商品情况考虑结算方式。托收较适用于市价平稳、品质较稳定、交易额不太大的商品。

(7) 及时了解进口国贸易及外汇管理规定，防止货到后不能进口或收汇无着。

(8) 密切关注交易商品的国际市场行情。在行情变动较大时，慎做托收。

第五节 《托收统一规则》简介

一、《托收统一规则》的产生

《托收统一规则》(Uniform Rules for Collection，简称 URC)，是国际商会编写并出版的众多出版物之一，也是国际贸易和国际结算方面的重要国际惯例之一。

早在 1958 年，国际商会为协调托收业务中各当事人之间的矛盾，促进国际贸易和金融活动的开展，就草拟了《商业单据托收统一规则》。后经 1967 年、1978 年和 1995 年的多次修订，成为从 1996 年 1 月 1 日起实施的 URC522，即国际商会第 522 号出版物。

应当注意的是，URC522 并不是国际上公认的法律，而是托收业务中国际惯例的统一解释，只有各有关当事人事先约定，才受其约束。URC522 自公布实施以来，对减少当事人之间在托收业务中的误解、争议和纠纷起了较大作用。我国已正式加入国际商会，我国银行在采用托收方式结算时，必须按照 URC522 的解释和原则办理。

二、URC522 的主要内容

URC522 对托收各当事人的义务与责任、托收项下的程序，如提示、付款、利息、费用等均有比较详尽明确的规定。全文分“总则与定义”“义务和责任”等七个部分，共 26 条。主要内容归纳如下：

(一) 基本精神

银行承办托收业务时，应完全按照委托人的指示行事，办理业务应是善意的，并应谨慎从事。银行对在托收过程中遇到的一切风险、开支费用、意外事故等均不负责，这些概由委托人承担。

(二) 银行的义务与责任

银行必须按照托收委托书的指示行事；如果无法照办，应立即通知发出委托书的一方。在接受委托时，银行必须核实所收到的单据与托收委托书所列单据是否表面一致，如有不符或者遗漏，应立即通知委托人，银行没有审单的义务。

对于下列情况，银行不承担义务和责任，即免责：

(1) 对被指示方行为的免责。为执行委托人的指示，银行使用或委托另一家银行办理业务，其风险由委托人承担。

(2) 对收到单据的免责。如果单据与托收指示所列单据不符，托收行对代收行收到单据的种类和数量不得争议。

(3) 对单据有效性的免责。银行对于任何单据的形式、完整性、准确性、真伪性或法律效力概不负责。

（4）对传递途中发生的延误、丢失和翻译的免责，以及对由于收到的任何指示需要澄清而引起的任何延误，银行概不负责。

（5）对不可抗力的免责。银行对由于天灾、暴动、骚乱、叛乱、战争或银行本身无法控制的任何其他原因、任何罢工或停工而发生营业中断所产生的一切后果，概不负责。

此外，URC522 还规定：除非事先征得银行同意，否则货物不应直接运交银行；如果货物直接运交银行或者以银行为收货人，银行无提货义务（此项货物仍由发货人承担风险和责任）。

（三）关于提示、付款、承兑等手续

（1）银行应按交来的单据原样向付款人发出提示。

（2）如果是即期付款的单据，银行必须毫不迟延地提示付款人及时付款。

（3）如果是远期付款的单据，银行必须毫不迟延地提示承兑，要求付款时必须不迟于到期日提示付款。

（4）如果跟单托收中有远期付款的汇票，托收委托书中必须指明在承兑或付款后将单据交给付款人，如无此规定，单据在付款后交付。

（四）改变委托与拒付处理

（1）委托人委托银行办理托收后，可以通知银行改变托收金额和托收条件。

（2）如果托收遭拒付，代收行应立即通知托收行，后者接到拒付通知后，应及时给予进一步处理的指示。如代收行发出拒绝通知 60 天后仍未接到指示，可以将单据退回托收行。

（3）对代收行遭拒付时是否需作拒绝证书一事，托收指示书中应有明确指示。如无此项指示，银行无义务作拒绝证书。

第九章

信用证业务

第一节　信用证概述

一、信用证的含义和特点

（一）信用证的含义

信用证（letter of credit，简写为 L/C）是一种由银行保证付款的结算方式。根据 UCP600 的规定，

跟单信用证意指一项约定，不论其如何命名或描述，系由一家银行（开证行）依据客户（申请人）的请求和指示或以开证行自己的名义，凭规定的单据并在符合信用证一切条款要求的条件下：

（1）向第三者（受益人）或其指定人付款，或承兑并支付受益人开具的汇票；

（2）或授权另一银行付款，或承兑并支付该项汇票；

（3）或授权另一银行议付。

就本惯例而言，一家银行在不同国家设立的分支机构均视为另一家银行。

Documentary Credit(s) mean any arrangement, however named or described, whereby a bank (the "Issuing Bank") acting at the request and on the instructions of a customer (the "Applicant") or on its own behalf.

ⅰ. is to make a payment to or to the order of a third party (the Beneficiary), or is to accept and pay bills of exchange (Draft(s)) drawn by the beneficiary, or

ⅱ. authorizes another bank to effect such payment, or to accept and pay such bills of exchange (Draft(s)), or

ⅲ. authorizes another bank to negotiate, against stipulated document(s), provided that the terms and conditions of the Credit are complied with.

For the purposes of these Articles, branches of a bank in different countries are considered another bank.

从上面的定义中可归纳出以下几点：(1) 信用证是由银行应客户的申请开出的；(2) 开证行可以自己付款，也可授权其他的银行付款或议付；(3) 受益人必须满足信用证所规定的要求才能实现信用证项下的权利，即要求开证行支付；(4) 一家银行在国外设立的分支机构虽然隶属于其总行，但在信用证业务处理中，被视为相互独立的另一银行。

要注意的是，在信用证业务中，是银行承诺付款，而在汇款和托收中，银行均未做出此种承诺；银行兑现承诺的条件是由受益人提交符合信用证要求的单据。

总之，所谓信用证是进口方银行（开证行）应进口商（申请人）的申请和要求向出口商（受益人）开立的，凭规定的单据在一定期限内支付一定金额的保证文件。

（二）信用证的特点

(1) 开证行承担第一性的付款责任。在信用证结算方式下，不是由付款人，而是由开证行负第一性的付款责任。就买卖关系来看，承担付款责任的应是进口商，但使用了信用证后，银行就代进口商承担了第一性的付款责任。出口商只要按信用证的要求提交了合格的单据，开证行就必须付款，即使进口商倒闭破产，开证行的责任也不能免除，且这种付款责任是第一性的，并不是进口商不能付款时才由开证行支付，而是相反，出口商直接要求开证行付款，开证行安排付款后，再与进口商结算。

(2) 信用证是独立于贸易合同的自足性文件。信用证是独立的文件，不依附于贸易合同，即当事人只受信用证条款的约束，银行也只对信用证负责。合同条款与信用证条款是否一致，所交单据是否符合合同要求，银行一律不予过问，虽然信用证的开立是以合同为依据的。

UCP600 第 4 条规定，就性质而言，信用证与可能作为其依据的销售合同或其他合同是相互独立的交易。即使信用证中提及该合同，银行亦与该合同完全无关，且不受其约束。因此，一家银行做出兑付、议付或履行信用证项下其他义务的承诺，并不受申请人与开证行之间或与受益人之间在已有关系下产生的索偿或抗辩的制约。

这个独立性从议付行、付款行或保兑行的立场看，是非常重要的。如果信用证和合同挂钩，那么银行在办理结算和议付时，势必要对每一份合同的内容进行审查，有时为确认货物是否符合合同或检查货物是否装运，要亲自到装运港去检查，这样做，银行在技术上、人力上都不能胜任。独立性对开证行也举足轻重，如果进口商可以以出口商违背合同为理由，拒绝履行对开证行的偿付义务，开证行也会随时被卷入买卖双方的纠纷之中，这样，银行为保证自身的利益，一定不会轻易开出信用证。对受益人来说，信用证独立于合同，才使之能真正获得信用证提供的保障。如果开证行可以以买卖合同为依据向受益人抗辩，那么即使受益人完全履行了合同项下的义务，受益人的货款也仍然得不到保障。

(3) 信用证业务只处理单据，不涉及货物。信用证业务中处理的是单据，而不是货物。买卖双方虽是以货物为交易对象，但在国际结算中，当事人只关心单据是否符合信用证条款，而不管货物是否和信用证条款一致，只要单据没问题，开证行就不能以任何借口推卸付款的责任（欺诈例外）。而银行确定单据是否符合信用证规定时，只审查其表面，而不关心单据背后的货物，即决定是否接受单据时不能以单据外的事项为理由。同样，受益人要实现信用证项下的权利，必须提交符合信用证规定的单据，而不能以完全履行了买卖合同项下的义务为由要求开证行付款。

二、信用证的产生和发展

信用证是随商品经济的不断发展、国际贸易规模的扩大及银行逐步参与结算而形成的。最早的信用证并不是用于商业，是没有合同作依附的。12 世纪欧洲的教皇、王公和其他统治者在其使臣出国执行任务时就用一种由教皇等签署和承诺、对任何愿意给使臣垫款的人他将无条件付款的“信用证”，后来发展到要求指定的外地代理人或同业垫款而不是公开性质的。这种信用证后来开始应用于商业。13 世纪的时候，伦敦的一些富商派人到欧洲采购货物时，向购货地有往来关系的商人签发信函，由购货人携带，要求该商人在某一金额内，准予购货人凭收据领取现款，并约定所欠款项的偿还办法。这种旧式信用证的受益人就是申请人即买方本人，并由受益人亲自携带以便在购货地筹措资金，其目的和内容与旅行信用证相似。这种信用证一直使用到 19 世纪初，才逐渐为具有现代意义的信用证所取代。

19 世纪初，英国开始了工业革命，国际贸易得到进一步的发展。随着国际贸易的发展，特别是航运业的发展、定期航线的开辟，提单条款定型化，于是凭单付款逐步形成。但银行方面仍存在一定的障碍，由于银行不熟悉商业行情，对要求贴现或押汇的汇票和货运单据仍顾虑重重。在这种情况下，在旧式信用证基础上加入银行信用，于是现代意义的跟单信用证便产生了。有关资料显示，最早涉及跟单信用证的诉讼案发生于 1804 年。19 世纪中期以后，信用证开始获得真正的发展。而信用证的原则和做法逐渐趋于统一则是 20 世纪的事情了。信用证的统一运动始于 1920 年的美国，美国在国内制订了信用证的统一格式。考虑到信用证的国际性，国际商会于 1933 年公布了“统一规则”，推荐各银行采用。为适应国际贸易发展的需要，信用证的种类不断增加。第一次世界大战后取代伦敦成为世界贸易中心的美国，其出口商为确保交易的安全，要求本国银行对信用证保兑，于是出现了保兑信用证；随着第二次世界大战后卖方市场的形成，又产生了背对背信用证；日本在二战后为解决进出口失衡采用了伊士克罗信用证（Escrow L/C，又叫条件支付信用证）。

信用证用于国际结算已有相当的历史了，大框框始终没被突破，因为它算是一种较为完善的结算方式。作为完善的结算方式，一般要具备安全迅速清偿债权债务、保证兼顾买卖双方的利益、便于融通资金的功能。信用证基本上具备了这几个条件，所以在国际贸易中被广泛使用，这也说明了信用证制度的合理性。

三、信用证的意义和作用

不论是国内贸易还是国际贸易，买卖双方出于自身的利益考虑，经常会发生冲突。突出的是买方急于在预定的日期以前完好无损地收到货物，并希望在收到货物后再付款；而卖方希望所出售的货物能保证收回货款，最好在交出货物前就收到货款。我们前两章介绍的两种支付方式，不论是汇款还是托收，都属于商业信用，风险的负担并不均衡。在汇款方式下的预付货款，风险几乎都由进口商承担，一方面要积压其资金，另一方面卖方的信用还可能不可靠；货到付款时卖方的风险大一些，与预付货款正好相反，买方的偿付能力及行情的下跌都是构成卖方风险的重要因素。在跟单托收的情况下，进口商的有利因素较多，出口商的风险则较大。这种由单方承担风险的支付方式，有时会妨碍贸易的开展。解决双方利益、风险等矛盾的折中办法需要更多的结算方式，而信用证就是一种较好的方法。它凭物权凭证付款，不仅向进出口双方提供了担保，而且对双方都可给予资金方面的融通。

对进口商来说，采用信用证结算，首先可以通过信用证的条款来控制出口商的交货品质、数量和装船日期，使收到的货物在一定程度上符合合同的规定。要注意的是，进口商要求出口商履行某项义务时，必须要求出口商提供相应的单据，否则就成为“非单据化条款”，而根据 UCP600，银行是“不理会非单据条款”的。其次，进口商无须先付货款，使资金周转较为灵活。当进口商向银行提出申请开立信用证时，银行通常要收取保证金，但保证金的数额视买方的资信以及买方与银行的关系来定，一般无须支付信用证的全部金额。这也是开证行为信用证的余额部分提供了资金融通和担保。当开证行对外履行了付款义务后，若进口商在资金方面仍有困难，可使用信托收据或押汇等要求开证行先行放单。

对出口商来说，首先，信用证可以降低信用风险，使收汇有保证。信用证属银行信用，在采用这种方式支付货款时，既有开证行的付款承诺，也有进口商在合同中提供的支付承诺，因此收款安全性高。只要按信用证要求，单据无误，就可凭单取得货款。即使对方国家实行外汇管制，由于开证行应进口商的申请开立的信用证都是经管汇当局批准的，所以出口商的收款并不受影响。万一开证行出于某种原因不能付款或拒绝付款，它有责任把单据退给出口商，由于掌握了代表货物的单据，出口商可减少损失。其次，出口商还可获得资金融通。出口商在收到进口方的跟单信用证，将货装船出运以后，可向往来银行提供跟单汇票要求议付，即出口地银行向其叙做出口押汇；在装船前，可凭自身信用，依据信用证向出口地银行申请打包贷款（packing credit），即出口商在缺乏资金购买货物或原材料、支付工资、对出口商品进行加工生产时，银行给予的短期放款。

对开证行来说，它开出信用证时只是贷出信用而不是资金，在无须占用自己资金的情况下可获得手续费收入，并且贷出的信用也不是无条件的，通常要求进口商交保证金。当它履行付款后，即拥有了代表货权的所有单据，若进口商不偿付，开证行有权处理货物，以抵补欠款；若付款不足，开证行有权向进口商追索不足的部分。开证行只关心单据，不受买卖合同的约束，不必担心卷入贸易合同纠纷中。

对参与信用证交易的出口地银行来说，由于是受开证行的邀请或得到开证行的授权而参与议付或付款的，有开证行的信用作为保障，一般风险不大，只要单据完全符合信用证的规定，开证行将保证予以偿付。

总之，信用证对进出口双方起到了两个作用，一是银行的保证作用，二是融通资金的作用。从银行来看，一方面可以增加营业收入，另一方面也可以促进一个国家或地区的进出口发展。但是信用证这种结算方式也不是绝对安全的，银行信用只是相对的，仍存在一定的风险。如进口商不开证或开出的信用证与合同不符、开证行倒闭等，均构成出口商的风险；出口商用假单据欺诈则构成进口商的最大风险。尽管如此，由于用银行信用代替了商业信用，利还是大于弊的。

四、信用证的主要当事人及其权责

信用证涉及的当事人有许多，每一笔信用证的参与者也不同，有的当事人可能具备多种身份。因此，搞清这些当事人的地位、权利和义务是开展和做好信用证业务的基本条件之一。

（一）开证申请人

开证申请人（applicant）又称“开证人”，通常是进口商。它根据买卖合同向往来银行申请开立信用证。有时在一些特殊情况下，可能是买方的委托人或中间商。开证申请人要受到与卖方签订的贸易合同及与开证行签订的开证申请书的约束。

首先，申请人要按要求负责申请开证。在买卖双方签订的合同中，如支付条款中规定由买方开立信用证，那么买方就有在规定的期限内开出信用证并交给卖方的义务。若合同中并未明确规定信用证的开出时间，买方应在此交易的合理时间内办理信用证，使信用证能在装运期限以前到达出口地，以便出口商有充分的时间备货和装运。除按期申请外，还要求所申请的信用证在内容上符合合同的要求。买卖双方之所以开信用证，是因为这是履行合同的先决条件，是为了完成合同中规定的支付条款。买卖双方最终的义务还是合同义务，所以信用证的内容必须和合同一致。如果申请人拒绝开证或未能按期开证，则被认为是违约，受益人有权要求赔偿或撤销合同。

其次，开证申请人还要受开证行提交的开证申请书的约束，该申请书上列有对开证行的指示。开证申请人要合理地做出各项指示。有的开证申请人为使信用证完整和准确，在给开证行的指示中，几乎将合同的全部细节都写上，以此制约受益人。但完整和准确并不等于复杂，复杂烦琐的条款非但不能起到制约受益人的作用，反而是信用证内容越复杂，越不容易做到单证一致，使所有的当事人都耗费精力，有的银行甚至不愿议付这样的信用证。因为银行只管单据，受益人完全可以不按事实而制作与信用证表面相符的单据。所以，开证申请人在给开证行做指示时，不仅要全面（不能有疏漏）、准确（不能用模棱两可的措辞，使人产生误解，前后内容不得出现矛盾），还要做到简单明了。这是开证申请人在代理合同项下必须履行的第一个责任。

开证申请人的第二个责任是向开证行交保证金。开证行为申请人开证，向卖方作出了第一性的付款保证，实际上是提供了信用，为确保能从申请人那里得到偿付，最简单的办法就是要求申请人有抵押。传统的做法是签订承诺书，除保证一切损失由申请人赔偿外，还要求开证申请人在开证行设立一个专门的账户，按信用证的金额交一定比例或全部的保证金。由于交保证金积压了申请人的资金，所以目前一些进口商不愿使用信用证，这也是使用信用证不尽如人意的地方。为了克服这个缺点，企业需建立良好的信用记录，向银行申请授信额度支持。目前，规模以上的有一定信用基础的企业通常情况下采用申请占用授信额度的方式对外开证。

开证申请人的第三个责任是保证付款赎单。在开证行履行了付款责任后，开证申请人应向开证行付款赎单。开证行是为申请人垫付，所以要偿还。即使开证行破产，申请人的付款义务也不能免除。在开证申请人付款前，作为物权凭证的单据属开证行。

开证申请人还应支付各项费用，如开证费等。

开证申请人享有以下权利：

（1）有权在付款前对受益人提交的单据进行审核，若发现单据与信用证条款不符或单据之间有矛盾，有权拒绝付款。

（2）申请人在履行付款义务后，对到港的货物有权对其品质和数量进行检查。若不符，有权根据过失责任向有关方面进行追赔。如属于运输公司的责任，则向运输部门和保险公司交涉；如属于出口商的责任，则退货索回货款，但不能要求开证行赔偿，因为这与信用证的单证一致无关。

（3）有时合同要求出口商交履约押金或提供担保，若出口商未照办，开证申请人有权不开信用证。

（4）属于开证行的过失，有权要求开证行赔偿。如果单据合格但被开证行错误地对外拒付，申请人可要求银行赔偿相应的损失。

（二）开证行

应开证申请人的要求代表申请人向受益人开出信用证的银行叫开证行（issuing bank）。

开证行有以下义务：

（1）开证行应按开证申请人提交的申请书上的指示正确及时地开出信用证。在这里，开证行的地位与托收方式下的托收行地位相同，它要严格按照申请人的指示行事，如果背离，势必产生一定的风险。

（2）负第一性的付款责任。开证行通过开证承担了对受益人提交的表面上相符单据付款的全部责任。在这里，银行的担保代替了开证申请人担保，它不能以开证申请人没有付款能力、没交保证金等为借口而推卸付款责任，即使开证申请人倒闭，付款责任也不能解除。它应对出口商和所有汇票的合法持有者承担付款的责任。

（3）开证行在验单付款后，不能对受益人或议付行行使追索权，即开证行的付款是终局性的付款。

开证行可行使以下权利：

（1）在开立信用证时，有权向开证申请人收取保证金和手续费。

（2）开证行对受益人提交的单据，有权审查，以确定单据表面上是否符合信用证条款。对不符合信用证条款的，有权向议付行退单，并追索票款（当开证行仅凭议付行的索汇电报付款时）。

（3）一旦进口商无力偿付，开证行有权处理单据或货物。如出售货物的价款不足以抵补垫款，有权向申请人追讨不足的部分。

（三）受益人

受益人（Beneficiary）是指信用证上所指定的有权使用该信用证的人，即出口商，也是汇票的出票人（如果有汇票）。

受益人要履行的义务包括：

（1）在接到信用证后，应在规定的装运期内装运货物，并在有效期内提交单据，对单据的合格与否负责。

（2）发运货物的品质等应严格遵守信用证的规定，有保证货物合格的义务（这是贸易合同的自然延伸，并非信用证的责任）。

受益人的权利主要有：

（1）受益人在接到信用证后，应与合同核对，若信用证条款和合同不符，或无法履行，有权要求进口商修改或拒绝接受。

（2）受益人有凭合格单据取得货款的权利。

（3）开证行倒闭时，有权要求申请人付款。若信用证是保兑的，则有权要求保兑行付款。如果开证行和申请人同时破产，如货已备好，但未交货或未装船，有扣留权。如货已发出，即使单据已交，仍可要求运输单位中途停运，即行使停运权，并将货物出售给别人。

（4）若开证行无理拒付，有权上诉并要求赔偿损失。

（四）通知行

通知行（advising bank）是向出口商通知信用证的银行，多由开证行在出口地的联行或代理行担任。

（1）通知行如决定通知信用证，就有义务证明信用证表面的真实性。通知行收到信用证后，首先要核对印鉴或密押，以防止是假的。信用证在个别情况下是直接寄给受益人的，这时受益人大都要找银行核对一下，因银行拥有识别真伪的技术和手段，这也是大多数信用证要通过出口地银行来通知的原因。如果通知行不能确定信用证表面的真实性，应向开证行说明。如果这时它依然对该证予以通知，则须告知受益人它不能确定信用证的真实性。

（2）如通知行决定不通知，则要不延误地告知开证行，但一旦决定通知，就有义务及时、准确地进行通知。如错误地通知了信用证的有关条款，给受益人造成损失，则要承担责任。

（3）对出口商即受益人不承担议付或付款的责任。

（五）议付行

当使用议付信用证时，开证行在信用证中指定一家银行并授权其在单据相符时议付买单，垫款给受益人，这家银行就是被指定的议付行（negotiating bank）。有时，信用证中不指定议付行，而是允许任何银行自由议付，这时受益人可以选择任一家银行将单据交给其要求议付。议付行在处理信用证业务时：

（1）有权议付或不议付。在信用证中，议付行并未做出付款的承诺，做出承诺的是开证行。所以议付行没有必须议付的义务，它可以自由选择是否购买受益人的单据和汇票。如开证行信誉不佳，或者信用证过于复杂，就可不议付。

（2）有权根据信用证条款审核单据。议付行的议付是建立在开证行保证偿付的基础上，但开证行偿付的前提是单证相符，只有议付的单据是合格的单据，才能得到偿付，所以议付行要对单据进行严格的审核，否则将遭到开证行的拒付。

（3）议付后，议付行有权向信用证的开证行或偿付行收回垫款。

（六）付款行

付款行（paying bank）是信用证上规定的汇票的付款银行，或付款信用证下执行付款的银行。付款行可能是开证行，也可能是开证行以外与开证行有委托代理关系的第三家银行。

付款行的权利义务是：

（1）付款行是作为开证行的付款代理人出现的，由开证行在信用证中指定。和议付行一样，由于其本身并未在信用证中做出承诺（付款行为开证行者除外），所以有权不按开证行指示行事。它之所以付款，是因为它和开证行之间有代理合同。如果付款行和开证行之间无代理合同，付款行当然可以不执行付款。

（2）有权根据代理合同向开证行取得偿付以及所发生的费用。

（3）付款行验单付款后无追索权。从法律上看，付款行是开证行的代理，它是代表开证行验单的，一经付款，则是最终付款。如付款行是通知行，一经付款，不能再向受益人追索；若付款行是第三国银行，那么一经向持票人付款，也不能追索，即除非付款行误付，否则不能向前手行使追索权。

（七）偿付行

偿付行（reimbursing bank）是开证行指定的对议付行或付款行偿还垫款的银行。当开证行与议付行或付款行之间无账户关系时，特别是信用证以第三国货币开出时，为方便结算，开证行便委托另一家与之有账户关系的银行，即偿付行代向议付行或付款行偿付。有时，议付行在议付之后开出汇票向偿付行索汇，这种汇票称为索偿汇票（reimbursing draft)。偿付行只是接受开证行的委托，充当出纳机构，与受益人无关，它既不接受也不核审单据。其权利义务是：

（1）只要索偿行提供的信用证号码、开证行名称和账户，以及索偿金额等事项符合开证行的偿付授权（书），偿付行就应向索偿的议付行或付款行偿付。偿付行也有权拒绝执行开证行的偿付指示（除非已开具了偿付保证），此时应由开证行承担偿付之责。

（2）无权要求议付行或付款行证明单证相符，但应有单证相符的声明。开证行在收到单据之后，若发现不符点，不能向偿付行追索，而应直接向议付行追回已付款项。

（八）保兑行

开证行以外的银行接受开证行的授权或要求以本身名义对信用证的付款加具保兑的银行称保兑行（confirming bank）。有时因开证行的信誉不佳，或受益人对开证行的信用情况不了解，或者开证行国家经济状况恶化，出现政治风波或外汇管制较严等情况，往往由开证行请另一家受益人熟悉的银行，通常是出口地的通知银行或其他信用卓越的银行对其所开的信用证担负兑付的责任。被邀请的银行不准备加保兑时，必须及时向开证行发出通知，但可以将这个未加保兑的信用证通知给受益人，并如实通知开证行。

保兑行的权利主要有：

（1）有权收取一定的保兑费。保兑银行以其信用提供保兑并承担风险，故有权收取保兑费，费用的多少依据信用证有效期限的长短而定，保兑费通常有三种负担方式：由进口商负担；由出口商负担；由进出口商双方负担。

（2）有权决定对信用证的修改部分是否加保。信用证保兑后，如果需要修改，必须征得保兑行的同意，但即使保兑行同意修改信用证，它也有权选择是否对修改部分加保兑，但是对同一修改通知中的修改内容不允许部分接受，因而部分接受修改内容当属无效。

（3）保兑行赔付后有权向开证行索偿。当保兑行在开证行倒闭或者无理拒付时，对受益人付款后，即取得向开证行索偿的权利，但保兑行不得对受益人进行追索。

（4）拒绝接受单据的权利。如提交的单据与信用证条款不符，保兑行可以拒绝接单。

（5）免责权。保兑行对于单据的有效性、信息传递方面、不可抗力或者被指示方行为所导致的责任可以免除。

保兑行的义务主要有：

（1）有权保兑或不保兑，但保兑后，无权擅自取消自己的保兑。拒绝给予保兑时，应及时通知开证行。UCP600 规定，如果另一家银行经开证行授权或要求对信用证加保兑，但它不准备照办，则它必须不迟延地通知开证行。

（2）第一性付款义务。保兑行接受开证行的邀请，在信用证上加注保兑注记后，即必须对信用证独立负责，承担必须付款或议付的责任，并与开证行的第一性付款责任相同。受益人可以将单据提交给保兑行或其他指定银行，只要单证相符，保兑行就应该付款、承兑或议付。这一责任与开证行的承诺是分离的、独立的。

（3）审核单据的义务。在付款前，有权审核单据，若单证不符，有权不付款。

（4）对有不符点单据进行通知的义务。

（九）转议付行

有时信用证指定了议付行，而该银行并非出口商的往来银行。出口商可能直接向其往来银行申请议付，再由这家议付行向信用证指定的议付行办理转议付。该指定议付行即为转议付行。

（十）代开行

代开行即代开信用证的银行。与它本身开出的信用证一样，代开行有必须付款的义务。付款之后，即作为第一性付款人无追索权。在一些交易中，一家银行往往担任着几个角色。例如，通知行议付了信用证项下的汇票，就同时是议付行；如果开证行直接支付了汇票，则它同时又是付款行；如果通知行对信用证加具保兑，则又变成保兑行。但绝大多数情况下，跟单信用证交易只有两个基本银行——开证行和通知行，分别位于买方和卖方的所在地。

五、信用证的种类

信用证可按照不同的标准进行分类，这些分类有的在UCP600中有规定，有的则是实务中出现的用法，而有的信用证符合多项标准，所以信用证的种类繁杂。以下介绍的是几种常用的和重要的信用证。

（一）不可撤销信用证和可撤销信用证

这是根据开证行所负的责任来划分的。

1. 不可撤销信用证

不可撤销信用证（irrevocable L/C）是指信用证一经开出，在有效期内，非经受益人、保兑行（如有）等有关各方同意，开证行不能将信用证片面取消或修改。现在使用的信用证，凡是不可撤销的，都在信用证明显的地方写有“irrevocable”字样。UCP400规定，对未写明“irrevocable”字样的，视为可撤销信用证。由于目前贸易中使用的信用证绝大多数是不可撤销的，UCP500对此又做了重新规定，如未注明，应视为不可撤销信用证，UCP600沿用了UCP500的规定。这样的修改增强了信用证的银行保证作用，保护了受益人的利益，并与UCP600中关于信用证中未注明是否禁止转运、分批，则应视作允许转运、分批的规定相对应。

根据UCP600，不可撤销的信用证具有两大特征。一个特征为上面所说的“不可撤销性”，即在有效期内，非经有关当事人的同意，不能进行修改或撤销。另一特征为开证行对受益人或信用证项下汇票的持票人等所负的付款保证责任。只要受益人提供与信用证相符的单据，开证行就应保证履行下列义务：

（1）如果信用证是即期付款信用证，则即期履行付款。

（2）如果信用证是延期付款信用证，则按信用证规定的可以确定的日期付款。

（3）如果信用证是承兑信用证，当由开证行自己承兑时，应承兑受益人开出的以开证行为付款人的汇票并在到期日支付。如果不是开证行自己承兑，而是由其他的付款行承兑，而这个付款行不承兑或承兑后到期不付款，则由开证行承兑并在到期日支付。

（4）如果信用证是议付信用证，则应以无追索权的方式向出票人或善意持票人履行付款。

不可撤销信用证为受益人提供了一定程度上的保障，因为不经受益人同意，信用证不会被修改或撤销。受益人可放心地备货发运，不必担心开证行会撤销付款承诺。但对进口商来说，在商品价格下跌的情况下，仍必须按信用证内定的价格支付，没有什么灵活变通的余地。国际贸易中使用的信用证一般是不可撤销的。我国银行开立的信用证也是不可撤销的，原则上，我国的银行和外贸公司不接受或不办理可撤销的信用证。

2. 可撤销信用证

可撤销信用证（revocable L/C）是指开证行在开出信用证后，不必经受益人等有关当事人的同意，随时可修改或撤销的信用证。

UCP 400 规定，信用证如未注明“不可撤销”字样，均视为可撤销信用证。这种规定的缺陷是：如果稍有疏忽，必将导致受益人遭受严重的经济损失。UCP 500 对此做了根本性的修改：凡信用证未注明“可撤销”或“不可撤销”字样的，应视为不可撤销信用证。鉴于可撤销信用证给各方带来诸多不利这样一种现状，UCP 600 取消了可撤销信用证这一种类，今后所有的信用证均为不可撤销信用证。

（二）保兑信用证和不保兑信用证

这是根据信用证有无第三者提供保证兑付来划分的。

1. 保兑信用证

由开证行以外的另一家银行加具保证兑付的信用证称保兑信用证（confirmed L/C），即委托第三家银行加保的信用证。开证行和保兑行是委托或代理关系，保兑行通常由通知行充任。通知行接受委托后，在信用证上打印加保的文字。如“this Credit is confirmed by us”，或“we hereby added our confirmation”。保兑的做法起源于英国，所以英国以前开出的信用证都加“保兑”字样，在他们心目中，confirm 与 irrevocable 的意义是一样的，因此若出现“confirm credit”或“irrevocable confirm credit”，一般不是委托通知行加保，而是开证行本身加保的意思，这种保兑是没有意义的。看一个信用证是否为保兑的，不能光看名称，而要看是否有另外一家银行承担了与开证行一样的“第一性的付款责任”。

保兑银行所负的责任，不论是其形式还是范围，完全与开证行所付的责任相同，且担保责任是绝对的，不论发生什么情况，都不得片面撤销其保兑，这都有详细的规定，即凡信用证规定由保兑行本身或其他人付款（即期付款、延期付款）、承兑和议付的，保兑行保证付款、承兑和议付。

这类信用证只用于不可撤销信用证，因此所有的保兑信用证都是不可撤销的，不能片面地将保兑取消。

保兑通常是由受益人提出后，通过国外买方，转请开证行考虑办理，也可由受益人通过信用证的通知行转告开证行办理，然后由开证行委请其他银行加保兑。受益人并不是在任何时候都要求加保兑，在大多数受益人看来，只要开证行资信良好，能承担付款责任，就没有必要加具保兑了。是否保兑，与进口商无关，但因保兑行收取的费用较高，增加了进口商的负担，一般进口商将这些费用加在货价内或要求出口商降价，以转移给出口商。若不能转嫁，则该信用证将是进口商花费最大的信用证。需加具保兑的信用证有下面几种情况：

（1）信用证的金额超过了开证行的支付能力；

（2）进口国政局动乱或正在进行战争或政府对进出口实行强硬的外汇管制；

（3）开证行信誉不佳，资金能力有限或者是和出口银行未建立代理关系。

对出口商来说，这是最有利的信用证，因为它有双重的付款保证，只要单据符合要求，它就保证能得到付款，而且它可以要求保兑行和开证行中的任何一个银行履行付款责任。并不是在开证行不对受益人负责时保兑行才负责，它可以要求保兑行和开证行中任何一个履行付款责任，没有先后顺序的限制。

开证行一般不愿对自己开出的信用证请别的银行加具保兑，因为这个行为降低了开证行的信用程度，资信优良的银行和开证申请人是不愿这样做的。但有时，有些银行知名度不高或者对自身的资信有“自知之明”，唯恐所开出的信用证不被受益人接受或在出口地不易被其他银行议付，便主动在开证时声明“如受益人要求，请加保兑”。

国际商会曾对应由开证行还是开证申请人选择保兑行进行过讨论，认为开证申请人有权在开证时选定保兑行，但考虑到保兑行往往是开证行的代理行，故一般由开证行选定，且这种保兑是针对开证行的信用而言的，和申请人无关。如果被选定的银行不准备加具保兑，应及时将此通知给开证行，不得有所延误。对国外开来的信用证，如要求我方加保，应根据开证行的资信、业务往来情况以及开证行所在国的政治、经济等因素决定是否加保。对于风险较高的代理行来证，原则上不予保兑并及时通知开证行。

2. 不保兑信用证

未委托第三者加保的信用证就是不保兑信用证（unconfirmed L/C），它由开证行单独承担不可撤销的保证付款的责任。此类信用证现在已较少使用。

（三）即期付款信用证、延期付款信用证、承兑信用证和议付信用证

这是按信用证的使用方法或付款方法来分类的。UCP600 规定，每一个信用证都必须明确是这几种信用证中的哪一种。

（1）即期付款信用证（sight payment credit），是受益人向信用证指定的付款行提交符合信用证条款的单据时，付款行立即履行付款义务的信用证。这种信用证可要求也可不要求开出汇票，如果要汇票，则汇票上的付款人应是信用证上指定的付款行，可能是开证行、通知行，也可能是指定的第三国银行，但不能是开证申请人。如付款人是通知行或出口地另一指定的银行，则通知行或指定的银行就是付款行，这是比较典型的即期付款信用证。

（2）延期付款信用证（deferred payment credit），是受益人提示合格的单据后，由信用证指定的付款行在规定的将来某一时间付款的信用证。这种信用证不要求开立远期汇票，其期限一般是从提单日算起，即运输单据开出后若干天或从开证行或付款行收到单据的日期算起。由于没有汇票，节省了汇票所需付的印花税，在欧洲许多国家承兑汇票也纳税，所以这种信用证在欧洲非常普及。既无汇票，又是远期付款，所以不要汇票的远期付款信用证就是延期付款信用证。

国际商会对这种信用证规定的标准格式是“credit available with (付款行) deferred payment at (日期) against detail herein”，表示延期付款时间的方法有：“__days after presentation of the documents”“__days after B/L”，如果不按国际商会的标准格式，一般用“payable at the counter of bank__days after the date of__against the documents”的字句，同样表示的也是延期付款。

延期付款信用证由于不存在汇票，所以既不像即期付款信用证那样可以在向银行提交单据及汇票后请求立即付款，也不像承兑信用证那样通过对汇票的承兑，就可得到到期付款的保证。在使用这种信用证时，实际上是出口商向进口商提供资金融通，进口商可以通过单据的提交与付款之间的时间差获得融资。但延期付款信用证的受益人只要向银行提供了符合信用证条款的单据，即可认为到期得到货款有了保证，这种保证被称为“deferred payment undertaking”，即延期付款的保证，这同保兑信用证一样，是由银行承担了风险。这种信用证大多用于价值高的资本性货物，如大型成套设备等。

（3）承兑信用证（acceptance credit），是当信用证内指定的付款人（即汇票付款人）接受受益人提交的包括远期汇票在内的合格单据时，承兑该汇票，并在到期日付款的信用证。它与延期付款信用证一样，都属于远期信用证，但不同的是，承兑信用证必须要求有一张远期汇票，所以承兑信用证又可以理解为是要汇票的远期信用证。

若开证行是汇票的付款人，则由开证行承兑，并承担汇票到期付款的责任；若付款人是其他指定的银行，则由被指定的银行承兑。但不管是谁承兑，开证行都要对到期付款负责。开证行向受益人保证，凡符合信用证条款所开立的远期汇票向被指定的银行提示时，能及时承兑并于到期日付款。

由于被指定的银行没有必须承兑的义务，除非该行保兑了信用证，所以一旦被指定的银行拒绝承兑，则由开证行来承担这一义务。

当指定开证行以外的银行承兑汇票时，被指定的银行承担了风险，因此要收取承兑费。一般来说，通知行常作为承兑行，因此有效期一般也在通知行到期。

付款行承兑后，汇票便与其他单据分离而成为一张光票，付款行成为汇票的承兑人，按票据法的规定必须对持票人承担到期付款的责任。承兑后汇票退还给受益人，以备到期提示取款。但大多数情况下，承兑行只发出一个已承兑通知，通知到期日，而不将汇票退还。如果承兑行不是开证行，承兑行承兑后则单寄开证行索偿。开证行在收到单据后，一般以承兑交单的方式向申请人放单。如果受益人需融通资金，也可以将承兑汇票在承兑行或其他银行贴现，扣除贴息后提前获得货款。

（4）议付信用证（negotiation credit）。根据UCP600，“议付意指被授权议付的银行对汇票及/或单据付出对价”（negotiation means the giving of value for Drafts and/or document(s) by the bank authorized to negotiate），即所谓的议付是指买入在国外付款的凭证，然后寄指定的偿付行要求偿还的行为。议付信用证是指信用证指定某一银行或任何银行都可议付的信用证。

信用证可指定一家银行议付，也可允许任何银行议付。前者称限制议付信用证（restricted credit or special credit），后者称公开议付信用证（freely negotiable credit or open credit）。限制议付在信用证中注明“negotiation restricted to ×× bank”，或“available with ×× bank by negotiation”；公开议付信用证中注明的是“available with any bank by negotiation”。

对于限制议付信用证，汇票必须在开证行指定的银行议付，单据也必须向该行提示。此种信用证常有这样的条款：“Draft under this Credit are negotiable only through the bank whom this credit is advised and who holds special reimbursement instruction.”即“本信用证项下的汇票只能由本证的通知行议付，该行持有特别的偿付指令”。对于公开议付的信用证，卖方可以自由选择他自己的银行或其他银行议付，非常方便，只要他选定的银行愿意议付其汇票。

当受益人交单时，银行审单无误后，扣除议付利息及费用，将净款支付给受益人，然后由议付行向开证行寄单索偿。议付信用证可以要求也可以不要求提供汇票，若要求汇票，一般要求卖方提供除议付行以外的指定银行（也可能是开证行）为付款人的汇票，汇票可能是即期的，也可能是远期的。假若信用证邀请出口地的某银行议付，而该银行不愿议付，应由开证行自己议付或保证信用证的支付。

信用证以公开议付为多见，特别是一些大银行开出的信用证，很少限制议付行。限制议付可能会在以下几种情况下使用：

①开证行为了将业务控制在本系统之内，或者是照顾联行和代理行的关系；

②有的开证行考虑到自己的资信，指明邀请某银行议付；

如信用证限制了议付行，其他银行能不能议付呢？从理论上分析，信用证的责任条款上有一条："我行保证对所有根据本信用证开出的，并与信用证规定相符的单据及汇票负责付款。"所以只要单据相符，受益人有权请任何银行代向开证行交单，要求付款。但对局外的议付行而言，议付该信用证是有风险的，首先是难以鉴别信用证的真伪。印鉴、密押在开证行与通知行之间是有约定的，而其他银行不可能知道约定的内容。其次是没法确知信用证有无修改及修改的次数。

从受益人来看，有了限制条款，就等于堵塞了他向其他银行，特别是有合作关系的银行要求融资的渠道，当指定的议付行不是受益人的开户行时，单据要议付两次，先由开户行议付，再交限制的议付行议付，不仅增加了受益人的费用，还延长了交单期限和推迟了收款；但反过来，开证行已安排好了议付行，受益人不必为了选择议付行四处奔走，也有好处。

在实务中，议付信用证和付款信用证的最大区别在于，就议付信用证而言，是出口所在地银行议付，交单到议付行视同交单到开证行，受益人避免了邮寄风险；而就付款信用证而言，开证行为付款行，受益人需自行寄单到开证行，需承担单据邮寄的风险。

（四）可转让信用证和不可转让信用证

这是根据信用证的权利能否转让来划分的。根据 UCP600，只有开证行在信用证中明确注明"可转让"字样的信用证才能转让，否则就视为不可转让信用证。

1. 可转让信用证

可转让信用证（transferable credit）是开证行授权出口地银行在受益人的要求下，将信用证的权利（即出运货物、交单取款的权利）全部或部分地转让给第三者的信用证。这里原证的受益人为第一受益人，受让人为第二受益人。即这种信用证的第一受益人将信用证的权利转让给第二受益人。是否可转让对开证行来说没有什么影响，它只凭符合信用证条款的单据付款，不必在意单据是由谁进行的提示。但对进口商来说货物是否由原签约的出口商装运却是很重要的。很可能进口商对签约的出口商比较了解，而对其他的人不了解，要承担一定的风险。但在国际贸易中，买卖双方往往有中间人介入，这个中间人为买卖双方寻找交易对象，它先从制造商或供货人那里买进货物，然后向最终的买主交货，为了保持商业上的秘密，通常不将信用证开给第二受益人即实际供货人，而是要求在开出的信用证上加上可转让的条款，使之可将信用证转让给实际供货人。在这种情况下，买卖双方和中间人的关系是：

第一受益人，即中间商，它为买卖双方牵线搭桥，谋取利益。

第二受益人，即实际供货人、卖方，是第一受益人权利转让的接受者。

开证申请人，即最终的买者，向银行申请开立可转让信用证的当事人。

可转让信用证的流程可用图 9-1 表示。

还有一种情况也可能需要使用可转让信用证，当公司收到巨额的国外订单时，货物需要由分散在各口岸的分公司分头交货，并分别在不同的口岸出运。信用证经公司转让后，由第二受益人办理装货并向所在地银行交单以取得货款。

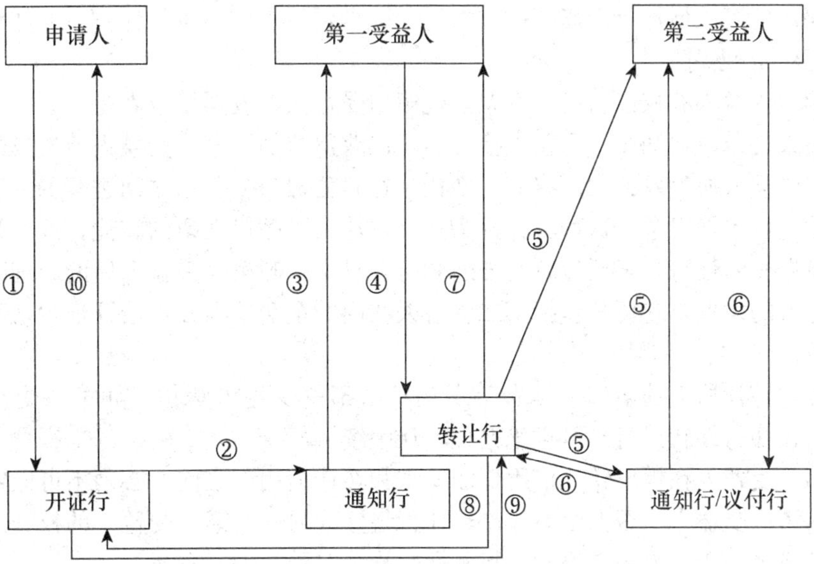

图 9-1 可转让信用证流程

说明：①开证申请人申请开出可转让信用证；②开证行开出可转让信用证；③通知行向第一受益人通知可转让信用证；④第一受益人向信用证指定的转让行（可能就是通知行）提出申请要求转让；⑤转让行将信用证通知给第二受益人，或通过第二受益人所在地的银行通知；⑥第二受益人出运货物交单议付；⑦转让行通知第一受益人更换单据；⑧转让行将已更换的单据向开证行寄出以索汇；⑨开证行审单无误后对转让行作偿付；⑩开证行通知开证申请人付款赎单。

虽然第一受益人有权将信用证的全部或部分转让给第二受益人，但在第二受益人未履行规定的义务时，第一受益人对信用证的义务并不因转让而解除，它仍然要受合同的约束，进口商可通过司法诉讼要求予以赔偿，但由于作为第一受益人的中间商可能无货在手，进口商的风险还是存在的。所以进口商在开出可转让信用证时都非常谨慎，常见的方法是在信用证上加一些条款，规定信用证转让时，要将第二受益人或转让情况通知给开证行及申请人。目前我国各银行进口开证时，一般都不主张开可转让信用证，若确须开出，在向申请人说明可能产生的风险的同时，要求申请人以书面形式承诺自担转让风险。

对于可转让信用证，UCP600 有如下的规定：

（1）允许转让时，才能转让。

（2）这种信用证可转让给两个以上的人，但第二受益人不能再行转让，即只能转让一次。可转让给两个以上的人，是指信用证在允许分批装运时，第一受益人可以把信用证分成几部分转让给数人，这种转让被认为只构成信用证的一次转让，但其转让金额的总和不能超过信用证上的金额。

（3）信用证转让时，只能通过信用证指定的付款行、承兑行或议付行办理。在自由议付信用证项下，办理转让的银行必须是信用证中特别授权的转让行，也就是说，不是任何一家银行都能办理转让的。

（4）可转让信用证只能按原信用证规定的条件转让，但可以有以下几个例外：

①转让信用证即新证的金额可少于原信用证的金额，目的是使中间商有一定的利润；

②货物单价可以降低，差额也为中间商的利润；

③信用证的有效期、货物装运期和最后交单日可以缩短或提前，使中间商有充分的时间以自己的发票替换第二受益人的发票；

④投保比例可以增加，因新证的金额比原证少，只有提高投保比例，才能为原信用证上的金额提供全额保险。

（5）第一受益人有权以自己的发票取代第二受益人的发票，或者是汇票，通知行一般在第二受益人交单时通知第一受益人换发票，以取得差额。第一受益人所签发的发票金额通常比第二受益人所签发的大。有时，转让是在总公司与分公司之间进行的。若不存在赚取差价问题，可不换发票，这种转让称为直接转让或不替换发票的转让，即以第二受益人的发票和单据交开证行，索偿货款。如通知行在首次告知第一受益人后的合理时间内未收到第一受益人的发票，它可将包括第二受益人在内的全套单据径寄给开证行，不再对第一受益人负责。

（6）办理转让所需的诸如手续费等费用，由第一受益人承担，如第一受益人拒不承担，银行（通知行即转让行）可拒绝办理转让手续。

（7）第一受益人在提出转让信用证的要求和转让信用证之前，必须不可撤销地指示转让行，说明第一受益人是否保留不允许转让行将修改通知给第二受益人的权利。转让行如接受，必须将第一受益人关于修改的指示通知给第二受益人。

（8）一个第二受益人对修改的拒绝并不影响其他第二受益人对修改的接受。

2. 不可转让信用证

凡信用证上未表明为可转让的，都是不可转让信用证（untransferable credit），即信用证的权利不得转让给第二个受益人。

（五）循环信用证和非循环信用证

按照信用证能使用的次数将信用证分为循环信用证和非循环信用证。

如果信用证金额被支用后仍可恢复到原金额继续使用，直到规定的次数或总金额用完为止，那么这种信用证称为循环信用证（revolving credit）。

买卖双方就同一种商品进行长期交易、分批交货时，为减少开证手续及费用和保证金，常商定使用循环信用证，使之使用了一次后还可再用。这类信用证可以是可撤销的，也可以是不可撤销的，并可由通知行保兑，但有关信用证的循环方法等在信用证上必须交代清楚，以免引起误解。特别是《跟单信用证统一规则》中对循环信用证未做任何规定，因此不能模棱两可。

使用循环信用证时，循环条件、循环金额及循环方式是重要的三大要素。

1. 循环条件

从理论上说，信用证可按金额和时间来循环，但实践中根据金额循环的并不多见。按金额循环的信用证是在信用证的金额被支用后，自动地或在收到开证行的通知以后恢复到原金额。但这样对用款的次数将无法控制，特别是对自动恢复到原证金额的情形。如果有效期为半年，那么在这半年之内，任何时候都能使用信用证的金额，双方的责任将无法估计，因此银行和买方都不愿开立这样的信用证。而按时间循环却是经常使用的。这种信用证规定受益人在一定的时间间隔内，如每一个月或每两个月、一个季度等，可循环使用信用证上规定的金额。

2. 循环金额

若信用证的金额为 5 000 美元，有效期 6 个月，规定每月初信用证自动恢复到信用证中的金额，则无论上月是否用款，每月的可用金额就是 5 000 美元。若上月未用的部分可加在本月 5 000 美元之上继续使用，则称为积累循环信用证（cumulative credit）。若上月

5 000 美元中的未用部分注销了，不可顺延到本月使用，则称为非积累循环信用证（non-cumulative credit）。无论是按时间还是按金额循环，都要表明是积累循环信用证还是非积累循环信用证。

3. 循环方式

循环信用证依信用证每次重复使用是否须经开证行认可为标准分为以下几种：

（1）自动循环信用证，是指无须开证行的同意，受益人在提示所规定的单据后，信用证便可恢复到原金额继续使用。

（2）半自动循环信用证，是指受益人提示单据议付后在若干天内没有收到银行发出的停止恢复的通知，金额才能恢复到原数的信用证。

（3）非自动循环信用证，是指受益人每次议付单据后，要等到开证行发出恢复通知后，才有权使用下一笔金额的信用证。在这种循环方式下，开证行可定期地对开证申请人的资信状况进行评价，在进口商可能破产时，及时地终止信用证的循环，最大限度地减少损失。

（六）红条款信用证

在通常的信用证下，受益人只有在出运货物取得提单并提交符合信用证规定的各种单据后，才能向银行申请议付或押汇，从采购或制造到银行给予议付这一期间，不能从信用证本身得到资金融通。为了使受益人能在采购、制造直至装运前从通知行或保兑行获得资金融通，信用证特别加列了条款，规定受益人在装运货物或提交单据以前，可请求通知行预支一部分资金，在议付时扣除。这种开证行在信用证上加列条款，授权信用证的通知行或议付行提前向受益人支付货款的信用证称为红条款信用证（red clause credit）。由于银行预支了部分金额，这种信用证又称为预支信用证（anticipatory credit）。

信用证上允许出口之前垫款的条款，当时是用红字印刷或红字注明，以引人注意，所以称“红条款”。现今信用证上的条款未必为红色，但只要有表明预支货款的内容，即可叫作红条款信用证。

红条款信用证最早的使用是与中国的皮货交易有关系的。当时国外进口商的代理人在中国采购时，要付现金才能取货，为解决收购所需要的资金，进口商要求银行开证时加注条款，授权通知行对它的代理人预先支取所需资金，然后打包装运至国外。现在，这种信用证在远东、南非、新西兰、澳大利亚及印度尼西亚有时用于羊毛、米等类似货物的买卖。这实际上是进口商为出口商提供了融资。进口商之所以做出这样的让步，一般是由于货物供不应求，不得不接受出口商的融资要求。

UCP600 中对红条款信用证未做任何规定，但以下几点是实际运用中应加以注意的：

（1）在有红条款的情况下，允许出口商在装货交单前支取部分或全部货款。

（2）通知行或议付行在预支后，应将预支的金额、日期、利率通知开证行。

（3）出口商交单议付时，出口地银行从议付金额中扣还预付款的本金及利息。

（4）在信用证的有效期内，受益人若不能归还预付的本息，即在到期时未按规定提交有关单据，预支款项的通知行可向开证行索偿，因通知行是凭着开证行的承诺才向受益人预支的，所以开证行有义务偿付预支的金额及利息，然后开证行再要求申请人赔偿，开证申请人将对还款、付息和在开证行、通知行处所发生的所有费用负责。

（5）受益人一般都是以当地货币获得红条款项下的垫款，如果信用证使用的是另一种货币，那么预支日与还款日的汇率可能有变动，通常这个差额由受益人负担，由通知行在收到单据后从议付货款内扣除。但当信用证内特别写明由开证申请人负担时，差额由申请人支付。

使用这种信用证的最大风险是，受益人在预支了货款后却不发货和交单，因此进口商应充分了解出口商的信用，否则进口商应拒绝在信用证上加列红条款。

除红条款信用证外，还有一种与其基本相似但内容和做法更为严格的绿条款信用证（green clause letter of credit）。此时，出口商须将预支资金所采购的货物以银行的名义存放于仓库，并将仓单交银行持有，以保证该预支金额按信用证规定使用。实务中，如使用绿条款信用证，进口商须向开证行提供担保或抵押，由于一般预支的金额较高，信用证中必须有“绿条款信用证”的字样。

（七）背对背信用证和对开信用证

背对背信用证（back to back credit）和对开信用证（reciprocal credit）是从信用证之间的关系来划分的。

1. 背对背信用证

中间商多用背对背信用证。一个中间商向国外进口商出售某种商品，请该进口商开立以它为受益人的信用证，然后向实际供货人购进货物，并以国外进口商开来的信用证做担保，请求通知行或其他银行对供货人另开新证，这个另开的新证就叫背对背信用证。在这里，中间商既是出口商又是进口商。因为交易中进口商与实际供货人是互相隔绝的，所以用“背对背”这个词。背对背信用证的流程如图 9-2 所示。

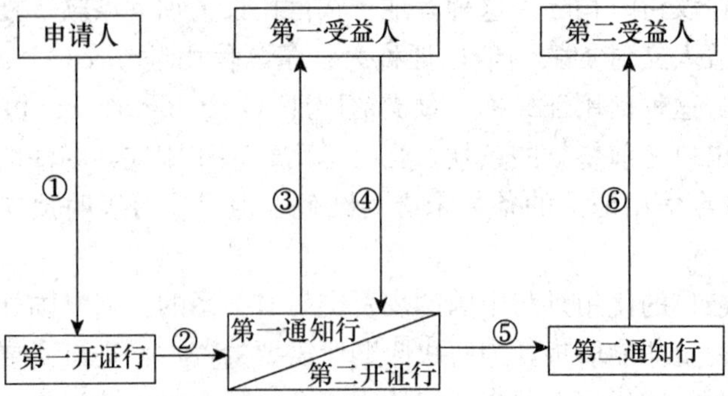

图 9-2　背对背信用证流程图

说明：①申请人申请开出信用证；②第一开证行开出信用证；③第一通知行将信用证通知给第一受益人；④第一受益人向第二开证行申请开出背对背信用证，并以第一份信用证作保；⑤第二开证行开出背对背信用证；⑥第二通知行将背对背信用证通知给第二受益人，即实际供货商。

在使用背对背信用证时要注意以下几个问题：

（1）第二开证行提供的单据若不符合第一张信用证的要求，原始信用证的通知行即第一通知行将不会付款，第二开证行的议付也就不能得到补偿。所以要求第二张信用证的条款和第一张信用证的条款除几点改动外基本一致。而且原始信用证应该是不可撤销的，最好加具保兑。因为保兑使第二开证行的安全性增强，信用证不经它的同意就不能修改或撤销，且能多收费用——开证费和保兑费。

（2）由于第二张信用证下的受益人才是实际供货者，原始信用证的受益人是中间商，所以在向第一通知行交单时，中间商要用自己的发票替换实际供货人的发票。

（3）中间商为买卖双方进行交易，主要是为了获得收益。因此，对实际供货者开立的信用证金额可小于原始信用证上的金额，以便得到两者的差额；有效期也应早于原始信用证的有效期，使第二开证行有充足的时间进行审单、换发票等，以便在原始信用证到期前及早交单结算。但第二开证行不能在开证时照搬原证的保险条款，否则将导致第一信用证项下的保险额不足，应在第二张信用证中增加保险金额或更换保险凭证。

(4) 若两张信用证上的货币不同，第二开证行应要求客户进行远期外汇买卖来防范风险。这一方面能使客户减少损失，另一方面能使之有足够的资金履行第二张信用证的偿付义务。

在背对背信用证下，即使实际供货商所提交的单据是合格的，对开立背对背信用证的开证行（第二开证行）来说仍有风险，如第二开证行在供货商交单时便支付了货款，但中间商由于其不能控制的原因未能在信用证规定的时间把货运给进口商，则第二开证行就不能得到原信用证项下的货款，以补偿其已向供货商支付的货款。

这种信用证与前面介绍的可转让信用证都是为中间商提供了方便，且在业务处理上也有许多相似之处，如均是中间商使用的，都存在第二受益人；费用由第一受益人支付；中间商可以换发票，改变信用证的金额、单价、装期和有效期。但二者也有明显的不同：

首先，可转让信用证必须在信用证有明确的表示时才能转让；而背对背信用证在信用证上并无表示，只有中间商和第二开证行了解这一事实，其他的当事人并不知此证是背对背信用证。

其次，可转让信用证在 UCP600 中有规定，而背对背信用证没有统一的约束。

再次，背对背信用证和原始信用证是两张独立的信用证，由不同的两个银行保证付款，而可转让信用证是一张信用证，是由同一开证行保证付款。

最后，背对背信用证有两次独立的交单议付，而可转让信用证有可能只有一次交单。

可见，背对背信用证业务要比可转让信用证业务复杂得多，相应的费用也高。中间商一般都争取使用可转让信用证，在无法争取到时才愿接受背对背信用证。

2. 对开信用证

对开信用证指采用补偿贸易方式时，为解决进出口平衡问题，由两国不同的开证行互相以对方为受益人开立的信用证。第一张信用证的受益人和开证申请人就是第二张信用证的开证申请人和受益人，第一张信用证的通知行就是第二张信用证的开证行。两个证可同时开立，也可先后开立。两证可同时生效，即先开的一方要等到对方也开出信用证时一起生效；也可分别生效，谁先开谁先生效，但后开出的一方往往要提供担保，以防对方不开证。

我国的补偿贸易、来料加工贸易常用对开信用证，进口时要求开立远期付款信用证，出口时开立即期付款信用证，届时可用出口所得的款项归还远期的进口合同的货款。

对开信用证的一个变形是伊士克罗信用证。这种信用证是指贸易的一方首先开出以另一方为受益人的信用证，受益人按信用证规定装运货物提交单据后，议付行并不实际支付货款，而是将该款以受益人名义存入专门账户，即伊士克罗账户，只能用于受益人向进口国购货开立信用证时使用。可见，这种信用证是类似于对开信用证的，且都是用于两国以现汇方式易货的结算方式，但伊士克罗信用证的条件更加严格。

对开信用证起源于第二次世界大战后的日本，由于这种方式较为呆板，现在已极少使用。

六、信用证的格式和内容

（一）信用证的标准格式

信用证上所记载的事项必须明确、正确、完整，否则将导致当事人之间的纠纷。但世界上并无具有法律约束力的标准格式，因此信用证的格式多种多样，因开证行而异，也因信用证的种类和目的而不同。

国际商会在制定、修改《跟单信用证统一规则》的同时，也致力于信用证标准格式的制定和推广。1951 年国际商会第 13 次会议除了修订《跟单信用证统一规则》外，还通过了银行委员会草拟的"开发信用证标准格式"，并以第 159 号出版物公布，该标准格式着重统一银行间往来函电的用语款式，对信用证本身的格式没有具体规定，但为国际银行间统一信用证格式奠定了基础。

1962 年国际商会修订了统一规则，得到多数国家银行的承认和采纳，银行委员会又开始重新研究信用证标准格式问题，并于 1970 年以第 268 号出版物公布，该格式共有 6 种。为配合 1983 年《跟单信用证统一规则》的修订，国际商会于 1986 年以第 416 号出版物公布了新的标准格式，称作 UCP500。2006 年国际商会对 UCP500 又进行了修改，于 2007 年 7 月 1 日生效，即 UCP600。目前使用的最新格式是 UCP600 中规定的格式，国际商会以第 600 号出版物公布。信用证的格式共包括：不可撤销的跟单信用证申请书、致受益人信用证通知书、致通知行信用证通知书，跟单信用证连续格式、修改格式、通知格式等。

（二）信用证格式内容介绍

表 9-1 和表 9-2 分别是格式中的致受益人信用证通知书和致通知行信用证通知书。

①信用证的性质。标明信用证性质为"不可撤销跟单信用证"。其标准格式是为不可撤销信用证设计的，因此，已印就了"irrevocable documentary credit"字样。以前 UCP400 中规定，如果未明确指明是不可撤销的，则视为可撤销信用证处理。而 UCP600 规定，如未指明仍视为不可撤销的。所以在使用这个格式时，如个别情况下需开立可撤销信用证，要将"不可撤销"划去，加上"可撤销"的字样。

②信用证号码。这是开证行编排的，这一号码将出现在受益人的单据中，以表明单据同该信用证的联系。

③开证地点和日期。开证地点即开证行所在地。开证日期即开立信用证的日期。如是信开，填入的开证日期与信用证的寄发日期相同；若以简电作为预先通知，而以本标准格式作为信用证的有效文件，则填入的日期应是简电中表明的开证日期，若简电中未表明，则应填入发出简电的日期。

④信用证的有效日期和地点。信用证的有效日期即信用证的到期日。过了这一日期信用证就失去了效力。到期地点是单据必须在到期日或之前进行提示的地点，可填入国家或城市名称。到期地点与信用证使用方式是直接联系着的，必须与信用证中指定的交单银行的所在地一致。

⑤开证申请人名称及地址。

⑥受益人的名称及地址。

⑦通知行。其中的"Ref. No."是供通知行使用的，不必填注。

⑧信用证金额。金额要用大小写两种写法，以防涂改，要有货币名称。如用缩写，则必须使用国际通用标准编写符号。视情况可在金额前用"about"或"approximately"字样，依惯例该金额可允许有 10%的伸缩。

⑨指定银行即信用证的可用性。在"credit available with"的后面填指定银行的名称和所在地。如信用证是自由议付的，则只填"any bank in（城市或国家名）"即可，或填

"any bank"。使用方式有四种，即："by sight payment"——即期付款信用证；"by acceptance"——承兑信用证；"by negotiation"——议付信用证；"by deferred payment"——延期付款信用证。一张信用证必须在这四种方式中选一种，并在这种方式前的方框中划上"×"。但如果选择了延期付款，则必须加注确定日期的方法，如"10 days after presentation of documents"。在使用承兑和议付或即期付款方式时，要使用汇票（即期是有时使用），"and beneficiary's at__on__"即对汇票的规定，要求填上汇票的到期日和付款人。

⑩分批装运。

⑪转运。

⑫买方投保。信用证不要求提交保险单据，而且申请人表示它已经或将要为货物投保时，便可在此方格内标上"×"。

⑬装运港、目的港和装期、有效期。

⑭～⑳是格式中间的空白处，包括以下内容：⑭货物描述；⑮单据的规定；⑯商业发票；⑰运输单据（普遍的）；⑱运输单据（特定的）；⑲保险单据；⑳其他单据。

㉑交单期限。信用证除规定有效日期外，每个要求提交运输单据的信用证还要规定一个运输单据出单日后必须交单付款、承兑或议付的特定期限。如果未规定，则这个期限为运输单据出单日期后21天，但不得晚于信用证的有效期。

㉒对通知行的指示。有三项选择，要求通知行加保兑或不加保兑及授权通知行在受益人要求的情况下加保兑。

㉓偿付指示（仅用于"致通知行的通知书"），说明指定银行如何获得偿付。

㉔信用证开立的总页数。

㉕签字。给受益人和给通知行的格式都要求开证行签字。

格式中有一些印就的文句，其意思共有三层：开证行开立的信用证遵循现行的统一规则办理；如信用证要求汇票，则开证行名称、信用证号码、开证日期必须写在汇票中；如果是议付信用证，则在议付时要备批。

表 9-1　Noted Irrevocable Documentary Credit Form
(Advice for the Beneficiary)

<table>
<tr><td>Name of Issuing Bank:</td><td>Irrevocable Documentary Credit①</td><td>Number②</td></tr>
<tr><td>Place and Date of Issue: ③</td><td colspan="2" rowspan="2">Expiry Date and Place for Presentation of Documents
Expiry Date:
Place for Presentation: ④</td></tr>
<tr><td>Applicant: ⑤</td></tr>
<tr><td>Advising Bank: ⑦　　Reference. No.</td><td colspan="2">Beneficiary:
⑥</td></tr>
<tr><td>Partial shipments　□allowed　□not allowed
⑩</td><td colspan="2">Amount: ⑧</td></tr>
</table>

续表

<table>
<tr><td>transhipment □allowed □not allowed ⑪</td><td rowspan="3">Credit available with Nominated Bank：
□by payment at sight
□by deferred payment at：
□by acceptance of drafts at：
□by negotiation
⑨
Against the documents detailed herein
□and Beneficiary's draft(s) drawn on：</td></tr>
<tr><td>□insurance covered by buyers ⑫</td></tr>
<tr><td>Shipment as defined in UCP 500 Article 46 from：
For transportation to： ⑬
Not later than：</td></tr>
<tr><td colspan="2">⑭～⑳</td></tr>
<tr><td colspan="2">Documents to be presented within □ days after the date of shipment but within the validity of the Credit.
㉑</td></tr>
<tr><td colspan="2">We hereby issue the Irrevocable Documentary Credit in your favor. It is subject to the Uniform Customs and Practice for Documentary Credits（1993 Revision，International Chamber of Commerce. Paris，France. Publication No. 500）and engages us in accordance with the terms thereof. The number and the date of the Credit is available by negotiation，each presentation must be noted on the reverse side of this advise by the bank where the Credit is available.
㉔
This document consist of □signed page(s) ㉕Name and signature of the Issuing Bank</td></tr>
</table>

表 9-2 Noted Irrevocable Documentary Credit Form

(Advice for the Advising Bank)

<table>
<tr><td rowspan="2">Applicant：

Place and Date of Issue：</td><td>Irrevocable
Documentary Credit</td><td>Number</td></tr>
<tr><td colspan="2" rowspan="2">Expiry Date and Place for Presentation of Documents
Expiry Date：
Place for Presentation：</td></tr>
<tr><td>Applicant：</td></tr>
<tr><td>Advising Bank： Reference No.</td><td colspan="2">Beneficiary：</td></tr>
<tr><td>Partial shipments □allowed □not allowed
Transhipment □allowed □not allowed</td><td colspan="2">Amount：</td></tr>
<tr><td>Insurance covered by buyers
Shipment as defined in UCP500 Article 46 Form：
For transportation to：
Not later than：</td><td colspan="2">Credit available with Nominated Bank：
□by payment at sight
□by deferred payment at：
□by acceptance of drafts at：
□by negotiation
Against the documents detailed herein
and Beneficiary's draft(s) drawn on：</td></tr>
<tr><td colspan="3"></td></tr>
</table>

续表

Documents to be presented within □ days after the date of shipment but within the validity of the Credit.
We have issued the Irrevocable Documentary Credit as detailed above it is subject to the Uniform Customs and Practice for Documentary Credits（1993 Revision，International Chamber of Commerce. Paris，France. Publication No. 500）. We request you to advice the Beneficiary □Without adding your confirmation　□adding your confirmation　□adding your confirmation . if requested by the Beneficiary㉒ Bank-to-Bank Instructions㉓ This document consist of　□signed page(s)　Name and signature of the Issuing Bank

第二节　信用证业务操作流程

一笔信用证业务分为进口和出口两个环节，从申请开出信用证到最后结汇，手续颇多。以议付信用证为例，图 9－3 演示了其业务流程。

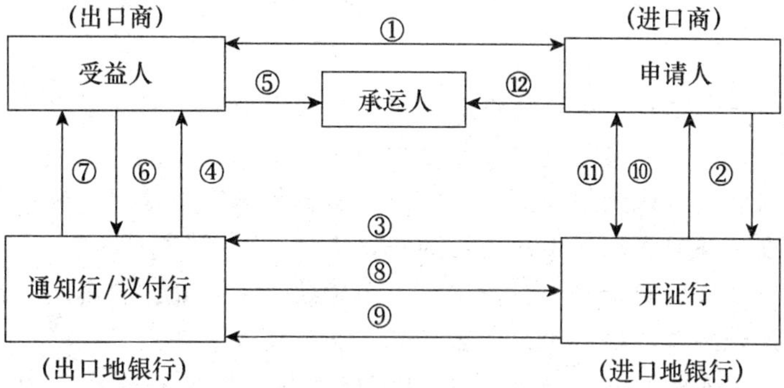

图 9－3　信用证结算业务流程图

说明：①订立合同；②申请开证；③开立信用证；④通知信用证；⑤发货取单；⑥交单议付；⑦审单议付；⑧寄单索偿；⑨偿付；⑩交单（汇票）索款；⑪付款赎单；⑫交单提货。

一、进口商申请开证

进口商在向其往来银行申请开出信用证之前，已与出口商签订了合同，合同便是信用证开立的基础。若合同中规定了以信用证作为支付方式，进口商就应向往来银行申请开证。有时，双方并无合同，而是买方签回卖方的形式发票或买方寄去订单，进口商同意接受后以订单向银行申请。

申请开证的一般手续为：①进口商向往来银行提出开证的请求；②银行调查后同意或不同意；③若同意，进口商交保证金或申请占用银行授信额度；④进口商按标准交纳各项费用，银行开证。

进口商在向银行提出申请之前，对以下几点必须予以注意以使结算顺利进行，并减少双方的纠纷：

①在跟单信用证业务中，有关各方处理的是单据而不是货物，因此在签合同时，应清楚卖方的资信情况，确保卖方是一家能提供所需货物的信誉不错的企业。②合同或订单要充分反映双方关于货物和结算的意图。有时可要求出口商提供履约保证，保证出口商不履行合同时支付一定的金额给买方以赔偿。③合同可规定使用可撤销信用证，使其有权根据情况灵活地修改或撤销。④在按 FOB 价或 CFR 价成交时，进口商应负责对货物进行保险，以防在运输途中可能发生的灭失或损坏。⑤进口商应明确要求受益人必须提交的单据的种类、份数及抬头等。如货运单据应保证进口商能在目的地提到货物，不得有任何货物或包装有缺陷的记载，要提供全套提单，使未经授权的人不能提货。⑥还应注意日期，规定出运日、交单日及信用证的到期日等。

（一）进口商填具开证申请书

申请信用证时，进口商要填具开证申请书，其内容、格式均是银行已印就的。正面是进口商对开证行的声明，背面是申请书，即对开证行的详细的开证指示，它是申请人与开证行之间的一种书面契约，规定了申请人和开证行所负的责任。但申请书都只记载申请人的义务和开证行的责任，其余的均按 UCP600 中的规定来办理。

下面是国内某银行印制的开证申请书：

开证申请人承诺书

××银行：

我公司已办妥一切进口手续，现请贵行按我公司开证申请书内容（见英文）开出不可撤销跟单信用证，为此我公司愿不可撤销地承担有关责任如下：

一、我公司同意贵行依照国际商会第 600 号出版物《跟单信用证统一规则》办理该信用证项下一切事宜，并同意承担由此产生的一切责任。

二、我公司保证按时向贵行支付该证项下的货款、手续费、利息及一切费用等（包括国外受益人拒绝承担的有关银行费用所需的外汇和人民币资金）。

三、我公司保证在贵行单到通知书中规定的期限之内通知贵行办理对外付款/承兑，否则贵行可认为我公司已接受单据，同意付款/承兑。

四、我公司保证在单证表面相符的条件下办理有关付款/承兑手续。如因单证有不符之处而拒绝付款/承兑，我公司保证在贵行单到通知书中规定的日期之前将全套单据如数退还贵行并附书面拒付理由，由贵行按国际惯例确定能否对外拒付。如贵行确定我公司所提拒付理由不成立，或虽然拒付理由成立，但我公司未能退回全套单据，或拒付单据退到贵行已超过单到通知书中规定的期限，贵行有权主动办理对外付款/承兑，并从我公司账户中扣款。

五、该信用证及其项下业务往来函电及单据如因邮、电或其他方式传递过程中发生遗失、延误、错漏，贵行当不负责。

六、该信用证如需修改，由我公司向贵行提出书面申请，由贵行根据具体情况确定能否办理修改。我公司确认所有修改当由信用证受益人接受时才能生效。

七、我公司在收到贵行开出的信用证、修改书副本后，保证及时与原申请书核对，如有不符之处，保证在接到副本之日起两个工作日内通知贵行。如未通知，当视为正确无误。

八、如因申请书字迹不清或词意含混而引起的一切后果由我公司负责。

开证申请人
（签字盖章）
年　月　日

（二）开证行审核申请书及申请人

（1）申请人提交申请书后，银行要对申请书进行认真审核（开证申请书的式样见表 9-3）。因为申请书不仅是开证行对外开证的依据，也是与申请人之间明确各自权责的契约性文件。对开证申请书的审核要点是：

①开证申请书应有申请人的印鉴。

②受益人的名称和详细地址。

③信用证的种类。

④指示信用证的开出方式。

⑤要求受益人所提交单据的种类、份数、出单人。

⑥货物名称及其描述应简洁、明确，价格条件应明确。

⑦起运地和目的地。

⑧货物的分批、转运条款。

⑨信用证的有效地点和有效期。

⑩对银行偿付方式的要求。

⑪对受益人的要求应落实为单据化条款。

⑫特殊条款，如银行的费用由谁负担、提交单据的期限等。

（2）开证行对申请人的资信进行审核。因为开立信用证是银行提供信用的一种形式，因此要像办理一般贷款业务一样，对申请人进行全面的了解。开证行开出信用证后可能的风险主要有以下几点：

①当开证行对议付行在该信用证项下的正确议付偿付时，客户可能没有能力付款或破产倒闭，这时开证行只能依靠他所掌握的物权凭证，以出售货物来收回货款。

表 9-3　信用证开证申请书

IRREVOCABLE DOCUMENTARY CREDIT APPLICATION

TO：BANK OF CHINA　　　　Date：

<table>
<tr><td colspan="2" rowspan="2">□Issue by airmail　□With brief advice by teletransmission
□Issue by express delivery
□Issue by teletransmission（which shall be the operative instrument）</td><td>Irrevocable Documentary Credit</td><td>Number</td></tr>
<tr><td colspan="2" rowspan="2">Date and place of expiry</td></tr>
<tr><td colspan="2">Applicant</td></tr>
<tr><td colspan="2">Advising Bank　　Ref. nr</td><td colspan="2">Beneficiary</td></tr>
<tr><td>Partial shipments
□allowed　□not allowed</td><td>Transhipment
□allowed　□ not allowed</td><td colspan="2">Amount</td></tr>
</table>

<table>
<tr><td>Loading on board/dispatch/taking in charge at/from

not later than
for transportation to:</td><td rowspan="2">Credit available with
□by sight payment □by acceptance
□by negotiation □by deferred payment
at against the documents detailed herein
□and beneficiary's draft for % of invoice value
at
on</td></tr>
<tr><td>□FOB □ CFR □ CIF
□or other terms</td></tr>
<tr><td colspan="2">Documents required: (marked with ×)
1. ( ) Manually Signed Commercial Invoice in copies indicating this L/C No. and Contract No. (Photo copy and carbon copy not acceptable as original)
2. ( ) Full set (included original and non-negotiable copies) of Clean On Board "Freight" Ocean Bills of Lading made out to order and blank endorsed, marked Notifying
3. ( ) AirWay Bills showing "Freight" and consigned to
4. ( ) RailWay Bills showing "Freight " and consigned to
5. ( ) Memorandum issued by
Consigned to</td></tr>
<tr><td colspan="2">6. ( ) Full set (included original and copies) of insurance Policy/Certificate for 110% of the invoice value, showing claims payable in China, in currency of the draft, blank endorsed, covering ([ ] ocean marine transportation [ ] air transportation [ ] overland transportation) All risks and War risks.
7. ( ) Weight Memo/Packing list in copies issued by
indicating quantity /gross and net weights of each package and packing conditions as called for by the L/C
8. ( ) Certificate of Quantity/Weight in copies issued by
indicating the actual surveyed quantity/weight of shipped goods as well as the packing condition
9. ( ) Certificate of Quality in copies issued by
10. ( ) Beneficiary's Certified copy of cable/telex dispatched to the applicant within hours after shipment advising [ ] name of vessel/ [ ] flight No. / [ ] wagon No. date, quantity, weight, and value of shipment.
11. ( ) Beneficiary's Certificate certifying that extra copies of documents have been dispatched according to the contract terms.
12. ( ) Shipping Co's Certificate attesting that the carrying vessel is chartered of booked by Applicant or their shipping agents.
13. ( ) Other documents, if any:
Covering:

Additional instructions:
1. ( ) ALL banking charges outside the opening bank are for beneficiary's account.
2. ( ) Documents must be presented within days after the date of issuance of the transport documents but within the validity of this credit.
3. ( ) Third party as shipper is not acceptable. Short Form/Blank Back B/L is not acceptable.
4. ( ) Both quantity and amount % more or less are allowed.
5. ( ) Prepaid freight drawn in excess of L/C amount is acceptable against presentation of original charges voucher issued by shipping Co. /Air Line/or it's agent.
6. ( ) All documents to be forwarded in one cover, unless otherwise stated above.
7. ( ) Other terms, if any:</td></tr>
</table>

Account No.: with (name of bank)

Transacted by: (Applicant: name, signature of authorized person)

Telephone No.: (with seal)

②货物在运输中遭到破坏和灭失。开证行应注意这笔货物的保险，一旦客户无力付款，可向保险公司索赔。这点对银行来说显得十分重要。

③若进口商由于所在国政策等变化没有获得进口许可证而开不出信用证或在货物到达前许可证已过期，则货物不能过关。若开证行在这笔货物上有资金利益，则后果严重。

④若开证行被迫出售货物，有时货物可能并无销路，或者市场行情发生变化需降价处理。

银行对开证申请人一般是审核下述几个方面：

①经营状况、收益状况。

②过去经营此类交易的历史。

③资金实力、作风、信誉。

④在同业中的地位及发展方向。

⑤可能提供或银行可能获得的传统的保证，如开证时是否有足够的授信额度，若无，账户上是否有足够的金额用于开证保证金。

另外，还要对该进口交易的合法性进行审核，并要求进口商同时提供有关的文件，如进口许可证、合同文本等。

（三）申请人提供保证金

如果以上审核通过，开证行就会要求申请人提供保证金。从理论上讲，申请人提供不动产作抵押，或以动产及财产权利设质，以及提供其他银行的保函都是可以的，但实务中多是要求以现金作押。保证金可以用现汇，也可从申请人的存款账户中扣除，拨入保证金账户。具体交纳保证金的数额与申请人的资信、货物的市场销售等情况有关，有时高达90%～100%，有时仅百分之几，甚至分文不收。

大多数要求开立跟单信用证的客户都需要在一段时间内多次开立，而不仅仅是一笔交易。若每进行一笔业务都搞一次资信调查，手续较繁杂。因此银行往往根据资信调查情况规定一个授信额度，此额度是减免保证金开证的最高限额，有了额度之后，若开证金额未超过额度，不收保证金，超过额度的才收取。国外保证金通常不计利息。

二、开证行开出信用证

开证行（opening bank，issuing bank，establishing bank）是指接受开证申请人的要求和指示或根据其自身的需要开立信用证的银行。开证行一般是进口人所在地银行。开证行是以自己的名义对信用证下的义务负责的，且开证行同时受到开证申请书和信用证本身两个契约约束。

（一）信用证开立的形式

信用证的开立有两种形式，即信开和电开。

（1）信开，即以信函方式将信用证的内容打在信用证的格式上，经有权签字人签字后，以航空邮递方式将信用证寄给国外的通知行通知受益人。最初的信用证都是信开的，所以信用证的英文是“letter of credit”。装运日期较长或金额较小的信用证可以用此种方式开立。

（2）电开，即以电报、电传、SWIFT 等开出信用证并传递给国外的通知行的方式叫电开，分为简电和全电两种。

①简电开证。如电文中说明“详情后告”（full details to follow）或有类似意义的词

语，或说明须邮寄证实书为有效信用证的，则此电文不是有效的信用证文件，须以后来邮寄的证实书为有效信用证文件，这种方法称“简电开证”。简电的内容有：信用证的号码、受益人、申请人、金额、货物描述等。它起预先通知的作用，告诉通知行已开出信用证。发简电后，开证行必须及时寄送有效的信用证文件，且内容应与简电一致。

②全电开证。如电文中没有注明“详情后告”或类似词语，也没有说明须以邮寄证实书作为有效信用证文件，则此电文就是有效的信用证，这种方法称“全电开证”。开证行要将信用证的全部内容都反映在电文中，此时，开证行无须再邮寄证实书，如果邮寄证实书，这个证实书也是无效的，通知行没有义务将证实书与全电开出的有效信用证文件进行核对。

如果开证行将信用证的主要内容作了预先通知，即简电开证，而不作为有效的信用证文件，则称为“预先通知”。UCP600 规定，只有在开证行准备开立有效信用证文件的情况下，才应作这种预先通知。除非开证行在该通知中另有规定，否则作了此种预先通知的银行负有不迟延地开立与该通知并无不一致的信用证的义务，这种预先通知也包括信用证修改的通知。

如果采用 SWIFT 开证，必须使用 SWIFT 手册规定的代号（tag)，必须依照 UCP600 的内容及其规定。在信用证中可省去开证行的承诺条款（undertaking clause)，但不能免除银行所应承担的义务。信用证采用的电文系标准化，并在电文的末尾有密码，若来往密码不相符，会被自动予以拒绝。

（二）信用证的递送

（1）绝大部分是由开证行通过国外出口地的联行或代理行通知受益人，这是一种较正常和安全的做法。通知行可核对印鉴和密押以证实信用证的真伪。有的还规定信用证可在该银行议付或保兑。

（2）少数信用证由开证行直接寄给出口商。有时开证申请人根据出口商的要求，为使出口商尽快收到信用证而这样做。但出口商收到后，仍须到议付行或开证行的代理行、联行等核对印鉴和密押。

（3）偶尔也有由开证行交给进口商，由进口商寄给出口商或自带到出口地的，这样是为了使信用证早日到达受益人手中。后一种情况可能是进口商要亲自到出口地看货并对未谈妥的有关货物的种类、数量等洽谈后，再交出信用证。

（三）开证费用

开证行向开证申请人收取的手续费通称开证费（opening charge or commission)，期限从开证日起算，在开证时收取。一般情况下，各银行都有收费表，按表上所规定的费率收费即可。

三、通知行通知信用证

出口方银行按开证行的委托，将信用证交给受益人叫信用证的通知。通知行（advising bank 或 notifying bank）是指受开证行的委托将信用证转交受益人的银行。通知行是出口人所在地的银行。通知行的责任是及时通知或转递信用证，证明信用证的真实性并及时澄清疑点。如通知行不能确定信用证的表面真实性，即无法核对信用证的签署或密押，则应毫不延误地告知从其收到指示的银行，说明其不能确定信用证的真实性。如通知行仍决定通知该信用证，则必须告知受益人它不能核对信用证的真实性。

通知行应遵照"通知"这一业务的宗旨，迅速准确地把信用证通知给受益人。

（一）通知信用证

1. 核对印鉴或密押

核对印鉴或密押是出口地通知银行最先要做的事情，以确认此证确实是本行应通知的，并从形式上辨别其真伪。这是信用证统一规则中规定的通知行应负的责任。

对用电信方式发来的信用证，应立即核对密押，核对正确的，加盖"押符"章及核对人私章，不符的，应立即向开证行查询（以电传寄来的修改书也要核对）。若本行与开证行无密押关系，可经第三家有密押关系的代理行加押证实。

对用信函寄来的信用证及修改通知书以及授权书等，通知行要核对印鉴，随到随核，已核妥的盖章表示核符。若不符或无法核对，应在一个工作日内向开证行查询。

对于密押、印鉴不符的信用证或修改，可一面向开证行核实，一面通知受益人，注明"印鉴或密押不符，仅供参考"（as we are unable to verify the signature/test keys appearing on this credit，we hereby pass it on to you without any responsibility or engagement）。

2. 通知受益人

（1）开证行若以信函方式开出信用证，而且一式两份时，通知行一般先缮制信用证通知书，将通知书和正本信用证通知受益人，副本由通知行存档。如因邮递原因先收到副本，应复印副本并注明"正本未到，供受益人参考"。若在合理时间内还未收到正本，则应向开证行查询。正本信用证到达后，按正常手续通知受益人。

如按国际商会的标准格式开出信用证，通知行收到信用证后，将标有"advice for the beneficiary"的那一份交给受益人；标有"advice for the advising bank"的自己留存。

（2）开证行若以电报、电传开出全条款的信用证，则通知行收到来证后，附面函通知受益人，或制作电开信用证通知书通知受益人。若来电中没有注明须收到电报证实书方能生效的，则全电开证即可作为正式有效的文件，受益人可凭此出运货物和议付单据。

（3）若开证行以电报、电传开来的不是全文，只是简电，应将信用证的主要内容，如信用证号码、受益人名称和地址、开证申请人名称、金额、货币、数量、价格、装运期等预先告知通知行，详尽的条款将以信用证格式航寄给通知行。通知行收到简电后，应制作信用证简电通知书照录全文通知受益人，并注明"此系简电通知，不凭以议付"，简电信用证不能生效，只供受益人备货订舱时参考。全证开来后，核对印鉴相符才可装运交单和议付。

下面是简电开来的信用证：

TEST/41—2805 advice China Native Products Import and Export Corporation

Short/brief cable（Telex）Irrevocable Credit DC24891 applicant

Steetly Chemicals Ltd.

Not exceeding USD 10 700.00，covering camphor powder valid fifteenth October 2004 Airmailing details.

NATWEST BANK

即押 41—2805，通知中国土产进出口公司。简电不可撤销信用证，号码 DC24891，以该公司为受益人，开证申请人 Steetly Chemicals Ltd.，不超过壹万零柒百美元，购买樟脑粉一批。有效期 2004 年 10 月 15 日，详细内容邮寄。伦敦国民西敏寺银行。

（4）套用旧证开证。为了节省电报费用，开证行在电开信用证时，根据以前开出的旧证条款开出新的信用证，新旧证两者不同的地方在电文中说明，未说明的部分，说明两者条款相同。如电文中未特别注明新证包括旧证项下的修改，则不包括修改。通知行接到这样的来电，须找出旧证，与来电相比照，缮打成完整的信用证通知受益人。UCP600 不提倡此种方式［第五条：在指示开立、通知或保兑一个信用证时，勿引用先前开立的信用证（参照前证），而该前证受到已被接受及/或未被接受的修改所约束］。

（5）按约定格式开证（L/C opened by cable as per prearranged made）。为了节省电报费用，开证行与通知行预先约定电开信用证的固定格式。开证时按格式将应填写的内容以电报或电传通知通知行。通知行接到电报或电传后，按照约定的电报格式，制成完整的信用证通知书，通知受益人。

（二）信用证的转通知

转通知是指国外开证行委托通知行将信用证或修改通知给异地的受益人。例如，国外常把信用证开到口岸地区，而受益人却在内地，这时就需口岸行办理转通知。口岸行就是“转通知行”。

办理转通知的手续一般是：

（1）在转通知前应负责核对印鉴或密押，以明确其真实性。

（2）印鉴密押相符后，将信用证通过所在地的银行通知给异地的受益人。原则是：若原信用证或修改是电报或电传开来的，则应用电报或电传转通知；若是信开信用证，则用邮函转。但并非不能灵活办理，若信用证下修改期限将到或内容紧急，也可考虑电转。

四、审核信用证、发货

根据国际上通常的做法，通知行只负责对信用证进行通知。除核对印鉴或密押以便确定来证表面的真伪外，并无审核信用证的义务。但在实务中，根据银贸双方的特点和工作范围，审证工作是两家共同进行的。出口商是将信用证与合同核对，审查来证条款、单据种类、价格条款等；而银行是从信用证的可靠性和有效性来审查。

（一）银行审证的主要方面

1. 开证行资信的审查

这是能否安全收汇的基础，可以说是银行审证工作中最主要的一环，开证行的资信取决于：

（1）资产规模的大小。国际上对银行的排名一般是以资产总额为依据的。由于资产是由资本加负债构成的，因此，有时也可以把资本的大小作为根据，或者以资产与资本的比例高低为根据。

（2）银行分支机构的多寡。大银行往往分支机构较多、规模大、实力雄厚。

（3）历史的长短。历史长的银行，一般资力雄厚，地位比较稳固，抗风险能力强。

（4）往来关系的好坏、业务的多少、过去是否发生过不愉快的事情、作风如何。要做好银行资信的调查，主要靠平时资料的积累，搜集银行的各种报表及报纸杂志的消息评论等都是必要的，并做好记录、分类、整理，以在有情况时能做出正确的判断。

2. 偿付路线的审查

信用证的索汇路线必须正常、合理，是国际贸易通常所采用的方式，对索汇路线迂回、环节过多的，应与开证行联系进行修改。偿付条款不得前后矛盾。

3. 审查信用证中有否歧视性的内容

(二)采取的措施

信用证经受益人和通知行审核后，对所收到的信用证的处理不外有三种方式：(1)属于可以接受的；(2)属于经过修改才能接受的；(3)不能接受的。

(1)对于可以接受的，应当按国际上通常的做法，受益人抓紧时间备货、出运、制单。

(2)对于经过修改才能接受的，可以进行修改。

(3)对于不能接受的，诸如开证行的资信有问题，付款责任不明确，来证条款不全，前后矛盾，单证要求不符或不能办到的，由通知行联系开证行澄清或由受益人与买主交涉。

凡认为接受来证可能有风险，来证金额超过其资产总额的，可采取以下几项措施：

(1)要求开证行加列电索条款(T/T reimbursement)，以提早收汇，减小风险，这种做法与后几种措施相比较，开证行更乐意接受。

(2)要求其他大银行保兑，由第三家银行保兑时，一方面增加了保兑费支出，另一方面也有损于开证行的信誉。若通知行不准备加保，应及时通知开证行。

(3)要求偿付行确认偿付，即由偿付行来电或来函表示承担付款责任。

(4)要求缴纳押金(remitting cover)。这一措施一般不轻易采用，除非对一些不了解其资信的小银行，以免影响彼此的关系。

(5)在信用证中规定允许分批装运的条件下，可分批出运、分批收汇，以分散风险。

最后，对通知行与开证行交涉的事宜，比如修改或解释，均应设专册登记，以备核对。如在合理的时间内没有回音应及时催询，已有回音的应及时通知受证公司。

(三)受益人发货

受益人若接受了信用证，就可将货物装运，在这一过程中要注意合同中对货物的要求。

五、受益人交单

在装运货物期间，受益人要签发包括汇票(若有)在内的单据，取得货运单据，然后将与信用证相符的所有单据在信用证规定的期间内连同信用证及有关修改书(若有)，提交给信用证指定的银行(如议付行)要求议付。

六、审单议付

(一)审单的目的

审单即银行对受益人提交的凭以议付、付款的单据的审查，即 documents examination。之所以要审单，是因为单据的质量关系到能否安全及时收汇。信用证的付款承诺是有条件的，即单证必须相符。只有单证相符才能使开证行接受单据，履行其付款义务，受益人或议付行也才有权向开证行要求付款，保证安全及时收汇。所以为免受损失，要严格审单。

信用证项下的审单可以指议付行的审单，也可以指开证行的审单。前者称议付审单，后者为付款审单。议付审单是在出口地进行，付款审单则是在进口地进行。这里介绍的是议付审单。

(二)审单的程序

(1)接单，即银行收到受益人交来信用证项下的单据，在未正式审单时做的初步整理、验收及记录，这是正式对单据审核的准备。当银行收到单据时：①应看单据的种类、份数是否齐全，有无信用证正本及修改书；②注明收到的日期；③按到期日的先后排列各套单据。

(2) 审单，是对单证有序的审核，即各项单据均有一个审核的次序，不是杂乱随机地核对，一般情况下的排列次序如图 9-4 所示。

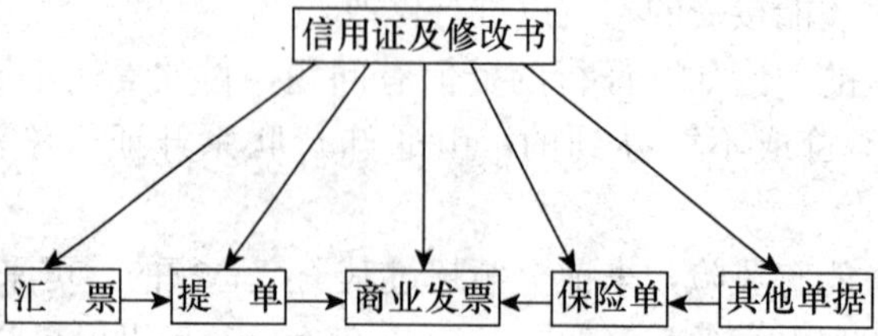

图 9-4 单据审核次序

这样排列起来，既可以节省时间，又能保证不漏审。在对单证按这种先后顺序整理好后，第二项工作即填写记录表。此时，由于还未正式审核，应先将记录表中与审单结果无关的内容填好，如信用证号码、编号（议付行）、装船期、有效期等，然后开始审单。

审单的方法是先"纵"后"横"。"纵"是指以信用证为核心，所有单据都与信用证核对，做法是先阅读信用证的各项内容，再阅读单据的各项内容，从中发现单证之间各项目的内在联系，以及哪些单据未交来，哪些内容不符合规定。"横"是指以单据中的商业发票为中心，其他单据与之核对。在"纵""横"审查的同时，将不符点一一列出，填入记录表中的"discrepancies and action taken"即"不符点与处理意见"一栏中，并做出相应的处理。

审核均经初审和复审两个环节，对一些简易的信用证也可视情况进行快审，即根据经常出现的不符点，选出若干的"快审项目"。

(三) 信用证常见不符点

不符点指开证行审核出的议付单据与信用证要求不符的一点或者几点错误或者疑义，或者是议付单据之间不相符的一点或者几点错误或者疑义。信用证常见不符点有：

1. *在时间方面*

(1) 信用证尚未生效；

(2) 信用证过期；

(3) 延迟装运，或提早装货；

(4) 未在最迟交单期内提交单据。

2. *汇票方面*

(1) 出具的汇票无"汇票"字样；

(2) 汇票上的出票日不明；

(3) 汇票的付款人不正确；

(4) 汇票的付款日期不确定。

3. *装运方面*

(1) 做成了转运 (transshipment effected)；

(2) 短装 (short shipment)；

（3）超装（over shipment）；
（4）做成了分批装运（partial shipment effected）；
（5）货物装卸港与信用证规定不符。

4. 金额方面

（1）超支（over drawing）；
（2）超过信用证金额（credit amount exceeded）；
（3）少开支款金额（short drawing）。
（4）发票金额与汇票金额不符（the amounts shown on the invoice and draft differ）。

5. 运输单据

（1）运输单据不清洁；
（2）运输单据的类别与信用证要求不符；
（3）没有“货物已装船”批注或注明“货装舱面”；
（4）提单没有表明运费是否已经支付。

6. 发票方面

（1）发票上的货物描述与信用证不符；
（2）发票上的贸易术语不正确；
（3）发票的参考号码与信用证上的不一致；
（4）发票没有做成信用证申请人名称的抬头。

7. 保险方面

（1）提交的保险单据类型与信用证的要求不符；
（2）保险金额不足，保险比例与信用证不符；
（3）投保的险种与信用证不符；
（4）保险日期迟于装运日期；
（5）保险单/凭证没有正确地背书；
（6）保险单投保货币与信用证规定的不符；
（7）保险赔付地点与信用证规定不符。

8. 单据与单据之间

（1）单据之间的唛头和号码互不一致；
（2）汇票、保险单或提单的背书不正确；
（3）缺少信用证需要的单据；
（4）单据之间的重量不同；
（5）各项单据之间内容矛盾；
（6）需要签字的单据没有签字。

（四）议付

审单结束，对信用证进行议付的话，应在信用证的背面对议付的日期和金额等进行批注，国外也称这种批注为背书，以防止有人再另造单据向其他的银行议付。信用证中的“the amount of each draft must be endorsed on the reverse of the credit by the negotiating bank”即指此。若信用证的金额全部用完，则在信用证的背面注明“exhausted”或“cancelled”，若是部分议付，则应将议付金额与出口数量以及余额、日期等写上去。

七、寄单索汇

（一）索汇的路线

一般情况下，信用证中都规定了一家“被指定银行”。依信用证的使用方式不同，由该行充当付款行、承兑行或议付行（自由议付的信用证，任何银行都可充当议付行）。受益人向该银行交单，如在向议付行交单并获垫款后，议付行要将单据寄给开证行，随附通知书（bill purchased，BP）或称议付通知书（也称面函，covering letter/documentary remittance），要求开证行偿付或向偿付行索汇。总之，寄单索汇是索偿行凭单向开证行或偿付行索取垫款的过程。至于如何寄单及向谁索汇，在信用证中的偿付条款中均有明确的规定，因此索偿行一定要仔细阅读信用证中的有关条款。同时，要熟悉账户的设立情况。因为国际债权债务的清偿除易货贸易外，大多是通过对互开存款账户的转移来实现的，因此，弄清账户的开立和分布，也是尽快收汇的基本条件。因为它能促使合理使用账户，减少不必要的中间环节。这些互开的账户统称为“往来账户”（current account），分为国外同业存款、存放国外同业、国外联行往来及协定清算账户等。国外同业存款是国外银行在我方银行开立的账户；存放国外同业是我方银行在国外同业开立的各种可自由兑换货币的资金往来账户，其货币一般都是开立国的货币；国外联行往来是指我方银行在国外联行开立的账户；而协定清算账户则是记账贸易下所使用的账户。

作为议付行以及其他索偿行，可能按信用证规定，在单据到达开证行并被接受后才得到偿付，也可能在单据寄出时即可获得事先的偿付。在后一种情况下，若开证行收到单据后发现单证不符，则有权要求索偿行退款。

议付行寄单索汇的路线可分为以下两类：

（1）向开证行索汇。若开证行是凭单付款，为加速收汇，议付行可采用快邮来寄送单据；若按约定，议付行在寄单后即可获得偿付，议付行可航邮单据，同时以电讯方式向开证行索汇。

（2）向偿付行索汇。向偿付行索汇时，无须向其寄送单据，即单据的处理与向开证行索汇时是一样的。两套单据都是寄给开证行的，偿付行不与单据打交道，通常也不要求索偿行声明单证相符。议付行在寄单给开证行的同时，可用电讯向偿付行索汇，也可用信函方式索汇。在后一种方式下，为加速索汇，可“以电代邮”，即在偿付行所在地找一家特约的银行，议付行寄单后，立即以电讯方式通知特约银行，请其填制索偿通知，交同城的偿付行索汇，这样就可使偿付行早日得到索汇通知而及时偿付。

（二）美元的索汇

美元在世界贸易中长期以来一直充当主要的角色，是各国清算债权债务的重要货币。在我国出口收汇中，美元的比重也很大。由于以美元结算的来证不仅仅是来自美国，而是来自世界各国，涉及几个国家、几家银行，若不了解美元索汇的特点，易造成迂回，使索汇路线长、收汇慢。

美元的结算中心在纽约，境外美元一般情况下需将资金拨付纽约才能结算。所以，美元结算的特点是：境外收汇，纽约结算。所有美元的索汇都以这个特点为核心进行。

若索汇的对象与我们互开了美元账户，问题就不复杂了，采取贷记我方账户或主动借记他账的方式即可。我们要研究的是当索汇对象不是我们的美元账户行，即不能在账户行内部以转账方式完成头寸交付的时候，如何划拨美元，最终及时地收汇。我们先将索汇银行分成美元境内银行和美元境外银行，再区别不同的情况。

（1）向美国境内银行索汇。如我们向其索汇的不是我方的美元账户行，但只要在美国境内，任何地方都可清算美元。因美国是美元的发行国，所以只要在当地选择一个账户行，嘱其将美元直接划给这个账户行即可。这个账户行的选择最好是国外联行往来，即碰头账户行，这样可在内部直接转账。一旦没有联行往来的银行可利用，还可利用CHIPS（纽约清算所银行同业支付系统）。如在纽约，当被索银行不是我账户行时，可嘱其通过CHIPS交款，将该款项收入作为CHIPS成员的我行账户行。这时可不必关心被索银行是否为CHIPS成员，因为即使它不是CHIPS成员，也肯定与成员行有往来关系，所以通过它们进行电交换是行得通的，只要在索汇指示中加注"VIA CHIPS"即可。实际工作中，将这种通过CHIPS电交换的叫"纽约交换型"，而前一种寻找碰头账户行的叫"转账型"。

（2）向美国境外银行索汇。由于全世界的美元都只能在纽约清算，所以在境外交付美元是行不通的。因此向美国境外的非美元账户行索汇时，就不能让其交拨给当地的我美元账户行。如我们向伦敦的A行（非美元账户行）索美元时，若请拨给伦敦我美元账户B行，由于A行不能直接将美元交给B行，它只能将头寸拨给纽约的C行（A行在纽约的账户行），由C行交纽约D行（B行的账户行），再由D行转给伦敦的B行贷记我账户，这称为"回游型"，是最不合算的。因此，在向境外的银行索美元时，应要求将款拨给我在纽约的账户行。如果能选择一家碰头账户行，则只拨付一次就完成了，这是最快的方式。若被索银行在纽约的联行或代理行不是我方的账户行，但只要是CHIPS的成员，即可通过CHIPS拨入我账户。

（三）索汇的要求

索汇是银行间的一种偿付安排。为便于操作，国际商会制定了《关于跟单信用证项下银行间偿付的统一规则》，即525号出版物。该规则要求开证行应在信用证及偿付授权①中注明适用本规则。在525号出版物第10条及第11条中，对索偿行有如下的主要要求：

（1）必须以电讯方式或以正本信函的方式索偿，除非开证行禁止。

（2）要缮制标准的索汇电函。索汇电函应包括开证行名称、信用证号码、索汇金额、费用、有关业务编号（包括已知的偿付行编号）、收汇路线。在远期信用证项下，除上述内容外，若信用证有要求，还必须提供货物描述、原产地国、货物装运日期、起运地和目的地等。

（3）在远期信用证项下，索汇电函应在到期日前10日内发送给偿付行。超过10天，偿付行可拒绝处理。若远期汇票的付款人为偿付行，索偿行必须将汇票与索偿书一起寄偿付行处理。

（4）不得在一份电索或信索中加列多项索偿，即不允许并笔索汇。

（5）不得要求偿付行倒起息（起息日早于索偿日）。如果索偿行未遵守上述规定，偿付行对拒绝接受或处理延误而引起的任何后果不承担责任。

八、开证行或偿付行偿付

（一）开证行偿付

1．审核议付通知书或索汇通知书

当议付行电索时，开证行通常是先收到索汇电函，此时应根据电文中提供的信用证号

---

① 即开证行发给偿付行授权其对索偿行提示的索偿进行偿付的指示，包括承兑远期汇票并立即或到期付款的要求，该授权独立于信用证。

码核对信用证的副本，并以此核对议付金额是否超出信用证的金额；单据的提交是否符合信用证的交单期限；发出索汇指示的银行是否为信用证的指定银行；是否注有不符点或凭保议付等，核对无误后在信用证上批注有关内容。

2. 审核单据

收到议付单据后，应全面加以审核。注意核对单据的种类、份数是否与所附的相符；单据是否由指定的银行提交。如提交了信用证未规定的单据，开证行可不予审核，可视情况退还交单银行或照转申请人。如提交的单据没有体现某次修改的内容，应视同受益人尚未接受该次修改，不能认定单证不符。如发现不符点，须接洽申请人，若申请人提出拒付，则开证行不予偿付。

3. 开证行偿付

开证行如何对议付行或其他索偿行进行偿付，是在信用证中加以规定的。通常是结合双方账户设立情况而确定。一般有以下几种：

（1）单到付款，即开证行收到议付行寄来的单据，经审核认为无误即将款项偿付给议付行。具体做法可能是贷记议付行在开证行的账户，或通过双方共有的账户行办理，如“Upon receipt of the documents in compliance with this L/C，we shall credit your account with us or remit the proceeds to the bank named by you”。

（2）授权借记。这实际上是单到付款的另外一种安排。当开证行收到单据确认单证相符后，向议付行发出授权，授权议付行借记开证行的账户。显然，开证行在议付行开有账户，如“Upon receipt of the documents in compliance the term of this L/C，we shall authorize you to debit our account with you”。

（3）主动借记。当开证行在议付行开有账户时，其开出的信用证可能规定议付行在议付后，可立即借记开证行的账户。这对于议付行是十分有利的，议付的当日即可获得开证行的偿付，如“Please debit our account with you under advice to us。”

若开证行在开证时已向申请人收取了现汇保证金，则对外偿付的款项从保证金账户中支付；若收取的是人民币保证金，应由申请人申请购汇，按付汇日开证行挂牌汇率售汇支付；若使用信用额度开证，在申请人自备资金付款赎单后，才能恢复其相应的授信额度。

（二）偿付行偿付

需要偿付行偿付时，信用证中的偿付条款一般为：“In reimbursement of your negotiation under this L/C，please drawn on our account with the ×× bank under advice to us。”当偿付行得到索偿书后，即应依索偿书中的指示向议付行偿付。偿付行处理索偿时，要注意以下几点：

（1）偿付行收到索汇电函后有3个工作日的时间处理业务（从收到的次日起）。若收到索汇电函是在非营业时间，则被视为是在下一个营业日收到的。

（2）偿付行对索偿行提出的倒起息的要求不予处理。

（3）偿付行无义务对索偿行以外的其他任何银行付款。

（4）如果偿付行未开具偿付保证[①]，并且偿付到期日是远期的，则索偿时必须表明偿付的具体日期。

---

① 偿付保证指偿付行在开证行的授权或要求下，向偿付授权中所指定的索偿行开立的一种独立的、不可撤销的保证书，保证在其偿付保证中的条款被满足后对索偿行进行偿付。

（三）开证行对单证不符的处理

寄单行在审单时有可能已发现了不符点，并以电提方式征询开证行对单据的处理意见，这时，应接洽申请人。若申请人同意，则向议付行等寄单行发出接受所提及不符点的授权。收到单据后，审核单据如未发现新的不符点，视同单证相符，否则可按单证不符处理。

虽然议付行在给开证行的寄单通知书中已列明了单据的不符点及不符点的具体内容，开证行还是要亲自进行审查，确定是否符合信用证条款。若要拒付则按前面的手续办理。另外，开证行重新审单时还可能发现其他的不符点，也可能议付行提出的不符点对开证行来说并不构成不符，这主要是由于各国对信用证的解释不一致之故。

开证行审单发现单据同信用证条款不符时，习惯的做法不是马上退单拒付，而是列举各项不符点，在给进口商的通知书中注明，问申请人是否接受。如申请人接受，加上客户的资信也没问题，开证行则不必退回单据，按正常情况进行结算处理即可。客户之所以接受不符的单据常常出于实际业务的需要，或已与受益人之间达成了某种协议。如某种商品畅销，价格有利时，开证申请人往往不计较单据的不符。如客户拒绝接受这样的单据，开证行再根据固定手续通知议付行。

在同议付行的关系上，理论上讲开证行本身是信用证的主债务人，是否接受有不符点的单据，开证行有责任进行判断。

九、申请人付款赎单

开证行对外偿付后通知申请人，申请人向开证行付款或承兑，并只有在付款或承兑后才能得到单据。这一过程称申请人付款赎单。

十、提货、收汇考核及结汇

（一）提货

付款赎单后，申请人即可以提货。提货后，不能因货物问题向开证行等提出索赔，因开证行是凭单付款，而非货物或合同。

（二）收汇考核

议付行议付后将单据寄出，为保证安全、及时地收进外汇，必须进行催收和考核两项工作。

（1）催收。议付行应根据不同地区、不同货币及不同的收汇方式和寄单方式确定一个合理的收汇天数。在寄出单据和索汇电函后，超过合理的天数仍未收妥货款的，应发出催收函/电。对开证行无理迟付的货款，除及时催收外，还应向其追收迟付期间的利息及费用；对开证行无理短付的款项，应据理力争，并追索无理短付造成的利息损失及费用。

（2）考核。议付行收到贷记报单后，逐笔审核开证行或偿付行的付款情况，这叫事后考核，主要是检查付款是否超过合理的时间，若超过，则要追收迟付的利息。同时，要定期做出考核报告，总结经验，并对差错及失误做出具体分析，以提高今后的工作效率。

（三）结汇

银行对受益人的结汇主要采取几种方式：

（1）收妥结汇，即由出口地银行将单据寄出，不论是即期还是远期，于货款收回后，也就是收到国外银行的贷记通知，证明货款已收入出口地银行账户时，按当日外汇牌价折成人民币收入受益人账户或现汇入出口方银行账户（出口方可自由选择）。

（2）定期结汇，适用于对港澳地区联行来证项下的出口结汇。出口地银行从寄单之日起，预计一个邮程加合理的审单工作日后，即主动借记该联行的往来账户，同时结汇给出口公司，对方即联行收到单据后，只要单证相符，也不必向国内分支行发出贷记报单，只作相应的账务处理。这就是"定期结汇"。定期结汇取消了报单的往返寄送，简化了手续，但也存在局限性。一旦开证行不付款，议付行虽然定期结汇给受益人，但实际上未收到外汇。因此这种方法只是对联行等有限地使用。

（3）押汇，也称买单结汇，是在出口地银行审单无误、单证相符、开证行资信可靠的情况下，不待开证行付款，先行买入全套单据而向受益人垫款，按票面金额扣除从垫款之日到估计货款入账日的利息，将其净额给付受益人。

第三节　信用证的修改与撤销

信用证开出后，由于情况的变化，或经受益人审核后认为信用证存在问题，就需要修改。对于可撤销的信用证，无须事先通知即可随时修改。我们这里针对的是不可撤销信用证的修改。

一、修改的提出

从形式上看，修改都是由进口商向开证行提出，但实际上可能是进口商也可能是出口商，因为不论修改出自何方，一般都按信用证原来的寄送途径。例如由出口商提出的，应请进口方转向开证行申请修改，再由开证行转通知行通知受益人。业务中对信用证提出修改的大多是出口商。

出口商提出修改，通常是由于信用证与合同不符，或某些条款受益人认为无法办到。例如，信用证规定不准转运，但轮船公司并无直接的船只到达目的地，这时就需要提出修改。

进口商提出修改常是由于本国或国际形势的变化，如进口国要求进口商品必须提交某种新的单据等。

银行在开证时有时也会出现偏差，如字母打错、地名打错或遗漏某个项目，发现后也需要修改。

总的来说，信用证的每一条款都有被修改的可能，但以下列各项为多：

（1）延长装运期限及信用证的有效期限（出口商提）。

（2）更换出口商名称及地址或允许转运（出口商提）。

（3）金额与货物增减（进口商提）。

（4）保险种类的变动（进口商提）。

（5）允许接受过期提单（出口商提）。

二、修改信用证的原则

（1）对提出的修改，要注意是否与其他条款相抵触，是否遵守了外汇管理的有关规定。

（2）对不可撤销信用证，非经当事人的同意不得修改，因此开证行在办理修改时，必须经开证行、保兑行（若有保兑）及受益人的同意。

(3) 当同一信用证修改书上涉及两个或两个以上条款时，必须全部接受，不得同意一部分而拒绝另一部分。

(4) 如果开证行选择一家银行将信用证通知给受益人，其修改的通知也要通过这家银行。

(5) 开证行自发生修改之日起，就受这个修改的约束。保兑行可以对修改加保兑，并在通知这个修改时就受其约束；也可不对修改加保兑，即仅将修改通知受益人，但要及时将此情况通知开证行及受益人。

(6) 受益人应发出一个通知，表示其接受还是拒绝修改，但也可不表态，通过其提交的单据来判断是否接受了修改。

(7) 修改通知书中要注明本次修改的次数。

三、修改信用证的实务处理

1. 申请人提交修改申请书

当申请人要求修改信用证，或受益人接洽申请人要求修改时，申请人要向开证行提出修改申请书。申请书的内容主要包括两个方面：一是被申请修改的信用证的情况，如信用证的号码、受益人名称及地址、通知行等，以便使开证行确定哪个信用证是要修改的；二是关于修改的指示。修改申请书需由申请人签章。

2. 开证行审查修改申请书的内容

开证行接到信用证修改申请书后，应根据申请书所列的信用证号码审核：①修改后的条款有无相互抵触之处；②是否注明修改手续费由申请人还是由受益人负担；③ 修改后的条款对我方是否有不利之处；④若修改涉及原证的有效期、金额、商品等超出了原有效凭证规定的范围，需提交符合修改条件的有效凭证。若属增加信用证金额的修改，购汇者还应提交购汇申请书。

3. 缮制信用证修改书

银行审核信用证修改申请书后，即可缮制信用证修改书，经修改加列密押后发出。然后将修改书副本附于信用证上留底备查，同时将另一份修改书副本送交申请人备查。修改书中要注明本次修改的次数；若原证规定向偿付行索汇，当修改涉及延展装期和有效期、增加金额的，还应向偿付行通知；如果修改申请书中规定修改费用由受益人承担，而受益人又拒绝该项修改的，则向开证申请人收取费用。

如果受益人没有通过申请人而是通过通知行要求开证行修改信用证，开证行接到请求后，通常要与申请人联系。开证行虽然有权决定接受该请求，但若没有申请人的同意，就可能因违背申请人的指示而无法获得偿付。若申请人不同意，开证行则拒绝修改；若同意，就缮制信用证修改书，由原通知行通知受益人。

四、信用证的撤销

信用证的撤销包括两种情形：其一是指信用证过期未用，自动失效；其二是信用证未到期而在中途注销。这里我们主要讲第二种情况。对于不可撤销信用证，在发生必须撤销的某些情况时，符合下面几个条件就可以注销。即不可撤销信用证也具有弹性，只要当事人同意即可。

（1）客户以书面的形式向开证行提出申请，若是出口商则同时退回信用证。

（2）银行审查，做出同意或不同意的决定。

（3）银行利用电信或邮寄方法通过通知行转告受益人关于撤销的事宜。

（4）有关当事人同意有关撤销的内容。

（5）若开证行要求撤销信用证，须先征得受益人同意，并收回全套正本信用证（包括修改）。

信用证注销有全额注销也有部分注销的，例如信用证已出口议付了一部分，其余部分可办理撤销。受益人从通知行处得到撤销的通知后，像修改的处理一样，应尽快决定是否同意注销。其余的做法均与修改一样。

第四节 信用证业务中的注意事项

一、申请人填写开证申请书时的注意事项

申请人即进口商在填写申请书时，应注意以下几点：

（1）必要事项应完整正确地记载且内容不能相互矛盾，因为银行是根据申请书的内容开出信用证的。

（2）申请书内容不能违背买卖合同上的有关条件，重要的条款须按合同的内容填写。

（3）所要求的单证种类及格式、递送方法等应能确保开证行的债权。

（4）须合乎国家的法律和规章。

（5）不宜将买卖合同上的详细内容都填列上，要简单明了。

（6）所开出的信用证在技术上和国际惯例上不应有困难。

二、通知行通知信用证时的注意事项

（1）关于 acknowledgement of L/C。通知行收到信用证，经以上手续通知受益人后，有时应开证行的要求，要复函确认收妥，寄回开证行。这种确认收妥的回函称 acknowledgement of L/C，通常用这样的语句表示：

"We hereby acknowledge receipt of the captioned L/C which was advised to the Beneficiary__under Ref. No."

（2）重复开证、通知和出运的原因可能属于开证行，也可能属于通知行或受益人方面。属于通知行常见的是：

①误将电报证实书作为另一信用证。

②将现在收到的副本，误作另一信用证通知，实际上前一次所寄正本已通知。

③以简电当全电，正式生效的完整条款的信用证开到时再一次通知。

若加强检查，一般是能避免重复的。因为在重复情形下，往往金额、货名及合同号码是一致的，受益人从合同方面也可以发现问题，开证行有时因发现有问题，来电或来函要求注销。通知行若已收到信用证，受益人同意后应将信用证退回注销。如注销通知先到，也应通知受益人。如通知行不将注销事宜进行通知，使受益人照常出运，则一旦发生拒付，通知行应负一定的责任。

（3）正副本内容必须一致。开证行在往来业务函电交涉中若规定了偿付、寄单的具体内容以及其他特殊要求，通知行应将函电附于信用证正本一起通知受益人，同时复印一份作为留底保存在信用证副本上。凡来证表明附有合同、订单及与出运有关的附件的，也应连同正本信用证一并通知受益人，同时在信用证副本内批注正本附有××附件。对于信用证项下的修改通知书，除正本通知受益人外，副本均应按修改日期的前后顺序附于信用证的副本之后，以保证信用证内容的完整性。对外交涉的其他函电也应在副本卷内存档，以备以后的考证。

三、受益人审核信用证及交单时的注意事项

（一）受益人审证时的注意事项

受益人之所以要审核信用证，是因为信用证上所记载的事项受益人即出口商能否做到，关系到能否安全收汇。受益人在审证时，要注意以下几点：

（1）将信用证与买卖合同核对。信用证虽是依据买卖合同开具的，其内容理应与合同相符，但实际中，信用证条款经常与合同条款不一致，因此卖方收到信用证时，首先要做的工作就是审查信用证条款是否与买卖合同条款的内容相符，如发现有疑问，即应要求解释或要求修改。

（2）审核信用证的细节：

①不接受“可撤销”信用证。若信用证未表明是否为不可撤销的，则视为不可撤销的。

②核对信用证上有权签字人的签名。信用证有时并不经通知行通知，而是由开证行或进口商径寄出口商，在这种情况下，应请本地的外汇银行核对。

③是否为保兑信用证。如在合同中要求由其他银行保兑，接到信用证后，应检查是否已经他行保兑。

④受益人、开证申请人名称是否与实际情况完全相符。

⑤信用证的有效期和最后装运日是否合理，即受益人能否有充足的时间交货和备单。装运期展延以后，有效期也相应展延（反之却不行）。

⑥信用证的金额是否开足，是否足以支付货款。

⑦出口货物的名称、数量、规格及品质与所订的合同是否相同。

⑧有各种不同的发票，如商业发票、形式发票、领事发票、海关发票等。除非另有说明，否则发票通常指商业发票。

⑨信用证不准转运，而又无直达货轮；或不准分批装运，但出口货物的生产、采购无法一次装运时，应请求修改。

⑩保险问题：如在FOB条件下，保险应是由买方办理；在CIF条件下，保险由卖方办理，投何种险别，投保金额是多少合同上有记载，信用证可不做说明。

⑪信用证是否要求特殊单据，如产地证书、海关发票、领事发票等。如果需要，能否按信用证条款制备。

⑫货物由租用的船只运输的情况下，信用证是否允许使用租船提单。

⑬目的港是否为海港。若信用证规定了一些内陆国家作为目的港，应要求改正；除非运输条件许可或买卖双方另外约定，否则一般不同意在11月份到第二年4月份以蒙特利尔等冬季封冻港口为目的港。

⑭信用证的到期地点应在出口国境内。

⑮信用证上的货币必须与合同上规定的货币相同。

⑯责任条款是否明确。开证行明确其责任的条款一般在信用证的最后部分，其内容为“我们保证及时对所有根据本信用证开立的，并与信用证规定相符的汇票负责兑付”，即“We hereby engage with you that all drafts drawn under and in compliance with the term of this Credit will be duly honored”，或“Provided such are drawn and represented is accordance with the terms of this credit，we hereby engage with the drawers endorsors and bona fide holders that the said drafts shall be duly accepted on presentation and duly honored at maturity”。或者表明是按 UCP600 开立（使用 SWIFT 除外）。

（二）受益人交单时的注意事项

（1）要在到期日或到期日之前交单。根据 UCP600 第 14 条的规定，一切信用证都必须规定一个交单付款、承兑或议付的到期日，单据要在信用证到期日或到期日之前交给银行。若开证行只规定信用证有效期限为 1 个月或 6 个月，但未表明从何时起算，可将开证日作为信用证有效期的起算日。银行应劝阻用这种方式表示信用证的到期日。

（2）要在信用证规定的交单期内交单。根据 UCP600 第 14 条的规定，提示若包含一份或多份按照本惯例第 19 条、20 条、21 条、22 条、23 条、24 条或 25 条出具的正本运输单据，则必须由受益人或其代表按照相关条款在不迟于装运日后的 21 个公历日内提交，但无论如何不得迟于信用证的到期日。

在有运输单据的信用证项下，交单日和信用证的到期日有时是一致的，这种情况最明了，不易引起误解。有时最后交单日定在信用证的有效日之后，由于交单不能在信用证的有效期后，所以这时要在信用证到期日或之前交单。如装运日是 3 月 1 日，而信用证的有效期是到 3 月 15 日，如果信用证未规定装运日后提交单据的具体期限，则最后交单日应是 3 月 22 日。这时就要在 3 月 15 日之前交单。有时最后交单日订在信用证有效期之前。如装运日是 3 月 1 日，信用证的有效期是到 3 月 30 日，假如此信用证也未规定装运日后提交单据的具体期限，则最后交单日应是 3 月 22 日，这时，单据必须在 3 月 22 日之前提交。在这种情况下信用证的到期日实际上就失去了意义。可以说，在信用证明确规定了交单日时，规定信用证的有效期的必要性已大大下降。现在一些信用证出现了只规定装运日和单据提交期限，而不规定信用证的到期日的情况。对此，可将信用证规定的装运日后提交单据的最后一天作为信用证的到期日。但 UCP600 第 14 条要求所有信用证必须规定一个到期日，所以这种方法不应提倡。

（3）交单期在一定条件下可顺延。当信用证到期日和最后交单日为非银行营业日时，根据 UCP600 第 29 条的规定，信用证的有效期和交单日期均可顺延到节假日后的第一个营业日，但银行要在单据上说明单据是根据 UCP600 第 29 条按有关顺延的规定接受的。如果信用证上规定了最迟装运日期或发运日期或接受监管日，则不能因单据的顺延而顺延。在这种情况下，如信用证或有关修改书未规定最迟装运日，银行将拒受表明出单日期迟于信用证或修改书或规定的到期日的运输单据。如信用证规定最迟装运日为 2017 年 9 月 16 日，不能因为 9 月 16 日为星期六而顺延至 2017 年 9 月 18 日。

四、银行审核单据时的注意事项

（一）审单的原则

（1）按照《跟单信用证统一规则》（下简称《统一规则》）的规定审单。《统一规则》

是确保在世界范围内将信用证作为可靠支付手段的准则，已被大多数的国家与地区接受和使用。《统一规则》所体现出来的国际标准银行惯例是各国银行处理结算业务必须遵循的基本准则。我们必须按照《统一规则》的要求，合理谨慎地审核信用证要求的所有单据，以确定其表面上是否与信用证条款相符。

（2）按照信用证所规定的条件、条款审单。信用证是根据买卖双方的贸易合同开立的，它一旦为各有关当事人所接受，即成为各有关当事人必须遵循的契约性文件。在信用证结算业务中，各有关当事人必须受其约束，按照信用证所规定的条件、条款，逐条对照，以确定单据是否满足信用证的要求。当信用证的规定与《统一规则》有抵触时，则应遵循信用证优先于《统一规则》的原则，按照信用证的要求审核单据。其中又包括表面一致性和内容相符性两条原则：

①遵循表面一致性原则。受益人提交的单据名称及其内容等表面上必须与信用证规定完全一致。例如，某信用证将货物描述为“attaches sanitaire”（卫生洁具附件），而受益人具体的货为“expansion bolt”（膨胀螺栓），虽然如此，有关单据中货物描述仍必须与信用证的规定相一致。可能有的单据因某种特殊作用如清关报税等需显示具体货名，我们仍必须将信用证所规定的“attaches sanitaire”显示在其上，而在其后加注具体货名“expansion bolt”。

②遵循内容相符性原则。我们在审单时应注意避免照搬、照抄信用证的原话，只要内容相符即可，例如，信用证的有关人称指向、时态、语态等转到单据上时，即应做相应的调整，以避免不必要的误会。

（3）按照银行的经营思想、操作规程审单。国际贸易结算作为银行经营的一项重要业务，在操作过程中，必须按照银行的有关操作规程行事。尤其是在向客户融资时，更应明确银行的观点和看法，银行有权对单据有关条目的处理做出自己的选择和判断。

（4）按照普遍联系的观点，结合上下文内容审单。信用证是一个与商务合同分离的独立文件，其内容是完整的、互为联系的。其中要求的条件、单据等是相辅相成、前后一贯的。审单时必须遵循普遍联系的观点，结合上下文内容进行，避免片面、孤立地看待某一条款。

（5）按照合情、合理、合法的原则审单。所谓合情、合理、合法是指审单员应根据自己所掌握的国际贸易结算知识，对各种单据的完整性和准确性，做出合乎情理的判断。

（6）按照单据的商业功能和结算功能相统一的原则审单。单据的商业功能即在商务流转及商品买卖过程中的作用是主要的，结算功能是次要的，审单时应着重考虑其商业功能。我们应该了解各类单据的作用及功能，按照各类单据自身的功能及用途审单，避免将不必要的内容强加于单据。

（二）审单的依据

信用证条款是审单工作的唯一依据，其他诸如合同、往来函电、货物情况等只是作为参考，不是审单的依据。所以，来证的条款必须明确，这也体现出审证工作的重要性。UCP600 中有关数量、金额等方面的要求：

（1）信用证金额。凡“约”“大概”“大约”或类似的词语用于信用证金额、货物、数量和价格时，应解释为有关金额、数量或单价不超过 10%的增减幅度。

（2）货物数量。除非信用证规定货物的指定数量不得有增减，否则在所支付的款项不超过信用证金额的条件下，准许货物数量有5%的增减幅度。但是，当信用证上规定的数量是以包装单位或个数计数时，此项增减幅度则不适用。

（三）审单的标准

UCP600第14条对审单的标准做了三点规定：

（1）银行必须合理小心地审核信用证中规定的一切单据，以确定它们是否表面上符合信用证条款的要求。如果表面上不一致，将被视为表面上与信用证条款不相符。这里强调的是表面的内容，不是单据真正的内容。"表面"可以理解为，银行无须亲自询问单据是不是假的，已装运的货物是否真正装运，以及单据签发后是否已失效。除非银行知道所进行的是欺诈行为，否则这些实际发生的情况与银行无关。所以受益人如果制造与事实完全相符的假单据，而此假单据和信用证的要求一致，它就能得到货款；相反，如受益人已按合同以适当的方式出运货物但所作的单据忽略了信用证的某个条件，银行就将拒绝接受单据，受益人将不能得到货款。

（2）开证行、保兑行（如有的话）和代表它们的被指定银行各自应有一合理时间来审核单据，这个合理时间定为不超过从收到单据后的第二天起计5个银行工作日。银行要在这5个工作日内决定接受或拒受单据并相应地通知交单的当事人和寄单方。

（3）如果信用证在所列条款中未阐明须提交与之相符的单据，银行将认为无此条款而不予理会。收到这样的单据，应退给交单人或只将这种单据照转而不承担责任。

五、议付行处理不符点单据时的注意事项

若单据与信用证条款不一致或单据之间彼此矛盾，即被认为是单证不符，称"discrepancy"，开证行对单证不符的单据有权拒绝付款，所以为保证安全、及时收汇，应尽量避免。但要做到完全不出差错又是不可能的，并且客观情况也在不断变化。因此遇到单证不符的情况时，应及时做相应的处理，使最终的收汇不受影响。作为议付行，对单据不符的处理有以下几种。

（一）将单据退回受益人修改

若不符点是受益人在制单时的疏忽所致，通常由议付行退还让其修改，再交银行议付。受不符点的性质和提示单据日期的限制，退给受益人修改的方法只适合制单疏忽和所交单据不全的情形，不是在任何时候都能用，因为单据必须在允许的期限和信用证的有效期内提示。

（二）担保议付

要求受益人提供一份保证书，然后进行议付。保证书上要注明：①单据与信用证条款不相符的内容；②为有不符点的单据议付，银行遭受的损失及付出的费用由受益人保证负担。议付行可将此在寄单通知书中声明，以示议付的保留性质。若开证行接受不符点付款，保证书即随之失效。如开证行拒绝接受不符点，则受益人应当赔偿。当然，议付行也可以拒绝接受保证书。保证书对开证行来说没有什么效力，它只是受益人和议付行之间的一种协议，所以保证书一般不必向开证行提示，尽管有时向偿付行提示。这种保证书一般是由受益人的往来银行出具的。

（三）致电开证行要求授权议付

议付行通过电传等将不符点告知开证行，征询可否议付，得到开证行的授权后再行

议付。这里有个前提，即受益人同意或要求这样做并承担有关费用。这就是通常所说的“电提”。电提的特点是解决问题快，对临近提示期的单据较适用。若开证行回电同意，电文上的措辞一般是：“如果无其他不符点，你们可以议付”（you may negotiate if otherwise in order）。如开证行不同意，受益人要采取补救措施。由于电提方法能最快得到开证行的回复，所以也有可能及时采取措施，如将货物改卸其他港口，再行交涉或出售给其他的买主。一般来说，这种方法可在金额较大、不符点较明显时运用。具体使用时还应注意：

（1）单证不符点若很复杂，很难在电文中详细说明，易引起纠纷并遭拒付。

（2）不符点如被进口商接受，并不表示开证行已同意付款，等到单据送达开证行、进口商赎单后，议付行收到正式贷记通知时，才能确定其最后的付款。

因开证行是按开证申请人的指示行事，所以在申请开证行批准的同时，受益人也应同时与申请人联系。一般来说，若申请人同意，开证行也会同意，特别是在买方想得到货物时，即使单据存在一些不符点也会接受。除非买方认为这笔交易已无利可图。

（3）开证行的回电含糊不清，易引起误会时，应改为托收来办理才安全。

（四）改为托收

若不符点甚为严重，拒付的可能性较大，如货物装船过期、货物溢装、信用证超额等，应建议出口商改用托收方式办理，单寄开证行，这种做法已由银行信用改为商业信用，风险较大，此时进口商往往趁机压价或争得大幅度折扣。

（五）照常议付

尽管有不符点，从实践经验中得知这些仅是微不足道的，仍能照旧付款。有时需向开证行说明一下，但这不是可推行的办法，在市场行情变化或其他情形下，往往成为进口商的把柄，会冒很大的风险。

（六）不予受理，将单据退回受益人

以上第二点至第六点的做法适于不能更正的不符点，如货物迟装，品质、包装条件与来证规定不符等。这种不符往往是在受益人装货前已经征得进口商的同意，但来证未经开证行做出相应修改所造成的。由于开证行可以拒付，而进口商可能不遵守其诺言，容易给受益人造成严重的经济损失，因此应在装货前尽量避免这种被动局面。

六、开证行拒付时的注意事项

对于不符点，申请人在规定的时期内提出拒付，则开证行要向寄单行发出拒付（承兑）的通知。拒付时开证行要掌握以下几点：

（1）要在信用证的有效期内做出拒付的决定，且要在自收到单据的第二天起计算的5个银行工作日内进行。

（2）拒付通知要以电讯方式，如不能用电讯，应以其他快捷的方式通知议付行等单据提出者。

（3）拒付通知要注明凭以拒付的不符点的具体内容，并说明是退回单据还是暂为代管听候处理。

（4）拒付通知中要将不符点一次提完，未提的不符点不能在下一次提出。

开证行若忽略了上述这几点，不及时处理，就会丧失拒付的权利，使拒付失效。

第五节　信用证结算方式下的风险与防范

一、信用证结算方式下的风险类型

信用证交易的风险主要集中在进出口商和开证行方面，分述如下。

（一）出口商面临的风险

1. 单证不符引起的拒付风险

信用证交易发生拒付时，受益人轻则迟延收款，损失利息；重则损失部分或全部货款。而在所有的信用证交易纠纷中，由单证不符引起的拒付占50%以上。众所周知，开证行严格履行付款的先决条件是：受益人提交了完全符合信用证条款的单据。对于单证不符的，开证行则不负保证付款的义务，而不符合信用证要求的单据能否被最终付款，只能取决于进口商的资信。实际上，单证不符已使银行信用变成商业信用，出口商失去了银行的保证付款，如果进口商资信欠佳，则风险不可避免。

出口商审证风险

案情：

我国某出口企业对外出口产品一批，销售合同中规定商品装于木箱之中（to be packed in wooden cases），而对方所开来的信用证则显示商品装于标准出口纸箱中（to be packed in standard export cartons）。由于卖方同时拥有两种包装的产品，而且船期临近，双方有长期的业务合作，卖方便在信用证中所规定的装运期前将装于标准出口纸箱的产品装运并取得相应的单据。此后卖方收到信用证的修改通知书，对方表示由于工作疏忽将包装条款打错，希望信用证中的相关条款与合同条款保持一致，即以木箱进行包装。卖方由于已经装运，所以拒绝接受修改。待卖方向有关银行结算以后，却收到买方提出的抗辩："关于第××××号合同，合同中规定采用木箱包装，而贵方所提交的单据显示该批货物系装于出口标准纸箱中，我方已与最终用户联系，其表示不能接受。因此，我方也不能接受贵方所提供的货物和单据。希望贵方退还已从银行结算的货款，并承担我方的损失费用……"。

问题：

该案中出口商承担了怎样的风险？出口商应该怎样做以降低或消除风险？

分析：

信用证是一独立的、自足性的文件，在跟单信用证业务中，各方均应以信用证作为唯一依据，而非合同和实际货物。从这个意义上来说，卖方的做法无可厚非，买方的要求实属无理。但问题是有些矛盾本可以通过沟通提早解决。出口商在收到信用证，发现其中的包装要求与合同规定不符的时候，应该在出运前及时联系进口方，澄清包装的要求，并对信用证做出必要的修改。由此引起的时间延误可要求进口方通过信用证展期予以弥补。这样一来，就可以避免本案中后来所发生的纠纷，确保安全及时收汇。

启示：

作为信用证的受益人，出口商在收到信用证时应该仔细审阅。受益人审证的依据有三条：一是买卖合同；二是收证时的政策法令；三是备货和船期等实际情况，审查来证内容有无出口方办不到的地方，有无影响出口方安全及时收汇或会增加出口方费用开支的地方。如果发现来证与合同内容不符，必须立即联系开证申请人要求修改信用证。只有在出运前做好审证和改证的工作，才能最大限度地防止“拒付”或“迟付”，为早收汇、安全收汇创造条件。

2. 适用法律存在的争议风险

国际商会只是一个国际性的民间经济组织，不具备国际法上的主体资格，因而不具有在国际上的强制执行权。如果信用证中有明文规定，则按规定条款办理，其效力优先于UCP600。我国《民法通则》第一百四十五条亦规定，涉外合同的当事人可以选择处理所适用的法律，法律另有规定的除外。UCP600属于国际惯例，在信用证声明适用时才发生效力，有时即使有关信用证依据UCP600的规定是有效的，但如违反对其有约束力的法律的强制性规定，也是无效或无法执行的。例如，尽管信用证依据其所选择的UCP600有效，但违反了有关国家的外汇管制法、进出口法等，则当事人也不能执行，特别是对那些外汇管制较严的发展中国家。实际上，信用证的受益人也不可能对所有国家的相关法律、不同时期的政策法规全部知悉。

3. 国家风险

国家风险即进口商的国家风险，主要包括：

（1）外汇管制的风险。进口国的外汇管制可能是交易发生之前就存在的，也可能是突然发生的。有些贸易虽然事先已经知道有外汇管制，但如进口商没有预先申请办妥进口外汇，议付行的收款可能受到阻延甚至收不到。对有可能突然发生外汇管制的国家更要注意，因为一旦该国宣布全面冻结外汇，则由该国开出的信用证也将会被止付。

（2）贸易管制的风险。当前几乎各国对贸易都有管制，且根据需要不断调整和改变管制的具体规定及措施，使出口商很难适应，也给银行增加了收汇的风险。如我国向欧洲某国出口的纺织服装，若超过配额被某国海关扣留，要等到下一年度开始才能进关。如果被扣留服装是冬季的，等到次年春天才清关就错过季节，成为过时商品；如到次年的冬季，那么款式已旧，更加没人要了。在这种情况下，进口方必然拒付，开证行故意寻找不符点，议付行收汇就困难了。

（3）战争或内乱。国际风云变幻无常，一旦进口方国家政局不稳，发生动乱或战争，以致禁止国际汇兑，则议付行将面临更大的风险。

4. 来自开证行的风险

其一是指信用证的开证行因破产或丧失偿付能力而对受益人构成的风险。出口商提供相符单据后，能否从开证行处得到付款，要视开证行是否实力雄厚、经营稳健，具有良好的信用基础。但在一些国家，银行破产的事时有发生，即使一些历史悠久的大银行也不例外，因此开证行倒闭的风险是存在的。开证行一旦倒闭，出口商可凭合同要求买方付款，尚有挽救余地。其二是指开证行的资信、经营作风等方面存在问题而可能给受益人造成的损失。有时开证行并未倒闭，但由于经营管理不善，亏损严重，于是便不顾信誉，千方百计地赖账。有时开证行会根据进口商的要求，无理拒付或严加挑剔，找出不符点，迫使出口商降价，或协同进口商要求法院冻结信用证项下货款的支付。这时，出口方可根据国际惯例据理力争，处理得好，有可能收回货款。

5. 进口商信用不佳的风险

市场行情发生变化时，信用不佳的进口商无理对单据的非实质性不符进行挑剔，拖延甚至拒付货款，使出口商面临收汇的风险。信用不好的进口商的以下行为也给出口商带来了风险：

(1) 不及时开证。进口商没有在规定的期限内开出信用证，使出口商收到信用证时，已临近装运日，无法安排装运。有时，进口商借故拖延甚至不开证，要求改用其他方式支付。

(2) 开立带有软条款的信用证。

信用证软条款的风险

案情：

我国某银行收到国外开来的信用证，其中有下述条款：(1) 检验证书于货物装运前开立并由开证申请人授权的签字人签字，该签字必须由开证行检验；(2) 货物只能待开证申请人指定的船只并由开证行给通知行加押修改后装运，该加押修改必须随同正本单据提交议付。

问题：

该信用证对出口商有怎样的风险？出口商应否接受该信用证？

分析：

本案中的两个条款都属于规定由申请人或其代理人出具的条款，是软条款。如果出口商不加分析地接受该信用证，则会无法控制所提交单据的质量，而失去了要求开证行付款的主动权。

启示：

对信用证软条款的防范，首先要注意出口合同条款的拟定。信用证条款应该是根据合同开出的，合同条款越严密，对各类可能发生的事件考虑得越周到，则出现软条款的机会就越少。反之，如果合同本身不明确，出现了软条款就无法依照合同要求修改。其次对来证要仔细审核，从信用证的生效环节、货物检验环节、货物装船环节到货物验收环节，需一一审查其中是否含有软条款，一旦发现，立即电请开证申请人修改，并说明由此引起的时间延误应通过信用证展期予以弥补。

(3) 开立带有风险条款的信用证。例如：

①正本提单径寄申请人的条款。这种条款的最大风险在于，申请人可不必到银行付款，仅凭手中的提单就可提货，然后逃之夭夭，使受益人蒙受损失。

②限制运输船只、船龄或航线条款。一旦信用证中对有关运输的船只、船龄和航线等做出限定，就给受益人配船设置了障碍，甚至会错失良机，影响货物的及时出运。如"certificate shipping company certifying that the said vessel is less than 10 years of age"，若在临近装船期时无法找到船龄少于10年的远洋货船，而进口方又不同意展期，则只能看着信用证过期失效。

③含空运单及邮包收据条款。空运单和邮包收据只是货物的收据，形式上都是记名的，不是物权凭证，其提货并不以交出运输单据为条件，有时仅凭收据上记载的收货人的

签字就可提货。因此，出口商发货后，虽然掌握着单据，但对货物已失去了控制。

（二）进口商面临的风险

在信用证业务中，进口商面临的最大风险是出口商的信用风险。在出口商无履约能力的情况下，即使进口商如期开出信用证，也无法收到出口商的货物，这对进口商而言就是一种风险，进口商将因此蒙受开证费用的损失和进口商品市场机会的损失等。

进口商的信用风险还来自出口商交货严重违反贸易合同的要求，甚至根本就不交货而用假单据骗取开证行的付款。因为根据 UCP600，银行是凭相符单据付款而不过问货物或事实，对于一个有经验的出口商而言，制作表面上相符的单据并非难事，这最终会使进口商遭受损失。

重视信用证单据条款，防范货物质量风险

案情：

进口商A公司以信用证方式达成一笔交易，单据交到开证行柜台、经开证行确认单证相符，A公司到银行付款赎单并凭以提货，提货后才发现货物规格与合同严重不符，并将直接影响到相应出口合同的履行，遂以货物质量不符为由，要求开证行对外拒付，开证行断然拒绝，A公司遭受重大损失。

分析：

本案例道出了进口商在信用证项下最大的风险———进口货物质量风险。

启示：

信用证业务的特色决定了开证行必须仅凭相符单据对外付款，而不管货物质量如何。虽然进口商可以在信用证之外凭合同，通过双方协商、仲裁或法律等程序解决，但在这一过程中，必将耗费大量人力、物力和财力，且最终也未必都能使问题圆满解决。由此，进口商事先采取一定措施，开证时利用信用证单据条款对货物品质风险进行防范，则显得尤为重要。

（三）开证行面临的风险

开证行面临的风险主要来自申请人的信用和信誉风险，如无理拒付合格单据或开出信用证后进口商拒付。由于对相符单据开证行必须付款，并不受申请人清偿能力或倒闭的影响，所以只要进口商不付款赎单，开证行就要承担无法向申请人追回货款的风险。虽然开证行拥有货权，但处理货物过程中依然存在风险，如货物无销路或要削价处理等。开证行面临的另一风险可能是进出口商合谋欺诈，致使开证行最终遭受损失。如申请人违规、违反国家进口计划或超过进口许可证金额，也会给开证行带来风险。另外，信用证及有关单据的内容及信息传递都会使银行处于风险中。

开证申请人倒闭可以构成开证行拒绝付款的理由吗？

案情：

某出口公司收到一份国外开来的L/C，出口公司按L/C规定将货物装出，但在尚未将

单据送交当地银行议付之前，突然接到开证行通知，称开证申请人已经倒闭，因此开证行不再承担付款责任。

问题：

开证申请人倒闭可以构成开证行拒绝付款的理由吗？如果不可以，那么开证行在付款后，很难从已倒闭的开证申请人那里得到全额付款，结果是银行产生信贷损失。对银行而言，开证业务产生的信贷损失与普通贷款的信贷损失完全一样吗？银行可以采取哪些做法来减少开证业务产生的信贷损失？

分析：

在单证严格相符的情况下，信用证的开证行必须承担第一性的付款责任。银行的第一性付款责任并不因为进口商即开证申请人发生无力或无意愿偿付货款的情况而解除，开证业务的信贷风险与普通贷款的信贷风险的主要区别之处是，开证行在付款后即取得了对货物的所有权，如果进口商不偿还货款，银行可以从变卖货物所得款项中（部分）获偿。在开证业务中，银行管理信用风险的根本在于了解开证申请人（即进口商）的业务及财务情况，在此基础上制定相应的信贷策略。

启示：

在开证业务中，银行管理信用风险的根本在于了解开证申请人（即进口商）的业务及财务情况，例如，公司所在的行业情况，公司的财务流动性等。如果申请人所在的行业竞争激烈，并且商品更新换代很快，那么一旦开证申请人经营不良，或产品滞销，加之流动性偏紧的话，其偿付货款的能力就会受到影响。此外，银行还应对与信用证相关的贸易有所了解。对银行而言，开证业务的信贷风险与普通贷款的信贷风险的主要区别之处是，开证行在付款后即取得了对货物的所有权，如果进口商不偿还货款，银行可以从变卖货物所得款项中（部分）获偿。银行应了解货物的性质，并据此判断从变卖货物所得款项中获偿的可能性，获偿的大致比例及相应成本。

在了解了开证申请人（即进口商）的业务及财务情况，以及货物的性质以后，银行就应制定相应的信贷策略。首先，在开立信用证时，可以根据对进口商的了解，确定是否给予免担保的信贷额度，或是要求一定形式的担保，如要求存入保证金、抵押出口信用证，或要求其他银行的保函担保等。其次，银行需要慎重考虑信贷额度的结构，使信贷额度的金额、期限、币种等都与相应的进口贸易相联系，以确保信贷额度的正当使用。

二、信用证结算方式下的风险防范

（一）信用证项下出口结算的风险防范措施

出口结算涉及出口商、通知行及议付行等。从保障货物和收汇安全的角度，具体从以下几方面加以防范：

（1）掌握开证行的资信。开证行的资信直接关系到出口商及出口银行的利益，因此开证行最好是资信好、偿付能力强、与自己有代理关系的银行。但开证行并不是由出口方选择的，这样，在收到国外开来的信用证时，首先要关心的就是开证行的资信。除了靠平时收集有关信息外，还可以利用以下三个资信评定机构所发表的资料对开证行的资信情况进行了解。这些机构是：①美国的标准普尔公司；②穆迪公司；③英国的国际银行及信用分析机构，简称 IBCA。

(2) 出口商谨慎签约。信用证虽然是与合同独立的，但信用证开出的依据却是合同。因此，出口商在签订合同时，合同中的付款条件一定要具体、明确、完善。如为防止进口商拖延开证，合同中应规定信用证的开出时间；明确信用证的种类，如为“不可撤销”“不可转让”等；列明费用由谁承担；等等。

(3) 认真审证。出口企业应重视审证工作，单证人员严格按照出口合同的规定认真审证，并加强与有关银行的合作，就可以做好审证工作，进而在一定程度上预防出口收汇风险。

(4) 严格按信用证规定制单和交单。出口商应按信用证的要求，正确、及时地缮制所规定的各种单据并在规定的期限内交单。有时，即使是一字之差，也会引起争议和纠纷。

(5) 出口地银行严格审单。

(二) 信用证项下进口结算的风险防范措施

对于申请人和开证行来说，为保障进口货物和付汇的安全，可采取以下几方面的措施：

(1) 谨慎合理地制定信用证的条款。进口商是通过信用证中的各项条款来制约受益人执行合同的，因此，信用证的条款应能最大限度地限制国外不法商人的不轨行为，以保障自身的利益。

(2) 正确处理单据。正确处理单据一是指要认真审核单据，保证审单质量；二是指开证行要保管好单据。

(3) 要求出口商提供银行保函或备用证。当进口商对出口商的资信情况不太了解，而交易金额又较大时，可在合同中定明出口商须提交银行保函或备用证。

(三) 融资风险的防范措施

由于打包贷款和出口押汇属于出口业务项下的融资，故上述信用证出口业务的各项防范措施也是融资时要采取的。除此之外，从这两种融资方式的特点来看，严格对“证权”和“物权”的审查也是要强调的。

从取得打包贷款的“证权”来说，一是要把好申请阶段的审查关。对资信较差、收汇风险较大的国家或地区开来的信用证，应要求第三家一流银行对信用证予以保兑，否则不予发放；二是认真审核信用证的内容，凡信用证条款含糊不清的应要求开证行修改；对信用证中未明确议付行的，也应要求修改，以保证放款能及时收回；三是对于“软条款”信用证，最好不要接受。

从押汇银行取得的“物权”看，银行要认真审核企业提供的抵押单据和货物的真伪，对于金额较大的商品还要熟悉进口方国家的经济政治状况和商品在国际市场上的价格走向。同时要求提供必要的实物抵押，对抵押物的价值应请专家进行科学测算和评估，以确保其价值高于贷款额度，并易于变现，对于一些特殊的大宗商品抵押物，要经公证处公证，向保险公司投保。资金贷放后，要跟踪管理，以保证资金按时收回。

第六节 UCP600 及 eUCP 简介

一、UCP600 的主要内容

UCP600 即《跟单信用证统一规则》(Uniform Customs and Practice for Documentary

Credits，简称 UCP)，是国际商会制定并出版的关于跟单信用证的国际使用规则，是国际贸易和国际结算中最重要的国际惯例之一。

目前使用的是2007年第七次修订本，为国际商会第600号出版物，简称UCP600，于2007年7月1日起实施。UCP600相对于UCP500，做出了比较重大的修改。UCP600的内容共39条，可归纳为：

第1～5条为总则，包括UCP适用范围、定义条款、解释规则、信用证的独立性等。

第6～13条明确了有关信用证的开立、修改、各当事人的关系与责任等问题。

第14～16条是关于单据的审核标准、单证相符或不符的处理规定。

第17～28条属单据条款，包括商业发票、运输单据、保险单据等。

第29～32条规定了有关款项支取的问题。

第33～37条属于银行的免责条款。

第38条是关于可转让信用证的规定。

第39条是关于款项让渡的规定。

迄今为止，UCP600已是一套比较完整、系统、缜密并为各国银行界、贸易界所广泛接受的国际贸易结算惯例。

二、UCP600的性质

UCP600是国际商会推荐给银行界采用的一套业务惯例，它为各种跟单信用证交易提供了指南，成为指导和规范信用证业务不可或缺的通行规则，得到了各国商界和银行的广泛认同，从而促进了国际贸易的发展。然而，UCP600并非建立在法律基础上，它不具有强制性，而只对采用UCP600的银行产生约束力，对不采用的银行没有强制作用和约束力；即使是采用UCP600的银行，也有权在信用证中规定与其不同的条款，如特别条款。

但信用证一旦注明根据UCP600开立，在处理跟单信用证纠纷中法院将会以UCP600作为“法律准则”，即法官们把UCP600当作了“法律”。从这一点上说，跟单信用证是得天独厚的，因为它有一个世界范围内的“统一法律”。在实务中若不注明“Subject to UCP600”之类的文句，信用证将难以被有关当事人接受。我国银行在开立信开本信用证时也都加上了这一文句。

因此，为了顺利开展业务以及处理可能发生的纠纷和争议，了解和熟悉UCP600是非常重要的。本教材在介绍信用证与单据的各部分内容时，都结合UCP600的有关规定来解释。

三、关于eUCP

随着电子网络和计算机技术的发展，世界正在步入“电子（e）时代”，国际结算业务“电子化”“无纸化”是必然的发展趋势。为此，国际商会银行委员会成立专门工作组，编写并出版了《跟单信用证统一规则500关于电子交单的附则》(Supplement to UCP500 for Electronic Presentation)，简称eUCP。自2002年4月1日起生效（版本号1.0)。在UCP600实施后，eUCP仍将作为UCP的补充，国际商会相应地对其升级到1.1版，以明确其与UCP600的关系。

eUCP不是修改UCP，只是一个“增补”。当和UCP联合使用时，为提交信用证项下的电子单据提供必需的规则，以便处理电子交单与纸面单据之间的差别。在电子交单或以电子和纸制单据混合方式提交单据时，要同时使用 eUCP 和 UCP 两个规则。

eUCP 共 12 条，为在电子单据和纸面单据领域中具有不同含义的术语提供了定义。例如“在其表面上看来”、“交单地点”和“签字”等术语，在 eUCP 中考虑到电子环境，都做了重新定义。eUCP 也对电子交单的其他关键问题有所规定，其中包括：

（1）提交电子记录的格式。

（2）银行营业但其系统不能接受电子记录的后果。

（3）拒受电子记录的通知如何办理。

（4）如何定义在电子领域中的正本单据。

（5）电子记录被病毒或其他缺陷损坏时，如何处理。

eUCP 的出版在跟单信用证历史中是一件分水岭的大事。它体现了这样一种认识，即虽然电子单据还是比较新鲜的事物，却代表着将来的发展方向。

第十章

银行保函与备用信用证业务

第一节　银行保函概述

一、银行保函的含义和作用

（一）银行保函的含义

银行保函（letter of guarantee）是指银行应申请人或委托人（合约、交易的一方）的要求向受益人（合约、交易的另一方）开出的书面保证承诺。银行保证在申请人未履行某项义务或受益人在已经履行了合同义务后支付一定款项给受益人。

（二）银行保函的作用

银行保函最主要的作用就是提供一种信用方面的担保，这种担保对国际商品交易和国际工程项目中的出口方或进口方来说是非常重要的。银行保函的信用担保作用可以从两个方面来理解：一是保证合同项下款项的支付，如付款保函、租赁保函、借款保函等，均是银行向受益人保证交易的对方将按期支付合同的价款；二是保证合同的履行，它可以制约申请人必须按期履行其合同义务，以避免和减少违约事件的发生。属于这一类的保函有履约保函、投标保函、预付款保函、保释金保函等。

二、银行保函的关系人和主要内容

（一）银行保函的关系人

（1）申请人（applicant）或称委托人（principal），是向担保银行申请开立保函的当事人，有时是投标人，有时是买方、卖方或承租人等。申请人应是基础合同中负有责任或者义务的一方当事人，其主要责任是履行合同项下的有关义务，并在担保银行按照保函规定向受益人付款后，立即偿还担保行所做的任何支付。保函开具后，申请人有义务向担保银行支付各项费用，如担保费、函电往来等通信费，以及利用国外代理行服务而发生的各种费用。申请人向银行提出开立保函的申请时，要填写申请书，并提供第三者出具的反担保，缴纳保证金，或提供其他财产作抵押。

（2）受益人（beneficiary），是接受保函，并有权按保函规定向担保行索偿的人，一般是与申请人相对的基础合约的另一方当事人。在投标保函和履约保函项下，指招标人；在进口保函项下，指出口方或供货人；在租赁保函项下，指出租人。在保函规定的索偿条件具备时，它有权向担保行提出索赔。即使申请人反对，它的这种权利仍不丧失。

(3) 担保行（guarantor 或 surety），即担保人，是接受委托向受益人开立保函并在申请人违约时承担责任的银行。其责任义务是：当受益人提供了符合保函规定的单据或声明，说明申请人已经违约时，担保行就必须付款。实务中，由于担保行不愿介入合同的纠纷之中，因此保函中的索赔条件也趋向单据化。因此，只要受益人提供了符合保函要求的单据，担保行就是付款银行。担保行在向受益人偿付后，有权向申请人索偿。

(4) 通知行（advising bank），也称转递行（transmitting bank），即受担保银行的委托将保函交给受益人的银行。担保行开出保函后，可直接交给受益人；也可通过当地（受益人所在地）银行通知，以确保其真实性，特别是当担保银行与受益人处于两地时。通知行的责任就是负责核实印鉴或密押以确定保函表面的真实性，不承担保函项下的任何支付。

(5) 反担保人（counter-guarantor）。担保银行为了避免风险，常常要求除申请人以外的第三者对担保行进行再担保，一旦受益人向担保行索赔，担保行付款后，可按反担保协议向提供反担保的当事人索赔。进行反担保后，不仅担保银行的风险降低了，而且由于涉及的当事人多了，申请人的压力也大了，会促使申请人严格履行合同。因此，反担保人就是应申请人的要求向担保行开出书面反担保的人。其责任是：向担保行做出承诺，当担保行在保函项下付款以后，担保行可从反担保人处得到及时、足额的补偿。

(6) 指示行（instructing bank）。受益人有时只接受本国银行出具的保函，要求申请人到受益人所在地的银行申请开具保函往往是不现实的，因为国际业务中的保函受益人和申请人处于不同的国家。此时，申请人只能通过本国的银行转而委托受益人所在地的银行（即担保行），凭申请人往来银行的反担保开出所要求的保函。由于申请人的往来银行不能直接向受益人开具保函，只能作为指示人，指示受益人所在地的银行凭其反担保向受益人出具保函，所以称接受申请人的申请并向受益人所在地的担保行发出委托指示，同时做出在担保行遭到索赔时予以偿付保证的申请人所在地的银行为指示行。

（二）银行保函的主要内容

根据《国际商会见索即付保函统一规则》（ICC458），一项保函至少应有以下的内容：

(1) 有关当事人的名称和地址。保函应清楚地表明申请人、受益人及担保行的名称、地址，如果有通知行、转递行等，也可以将其名称和地址列出。

(2) 要求开立保函的基础交易。保函中应对基础交易加以描述，包括基础交易的合同编号、签订日期、事由及当事人等。虽然保函与基础交易是相互独立的，但开立保函毕竟是为了担保申请人履行基础合同下的义务，而不同的合同中申请人的义务是不相同的，所以要求保函注明其起源的基础交易。

(3) 最高支付金额及币种。通常情况下保函将规定一个最高限额，而不是确定的金额，因为在开立保函时，事先不知道申请人违约给受益人造成损失的程度。该金额将是担保行的责任限度，也是受益人的索偿金额。如果担保金额随履约的比例减少，保函中必须加列递减条款。一般使用的货币也要与合同规定的货币一致。保函中往往注明担保人的最高责任不超过多少金额。

(4) 保函的到期日和/或到期事件。保函的到期日即保函的有效期，是受益人提出索赔的截止期限，实际付款日期与此无关。受益人只有在到期日之前向担保行提出的索赔才能得到支付，否则担保行可以拒绝付款，因此到期日也称失效日，过了到期日保函就失效了。表示到期的方式有两种：一是规定确定的到期日，如 2017 年 6 月 20 日。二是规定失效事件，即以某时间的发生之日为到期日，如施工完毕、交货结束等，但此事件必须以相应的单据证明，如投标保函可以规定在申请人中标并提交了履约保函时失效；履约保函可以规定凭提交的设计师或工程师的完工证明或凭提交申请人的表明基础合同项下的货物已经装运的证明失效。当事人可以选择其中一种或同时采用两种方式。当保函既规定了到期日又规定了失效事件时，保函的到期日以两者中较早发生的为准。

虽然保函规定了到期日和/或到期事件，但当出现下述情况时，保函也失效。①保函金额随着保函项下的支付而递减，在全部金额支付完毕后，保函即失效，即使保函正本尚未退回也是如此。②如果将保函退还给担保人，则认为该保函自动注销。③如果受益人以书面声明形式解除担保人责任，那么不管是否已将保函及修改退还给担保人，也认为该保函的效力告终。

（5）要求付款的条件。这即指保函的付款承诺及有关索赔条件的具体规定。保函要求的条件必须单据化，也就是说索赔的条件仅为提交与保函条款相符的书面索赔书和保函规定的其他单据，这样可避免银行陷入合同纠纷，银行不必去验证客观事实。保函项下所要求有的单据一般为一份书面索赔书，且索赔书必须有书面声明支持，声明申请人未能履行其在基础合同项下的责任，或在投标保函时违反了投标条件。声明书可包含在索赔书中或以独立的单据出具，随索赔书一起提交，并在索赔书中加以引述。有时保函还要求汇票，或为防止受益人的不正当索赔，还会要求其他的单据，如仲裁裁决书、质量鉴定书、检验证等，这些单据和索赔书不同，是由保函及基础合同之外的第三者出具的。

（6）保函金额递减条款。保函可以明确规定，在某个规定的日期或向担保人提交了保函所规定的单据时，保函的金额可以减少某一规定的金额或可以确定的某个金额。如履约保函可以规定，当工程完成至某一进度时，凭项目监理的进度证明，保函的金额可以降至某一金额。当保函金额减少时，担保人应及时通知申请人或指示人。

三、银行保函的种类

人们通常根据保函的内容，将保函分为付款类保函和信用类保函。付款类保函多用于进口结算，进口商从国外进口设备时，可以通过银行向出口商开立付款性保函，保证进口商的付款义务。信用类保函是保证申请人履行所规定的义务，否则由银行承担赔偿责任的一类保函，这种支付是或有的，只有当申请人履约不当或未能履约时，该保函项下的支付才会发生，这类保函在工程投标中使用较多。根据保函与基础合同或交易的关系，将保函划分为从属性保函、独立性保函。根据担保人承担的责任，划分为第一性的保函和第二性的保函。

下面介绍几种较为常见的保函。

（1）投标保函（tender guarantee 或 bid bond）。国际上，对于一些比较大的物资采购和工程项目，往往公开招标，招揽各国公司投标供货或承建工程。在招标时，一般都要求投标者提供一定金额的银行保函，并将它作为投标的条件之一，以表明投标者确有诚意和足够的资力。

（2）履约保函（performance guarantee）。履约保函是银行应供货方或承包方的请求而向买方或业主做出的一种履约保证承诺。银行在保函中保证申请人履行商品或劳务合同，按时、按质、按量地交运货物或完成所承包的工程。如果申请人违约，则受益人有权向担保行索赔。

(3) 预付款保函（advanced payment guarantee）。预付款保函也称还款保函（repayment guarantee）或订金保函（down payment guarantee），是银行应供货人或承包商的委托向买方或业主开具的保函，保证申请人（即供货人或承包方）未发货或未按要求使用预付款时，由银行退还受益人所支付的预付款。

(4) 留置金保函（retention money guarantee），又叫保留款保函。在成套设备进出口交易中，合同中常常规定，合同金额的5%～10%要在设备安装完毕、运转良好、经买方验收后再付，这部分未付款称留置金或预留金。如发现机械设备品质或规格不符合合同规定，双方可经商谈减价，减价的部分便可从这个留置金中抵扣。不仅一些成套设备，对一些易发生损耗和伤残的货物，如中药材等，通常也有一定比例的留置金。有时，卖方要求将留置金随货款先支付给他，买方在卖方提供银行保函的前提下会同意这样做。银行保证货到后若品质不符、短量或伤残时，由卖方或担保行将预支的留置金退还给买方。这种保函叫留置金保函或预留金保函。

(5) 质量保函（quality guarantee）和维修保函（maintenance guarantee）。在供货合同中，尤其在军工产品、机械设备，以及船舶、飞机等资本商品的出口合同中，为保证货物的质量，买方要求银行提供担保，保证如货物质量不符合合同规定而卖方又不能更换或维修时，由担保行赔付买方一定金额以弥补其所受损失。

(6) 付款保函（payment guarantee），是担保行针对买方的付款责任而出具的一种保函，分为即期付款保函和延期付款保函两种。

①即期付款保函，通常是担保行向出口商担保，一旦收到保函中所规定的出口商应出具的各种单据，表明已出运货物或工程已进入或完成某阶段进度，由担保行立即向出口方支付货款或进度款。这种保函是典型的“见索即付”，起到了和信用证一样的作用。

②延期付款保函。在进口大型成套设备时，银行保证进口商从收到达到合同金额的90%～100%的国外装船单据起的一个时间后开始，把合同金额分成若干相等的份额，每隔一定的时间（如每个季度或每半年）支付一定金额并加利息，直到付完为止。这种银行保函就是远期或延期的付款保函。

(7) 租赁保函（lease guarantee），即银行向出租人担保承租人按规定期间付给租金，否则由担保行赔偿的保函。在用租赁方式进口机械、仪器、设备、运输工具时，承租人向出租人提供保函，保证承租人履行合约，按时付给租金，否则，由银行负责赔偿并加付利息给出租人。其实它是一种履约付款保函。

(8) 补偿贸易保函（guarantee for compensation），是在补偿贸易中，银行为进口设备的一方向供给设备的一方提供的书面保证文件，以保证进口方在收到与合同相符的设备后，以该设备生产的产品按合同的规定交付给提供设备的出口方或指定的第三者，以偿付进口设备的价款。如进口方未能按合同规定将产品交给供给设备的一方或指定的第三者，又不能以现汇偿付设备款及利息的，便由担保银行来偿付。

(9) 加工装配保函（guarantee for assembly and processing），是在来料加工和来件装配业务中，银行为进料、进件的一方向供料、供件的一方出具的书面保证文件，以保证进料、进件方收到与合同相符的原料、元件（有时还包括加工、装配所需的小型设备或工具）后，以该原料或元件加工或装配，并按合同规定将成品交付供料或供件方或指定的第三者。如进料、进件方未能按合同规定交付成品，又不能以现汇来偿付的，担保行凭受益人的索赔书予以偿付。

（10）借款保函（loan guarantee），是银行应借款人的申请向国外贷款人开出的保函，银行保证借款人能按期还本付息，否则将由银行凭贷款人的索赔书代为还本付息。

（11）海关免税保函（customs guarantee），是银行给国外海关开立的保证临时进口的商品撤回而不纳税的保函。

（12）透支保函（overdraft guarantee）。透支保函是银行为对外承包工程的公司开立透支账户所做的担保，保函金额一般为透支契约规定的透支限额及利息和费用之和。保函有效期为透支契约规定的结束日再加半个月。

（13）保释金保函（bail bond）。这类保函多用于海事纠纷，在确定责任前，当地法庭要下令扣留船只，只有交纳了保释金才能放行。这时船方若能向当地法庭提供一份银行保函，保证船方按法庭判决赔偿损失，这个保函便能代替保释金，船只就可放行，使之能继续使用。这种银行保函即为保释金保函。

第二节　银行保函业务操作流程

一笔银行保函业务的基本程序大致有以下几个环节：申请人向担保行申请开具保函；担保行审查后开具保函；受益人凭保函要求支付或索赔；担保行对申请人或反担保人追索；保函注销。

一、申请人向担保行申请开具保函

1. 保函申请书

需银行提供保函时，申请人应提前一到两周向银行提出申请（这是给银行的审查和处理时间），并填写申请书。申请书的格式是银行印就的，即“开立保函申请书”。这个申请书是担保银行与申请人之间的契约，也是银行对外开立保函的法律依据。保函申请书一般应包括以下内容：

（1）申请人的名称、地址。

（2）受益人的名称、地址。

（3）保函的类别。

（4）保函的金额、币别。

（5）与保函有关的协议，如投标文件或合同等的名称、日期及号码等。

（6）有关商品或工程的名称、数量等。

（7）保函的开立方式。

（8）保函的有效期。

（9）申请人的责任保证，即当保函的受益人按保函规定的条件向担保行提出索赔时，申请人要对担保行进行偿付，并注明偿付的方法。

（10）申请人必须声明担保行的免责事项，即担保行只处理保函所规定的单据和证明，而对其所涉及的合同项下的货物不负责；并且对单据、文件或证明的真伪及在邮递中可能出现的遗失和延误等不负责；对发出的要求通知、转开、保兑的指示未被执行而造成的损失也不负责。

（11）申请人的联系电话、开户行及账号等。

（12）申请书附件的名称及件数。

申请书必须经申请人的法人代表签字并加盖公章。

保函申请书的格式多种多样，举例如下：

保函申请书

××银行：

______________（以下称申请人）根据第____________合同/标书的规定，兹向贵行申请你行开立金额为________的不可撤销、不可转让的______________担保函，担保有效期从______________起至______________止。贷款卡编号：

受益人名称地址：____________________

通知行/转开行：____________________

开立方式：信开/电开

保函种类：______________

申请人就申请开立上述保函向贵行做如下保证和说明：

一、申请人将按贵行规定提供贵行可接受的反担保及贵行要求的其他文件。

二、请贵行参照所附保函格式开立保函，因保函条款而产生的一切风险由申请人承担。

三、在保函有效期内，如受益人按保函条款规定，要求贵行履行保函项下偿付义务，经贵行审核索赔文件/单据后认为符合保函规定时，贵行可立即借记申请人在贵行开立的任何账户以履行付款责任，申请人对你行为履行担保义务而主动借记申请人账户决不提任何异议，并放弃一切抗辩和追索的权利。

四、申请人保证向贵行支付该保函项下索赔款项、迟付利息、贵行及国外受托行的手续费及其他一切费用（包括电讯费、邮费、印花税等）。上述款项你行可主动借记申请人账户。

五、申请人无条件地同意贵行按有关规定和国际惯例办理保函项下的一切事宜，并由申请人承担由此产生的一切责任和风险。

本申请书是我司与贵行签署的第__________号授信协议不可分割的一部分。

我司同意你行通过__________________对外开立保函。

申请人名称：　　　　申请人公章：

地址：

（中英文）

法定代表人签字：　　　　联系电话：

经办员：　　　　传真：

开户行：　　　　账号：

（2）交保证金或提供反担保。担保行为降低风险，有权要求申请人提供充足的抵押或质押，若申请人不能提供，就必须提供有效的反担保。申请人获得的有效的反担保函是担保行决定是否同意开具保函的重要依据之一。

（3）申请人在提交保函申请书的同时，还应提供项目的有关批准文件、合同副本、反担保文件、保函格式等，送交银行审查。

二、担保行审查后开具保函

（1）担保行审查。担保行没有必须为申请人开出保函的义务，因此银行在接到保函申请书后，要进行多方面的审查，方可决定是否接受申请。重点审查的项目为：①对抵押或质押或反担保的审查，若是实物抵押，应了解抵押物的所有权、可转让性及实际价值；反担保人必须具备资格，拥有足够的资金。②对项目可行性分析和效益的审查，如审查申请人的履约能力、资信状况、经营作风；受益人的信誉、资本情况、经营管理能力或履约能力；项目的先进性；项目所需资金的来源；项目的预计产出情况、价格、成本及行情等。③对申请书的审查，即结合有关的合同、标书等的要求审查申请书的有关内容，若有问题应及时与申请人联系。④有关责任条款是否明确。⑤审查保函格式，在保函格式是由国外受益人提供的情况下，尤其要注意是否有对我方不利的或无理的条款，若有应建议申请人与受益人讨价还价。

（2）担保行开立保函。担保行应根据申请人的要求以直开或转开的形式出具保函。

①直开，是指担保行应申请人的要求，直接以对方为受益人并凭此径直向该受益人承担付款责任的一种方式。它是由申请人的银行开出，而非受益人国家的当地银行出具，只有申请人、受益人、担保行三方当事人。这种保函也称直接保函。

②转开，是申请人所在地的银行（即指示行）以提供反担保的形式委托国外受益人所在地的银行（即转开行）所出具的保函，并由后者承担付款责任。此时保函有四个当事人：指示行、申请人、担保行、受益人。其中指示行只对担保行负责，而受益人要求付款的对象只是担保人，而与指示行无关。与上述直开不同的是，它是由受益人的当地银行开出的，这种保函也称间接保函。

无论是直开还是转开，保函都可以以信和电的形式发出。在直开方式下，担保行既可将保函直接开给受益人，也可通过受益人当地的银行即通知行通知并转递。由于通知行的作用仅限于核验保函表面的真实性，并将保函交给受益人，还可将保函交给申请人自带给受益人。在转开方式下，反担保函和担保函也可直交或通过当地的银行转交。

需要注意的是，保函的正式文本形成后，要确保申请人、受益人和担保行都无异议，并且保函本身没有漏洞，这时才能正式签署，并由担保行有权签字人签字，签字后的保函才能正式生效。

三、受益人凭保函要求支付或索赔

担保行履行付款责任的最基本的先决条件是受益人须提交书面形式的索赔书，并辅以（除保函中可能规定的其他单据外）书面声明（该声明的内容可包含在索赔书本身内或以单独形式出具作为索赔书的随附单据并在索赔书中引述）。声明内容是：申请人未能履行其在基础合同项下的义务；或如属投标保函，违反了投标条件；以及申请人违约所在。

目前多数见索即付保函不要求额外的单据，受益人提交一份书面索赔书（附书面声明）即可，但有时也规定其他单据，如受益人或第三方出具的证明。因此，申请人违约，受益人索赔时，必须准备好保函所规定的索赔文件或单据，并在保函规定的失效日期或失效事件前送达担保行。

担保行享有合理时间审核保函项下索赔书及单据以决定是否付款的权利，由于须审核的单据较为简单，所以一般认为一天左右就足够了。如果担保人决定拒绝索赔要求，应立即用电讯方式或在电讯方式不可能时用其他快捷方式将拒绝付款通知给受益人，并保存保函项下提交的所有单据听候受益人处理。由于受益人尽早地收到了拒付通知，如果拒付是由索赔与保函条款不符引起的，受益人就有机会更改不符之处并在保函有效期内重新提交新的相符单据。若审核单据无误，担保行应向受益人支付。

四、担保行对申请人或反担保人追索

担保行收到索赔后，应毫不延误地将受益人的索赔书和所有相关单据转递给申请人。在直接保函中，担保行必须将单据转递给申请人；在间接保函中，担保行将单据转递给指示行，再由指示行将单据转递给申请人。担保行可在付款前通知，也可在付款后通知，目的是让后者准备支付的资金。

如果是间接保函项下的索赔，担保人收到受益人的索赔要求并付款时，应及时通知指示行，并将受益人提交的单据以及担保行的书面声明交给指示行。书面声明的内容应包括：①担保行已经收到索赔；②索赔符合保函条款；③随附必要的违约声明，该声明可包括在索赔书中或单独出具，凭以从指示行处获得足额补偿。指示行在反担保失效之前收到担保人本人的书面声明及受益人提供的索赔文件或单据时，应进行审核，若审核无误，应立即支付，并从申请人处得到补偿；若发现不符点，可以通知拒付。

五、保函注销

保函注销请参考本书有关保函种类的内容。保函注销后，担保行应收回保函正本。

第三节　备用信用证概述

一、备用信用证的含义和性质

（一）备用信用证的含义

备用信用证（stand-by letter of credit）起源于美国。根据美国联邦银行法，无论是在联邦还是在州注册的银行均不得开立保函，银行为了争取业务，便采取了变通的做法，创造了这种实际上是保函的备用信用证。

美国联邦货币监理署给备用信用证下的定义是：备用信用证是代表开证行对受益人承担一项义务的凭证。在此凭证中，开证行承诺偿还开证申请人的借款或对开证申请人的放款，或在开证申请人未能履约时保证为其支付。《国际备用信用证惯例》（ISP98）中指出，备用信用证的开立是为贷款或预付款，或某一特定的事件的发生或不发生，在到期或违约后的付款提供担保。

（二）备用信用证的性质

备用信用证是不可撤销的、独立的、单据性的及具有约束力的承诺。

首先，备用信用证是不可撤销的，开证行的义务不能由其自行修改或取消，除非备用

信用证中有相反的规定或得到其他当事人的同意。

其次，备用信用证是独立的，开证行的付款义务独立于基础交易合同本身，开证行只是凭单付款，不管事实如何，不管合同的执行情况，也不管单据本身的真伪。ISP98 中规定，备用信用证下开证行义务的实施并不取决于：①开证行从申请人那里获得偿付的权利和能力；②受益人从申请人处获得付款的权利；③在备用信用证中援用了任何偿付协议或基础交易；④开证行对任何偿付协议或基础交易的履约或违约情况了解与否。

最后，备用信用证是单据性的，开证行的义务取决于单据的提示（只要收到了备用信用证要求的以及提示的单据即构成了提示），开证行有权对所提示的单据表面上审核是否与备用信用证中注明的条款相符以及单据之间的一致情况。

二、备用信用证的关系人和种类

（一）备用信用证的关系人

（1）申请人（applicant），是申请开立备用信用证的或为他人申请开立备用信用证的人，包括以自己的名义但是为了另一个人而申请的人或以其自身原因行事的开证申请人。

（2）受益人（beneficiary），是根据备用信用证有资格获得付款的指定人。

（3）开证行（issuing bank），是接受申请人的申请开出备用信用证的银行。开证行开出备用信用证后，等于向受益人承诺，对表面上符合备用信用证条款的付款提示，开证行将即期支付提示所要求的金额。当备用信用证中规定通过承兑受益人开出以开证行为付款人的汇票这种方式承付时，开证行应及时承兑汇票，并在到期时付款；若规定开证行对受益人要求作延期付款，则开证行应及时承担延期付款义务，并在到期时付款；若规定议付，开证行应无追索地即期支付所要求的金额。

（4）保兑人（confirmer），是指在开证行的指定下，对开证行的承诺加上自身保证承付该证的担保人。保兑人是独立的，与开证行的地位相同。

（5）通知行（advising bank），是指受开证行的指定，将备用信用证交给受益人的银行。通知行有权不向受益人通知，但要及时将此决定告知开证行；一旦决定通知，即要核实备用信用证的表面真实性，并及时通知。

（6）指定人（nominated person），与跟单信用证一样，备用信用证可以指定其他人进行通知、接受提示，做出转让、保兑、付款、议付，承担延期付款的义务或承兑汇票。这种指定并不迫使被指定人采取行动，除非被指定人同意。

（7）提示人（presenter），是指作为或代表受益人或指定人进行提示的人。

（二）备用信用证的种类

常用备用信用证的种类如下：

（1）履约备用信用证（performance standby L/C），是开证行对某项履约义务（而非支付款项）进行的担保，包括对由于申请人在基础交易中不履约而引起损失的付款义务进行担保。

（2）预付款备用信用证（advance payment standby L/C），是对申请人收到受益人预付款而承担义务的一种备用信用证。

（3）投标备用信用证（bid bond/tender bond standby L/C），是开证行保证如果申请人中标，一定执行合同义务的备用信用证。

（4）融资备用信用证（financial standby L/C），是对付款义务进行担保，包括证明借款义务的任何凭证。

(5) 保险备用信用证 (insurance standby L/C)，是对申请人的保险或再保险义务进行的担保。

(6) 商业备用信用证 (commercial standby L/C)，是开证行为申请人对货物或服务的付款义务进行的担保。当申请人不能以其他方式付款时，可采用这种商业备用信用证。

(7) 背对背备用信用证 (counter standby L/C)，是对背对背备用信用证下受益人所开立的单独备用信用证或其他承诺进行的担保。

第四节　备用信用证操作流程

一、备用信用证的业务程序

备用信用证曾适用于UCP500，被视为一种特殊的信用证，因此业务程序与信用证是相似的，从申请到开证、通知、付款等基本一致（详情请见第九章的第二节）。结合ISP98，现将备用信用证业务中的重要环节加以介绍。

二、备用信用证业务中有关环节的要求

(一) 备用信用证的修改

备用信用证开出后，可能对金额、到期日等提出修改。若备用信用证中表明可以“自动修改”，则该修改自动生效，无须任何进一步的通知，即这种修改可以被认为没有修改而生效。如果备用信用证中无自动修改的规定，那么受益人只有同意后，才受此修改的约束。受益人的同意意愿必须明确地通知发出修改的一方，除非受益人提示的单据与修改后的备用信用证一致（而不是与修改前的一致）。在无自动修改的备用信用证项下，对于开证行来说，当其发出修改后就要受修改的约束。保兑行有权对修改不予保兑，若相反，则保兑行也是在修改发出后即对其产生约束。

备用信用证的修改必须通过同一通知行通知；如果在修改或撤销之前备用信用证已被使用（付款、议付、承兑等），则此项修改或撤销或展期无效，毫不影响开证人对指定人承担的义务；只对部分修改同意的视为拒绝整个修改。

(二) 备用信用证的提示

受益人交付备用信用证要求的单据即为提示。备用信用证中应表明提示的时间、地点及位置、接受提示的人和方式。

(1) 一份提示必须标明凭以提示的备用信用证。可选用的方式是：①注明备用信用证的完整号码和名称，以及开证人的地点或附上备用信用证的原件或副本；②如开证人不能从收到的单据的表面上判定是否根据该证来处理此单据，或不能确定与该单据有关的备用信用证，则要等到能认定时才视为提示。

(2) 提示地点和对象。一项相符的提示必须是在备用信用证中注明的地点或位置作出。

(3) 提示的时间和方式。适时的提示应在开立备用信用证以后以及在到期日之前。单据必须以备用信用证中注明的方式进行提示（电子方式或纸化单据），若未注明方式，单

据必须以纸化单据的形式提示。

（4）多次提示和金额。除非备用信用证表明“禁止多次提示”，否则可以作出一次以上的提示：除非注明“禁止多次提款”或类似的表示，否则作出的提示可以少于可使用的全部金额；若提出的要求超过了备用信用证可使用的总金额，则该提示被视为不符；使用“大约”等相似意义的词，允许所指的金额增减10%。

（5）提示的独立性。若提出一次不相符的提示，那么撤销一次提示并不影响另一次适时的提示，无论备用信用证中是否禁止部分或多次的提示或提款（对提示的索偿）；不正确地对一次相符提示的拒付，并不构成对备用信用证下任何其他提示的拒付或对该证的拒付。

（三）审核

开证行被提示后，应审核所提示的单据表面上是否与备用信用证中注明的条款相符，并根据备用信用证的规定审核单据之间是否一致。审核时，以下几点应予注意：

（1）非备用信用证要求的单据无须审核。要么退还受益人，要么随其他提示的单据一起递交。

（2）单据的开立日期可以早于但不得迟于提示日期。

（3）除非在备用信用证中注明该单据必须签署，否则无须签署。所要求的签署可以用任何方式，只要与提示的签署单据的载体相符，除非备用信用证中要求注明签署人的身份，否则不一定要表明身份。

（4）提示的单据必须是正本。对于电子记录的提示，在允许或要求电子提示的情况下，认为是“正本”，除非在表面上看起来是从正本复制的。一份提示的单据被认为是“正本”，只要签名或证明看起来是原始的，即使看起来是从正本复制来的单据也被认为是正本。要求提示“副本”的备用信用证，允许提示正本或副本，除非备用信用证中注明只应提示副本或注明全部正本的去向。如果要求多份的同一单据，必须只有一份是正本，除非要求“两份正本”或“多份正本”或要求“两份”“双份的”（此情况下，前者必须提供正本，后者可以提示正本或副本）。

（四）拒付

若开证行认为提示不符，有权拒付，但必须在单据提示以后一段合理的时间（3个营业日内）发出拒付通知，若超过5个营业日将被认为是不合理的。拒付通知可以通过电讯方式或其他快捷的方式发送给交单人，拒付通知中要注明凭以拒付的全部不符点。如果没有按备用信用证指定的时间和方式在拒付通知中加入不符点，就不能在含有该不符点单据的再提示中声明这种不符点（不同的提示则不受影响）；如果没有发出拒付通知，则开证行在到期时就有义务付款。

在存在不符点的情况下，开证行可自行决定或在提示人的要求下，联系申请人放弃不符点。申请人应以快捷的方式及时通知开证人，拒绝接受不相符的提示，若未及时通知，申请人就不能对开证行声称其收到的单据在表面上有任何不符点或其他问题，但这并不影响拒绝在同一或不同备用信用证下的任何不同的提示。

（五）转让取款权利

这里的转让是指受益人请求开证行或指定人支付款项给另外的第三者。只有规定可以转让，备用信用证才可转让。

第十一章

国际保理业务

第一节　国际保理概述

一、国际保理的含义和特征

（一）国际保理的含义

国际保理又叫国际付款保理或保付代理、承购出口应收账款业务等。它是商业银行或其附属机构通过收购消费品出口债权而向出口商提供坏账担保、应收账款管理、贸易融资等服务的综合性金融业务。其核心内容是以收购出口债权的方式提供出口融资和风险担保。

提供保理服务的公司即保理公司或保理商。保理商通常是国际上一些资信良好、实力雄厚的跨国银行或其全资附属公司。这些公司虽然是独立于银行的法人，但它又依托于银行，并以银行为后盾。银行的地位、声誉、网络信息和资金等都可以为其所用。

（二）国际保理的特征

保理服务作为一种综合性的贸易服务方式，具有以下几个基本特点：

1. 债权的承购与转让

在保理服务发展的初期阶段，银行凭借以发票所代表的债权为抵押提供融资，然后用收回的债款偿还融资，但这种以发票形式所表示的债权转让在当时并不能使保理商有效地对抗第三者权益和债务人的反索。只有在保理商购入债权，而不是将债权作为抵押并作为自己的资产进行业务处理时，才能有效地对抗第三者权益和债务人的反索。

保理商通过购买债权能够获得对债款不受任何影响的所有权，唯有它拥有全额收取债款的权利，并用收回的债款补偿它预付的收购价款，这也是保理商和出口商签订保理协议的主要目的之一。保理协议中所限定的债权应属于可依法获得但尚未实际占有的动产，除少部分以流通票据表示的债权外，其余均为无形动产。

2. 保理商在核准的信用额度内承担坏账风险损失

为了明确保理商对因债务人清偿能力不足而形成呆账、坏账所承担的风险责任，保理商通常必须为出口商的所有客户逐一核定信用销售限额，以控制业务风险。对限额之内的应收账款即已核准应收账款（approved receivable），保理商提供100％的坏账担保，保理商没有追索权。对于超过信用额度的销售即未核准应收账款，保理商仅提供有追索权融资。

3. 为赊销或承兑交单托收方式提供风险担保

出口商将应收账款卖断给保理商后，一旦海外进口商拒付货款或不能按期付款，全部风险就将由保理商承担。而且，如果支付货币与本国货币不一致，由此形成的收汇风险也由保理商单独承担。保理服务保障了手续简便、资金周转快的赊销方式在发达国家的发展，促进了发达国家之间贸易的进一步增长。

二、国际保理的种类和服务内容

（一）国际保理的种类

在保理业务的发展过程中，产生了多种不同的保理方式，根据涉及的当事人及其权利和义务的不同，可将这些保理方式分为以下几种类型。

（1）双保理。双保理是指在保理业务中，有两家或者两家以上的保理商共同合作，为供应商提供应收账款融资、管理、催收及买方付款担保的任何一项保理服务。在双保理机制中，参加国际保付代理业务的有关当事人主要有：进口商、出口商、进口保理商和出口保理商。双保理方式适用于进出口商双方所在国都有保理商的国家和地区背景下。

（2）单保理。单保理指只涉及一方保理商的国际保理业务。单保理模式下往往出口地银行不是出口保理商，它与出口商之间没有订立保理合同，所以不是保理业务的当事人，而是中间媒介。因此，单保理有3个当事人：出口商、进口保理商和进口商。单保理模式是国际贸易运用保理业务较早时期的产物，现在主要适用于国内保理业务。随着国际保理业务的发展和保理商业务水平的提高，单保理模式逐渐已为双保理模式所取代。单保理模式适用于出口商所在国家（或地区）没有保理商的背景下。

（3）直接进口保理。直接进口保理机制只涉及三方当事人，即出口商、进口商和进口保理商。出口商和进口保理商签订保理协议，当出口商发货后，将发票直接寄给进口保理商，由进口保理商负责收取债款和提供坏账担保。与双保理和单保理相比，直接进口保理免去了出口保理商这一环节，具有操作简便、效率高、收费较低等优点。

（4）直接出口保理。直接出口保理机制涉及三方当事人，即出口商、进口商和出口保理商。出口商在发货后，将发票寄给出口保理商，由出口保理商负责向债务人收取债款并提供坏账担保。直接出口保理源于国内保理业务，后逐渐发展到用于国际结算，并得到了广泛的运用。双保理机制出现以后，该机制受到了很大的冲击，至今只有少部分保理商保留了这种方式。

（5）背对背保理。在背对背保理机制中涉及五方当事人，即出口商、出口保理商、进口保理商、经销商和债务人（产品购买者）。其中，出口商、出口保理商、进口保理商与双保理机制相同。

（6）其他保理形式。除上述几种主要的保理形式外还有无追索权保理和有追索权保理、融资保理和到期保理、公开保理和隐蔽保理等。

（二）国际保理的服务内容

国际保理提供的服务内容至少包括以下几项中的两项：

1. 贸易融资

出口商在发货或提供技术服务后，将代表应收账款的销售发票交给保理商，保理公司可在信用额度内预付发票金额的70%～80%的货款，余下20%的收购价款于货款收妥后再进行清算，这样就基本上解决了在途和信用销售的资金占用问题。

2. 进口商的资信调查及信用评估

保理商可利用国际保理商联合会广泛的网络和官方民间的咨询机构，也可利用其母银行的分支机构和代理网络，通过各种渠道，收集有关进口商的背景、实力、潜在的发展机会，以及对客户资信有直接影响的外汇管制、外贸体制、金融政策、国家政局变化的最新动态资料。保理公司本身也有高效率的调研部门及企业信息数据库，拥有专业的、有经验的资信人才和信贷专家，这些便利条件使保理商能够迅速、及时地掌握客户资信变化情况，对企业资信做出权威、专业、迅捷的评估，并应出口商要求，提供企业资信报告。在此基础上，对出口商的每个客户核定合理的信用销售额度，并将坏账风险降至最低。

3. 债款催收

债款催收（collection from debtor）特别是跨国度收债是一门专门的学问和技术。保理商拥有专门的收债技术和丰富的收债经验，并可运用其母公司作为资本雄厚的大银行的威慑力量，催促进口商遵守信用按时付款。而且，在通行的双保理机制中，出口地的保理商与进口地的保理商往往签订相互合作的协定，这使跨国度收债转变为境内收债，减小了催款的难度，增大了债务按期偿还的可能性。因此，销售与收债两个环节的分离，既节省了出口商的营运资金，又免除了其对跨国度收债存在的顾虑。

4. 销售分账户管理

销售分账户是出口商与债务人（进口商）交易的记录。在保理业务中，出口商可将其管理权授予保理公司，从而可集中力量进行生产、经营管理和销售，并减少了相应的财务管理人员和办公设备，从而缩小了办公占用面积。保理公司可利用其完备的账户管理制度和先进的办公设备，利用电脑自动进行诸如记账、催收、清算、计息收费、打印等工作，向出口商提供各种统计报表和往来账户对账单。由于保理商负责收取货款、寄送账单和查询催收工作，供应商还可节省大量的邮电费和电话费等管理费用。

5. 信用风险担保

保理的一个十分重要的功能，也是为出口商所特别看重的一点，就是保理商对已核准的应收账款提供100%的坏账风险担保。通常在保理协议生效前，出口商要填写信用额度申请表，如实填报进口商概况、出口产品、预计出口总额、价格条件、付款条件等，请求为自己的客户核定一个信用销售额度。保理公司以书面通知核准的应收账款，名为"已核准应收账款"，对此保理公司提供100%的坏账担保。如果进口商在付款到期日拒付货款，则出口保理商在付款到期后90天内无条件地向出口商支付所购买的价款。

三、国际保理的影响

（一）保理服务对出口商的影响

1. 有利于出口商尽快收回资金，提高资金的使用效益

出口商将货物装运完毕，即可立即获得不超过发票金额80%的有追索权贸易融资，缩短了资金回收的周期，保证了较为充足的营运资金，加速了资本的周转。在经济萧条时期，有助于出口商应付因资金周转缓慢而造成的资金困难等问题；在经济繁荣时期，充足

的营运资金促使出口商发展业务，扩大经营。同时还可以有效地防止成长型出口企业超营运资金经营，即在市场看好、产品畅销时期，企业的生产经营规模迅速膨胀，以至于超过营运资金的承受能力，出现清偿能力不足的问题，影响企业的正常发展。保理服务可以帮助解决这类问题。保理商提供的融资数量是由出口商的销售额决定的，融资总额随着出口商经营规模的扩大而相应加大，两者保持同步增长，使处于发展阶段的出口企业能得到足够的营运资本金来支持这种增长。

2. 有利于出口商转移风险

只要出口商的商品品质和交货条件符合贸易合同的规定，在保理商无追索权地购买其出口债权后，出口商就可以将信用风险和汇率风险转嫁给保理商，潜在的坏账风险大大减小，债款回收率明显提高。

3. 能节省非生产性费用

出口商把售后管理交给保理商代管后，可以集中力量进行生产、经营和销售，并可相应减少财务管理人员和办公设备，办公用房占用面积也可相应缩小，从而可以减少日益昂贵的人头费用和房屋租金；而且，由于保理商负责收取货款、寄送账单和查询催收工作，出口商不仅可以节省大量的账务管理费用，如邮电费和电话费等，还可以最大限度地减少因会计人员休假、生病等人为因素给工作带来的影响。

4. 有利于出口商获取有关信息

由于保理商熟悉海外市场和商业活动的情况，在很大程度上保障了对进口商资信调查的准确性和真实性，为出口商决定是否向进口商提供商业信用提供了可靠依据。保理商还经常向中小出口商就海外市场情况和进口国的有关法规提出出口建议，替它们寻找买主和代理商，协助其打进国际市场，增强其竞争能力。

5. 有利于维护和提高出口商的资信

由于出售应收账款的预收款计入出口商正常的销售收入，这就提高了出口商的资产与负债比率，改善了其资产负债表（balance sheet）的状况，有助于出口商资信的提高，有利于出口商的有价证券上市和进一步采用其他融资方式。而且由于资金状况改善而带来更佳的选购机遇。例如，出口商因资金充裕，可以批量购进生产资料，从而享受优惠价格和折扣，也可持币待购，在市价最有利时买入。

6. 增大出口成本

对出口商的不利之处是会提高出口成本并因此导致出口价格上升或出口利润下降。保理服务对出口商的影响是很直接、明显的。

（二）保理服务对进口商的影响

保理服务对进口商的影响是间接的和不明显的。出口商采用保理服务使进口商能以非信用证方式支付货款。

1. 避免积压和占用资金

保理服务适用赊销方式购买商品，进口商不需要向银行申请开立信用证，免去交付押金，从而减少资金积压，避免信用额度的减少，降低进口成本。

2. 简化进口手续

通过保理业务，买方可迅速得到急需的进口物资，大大节省要求开证、催证等时间，简化了进口手续。

当然，采用保理业务，出口商将办理该项业务有关的费用转移到出口货价中，增加了进口商的成本负担。但是，由于保理服务的费率较低，一般为业务量的 0.75%～2.5%，货价提高的金额一般仍低于因交付开证押金而蒙受的利息损失。

国际保理业务对出口商和进口商的益处如表 11－1 所示。

表 11－1　国际保理业务对出口商和进口商的益处

益 处	出口商	进口商
增加营业额	对于新的或现有的客户提供更有竞争力的 O/A（赊账交易）、D/A 优惠付款条件，以拓展海外市场，增加营业额	利用 O/A、D/A 优惠付款条件，以有限的资本购进更多货物，加快资金流动，扩大营业额
风险保障	进口商的信用风险转由保理商承担，出口商可以得到 100%的收汇保障	因公司的信誉和良好的财务表现而获得进口保理商的信贷，无须抵押
节约成本	资信调查、账务管理和账款追收都由保理商负责，减轻业务负担，节约管理成本	省却了开立信用证和处理繁杂文件的费用
简化手续	免除了一般信用证交易的烦琐手续	在批准信用额度后，购买手续简化，进货快捷
扩大利润	由于出口额扩大、降低了管理成本、排除了信用风险和坏账损失，利润随之增加	由于加快了资金和货物的流动，业务量提高，从而增加了利润

第二节　国际保理业务操作流程

我们以最为常见的双保理模式为例，说明国际保理的业务程序（如图 11－1 所示）。

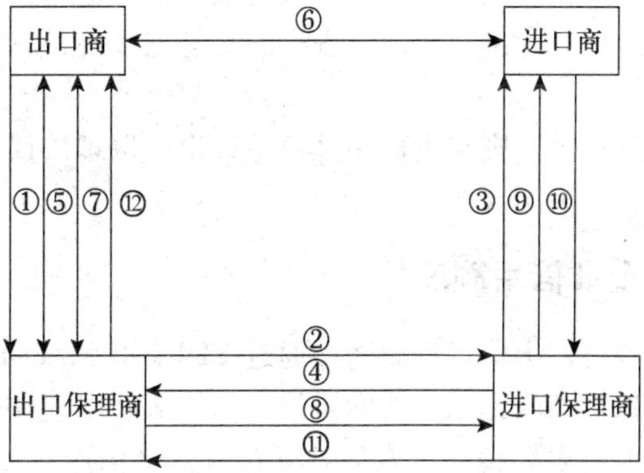

图 11－1　国际保理（双保理）业务程序图

说明：①出口保理申请书；②转递申请；③资信评估；④通知核定信用额度；⑤出口保理协议；⑥签订买卖合同、发货、寄单；⑦交单副本获 80%货款；⑧通知；⑨催款；⑩发票到期日付款；⑪转交货款；⑫支付货款余额。

一、出口商与出口保理商洽商

出口商必须就准备达成的买卖合同先与出口地保理商联系，经保理商同意准备叙做保理业务后，则填写由出口保理商提供的《信用额度申请表》。申请表的内容主要包括：进出口商名称、详细地址、出口商品或服务的名称和类别、对进口国的估计销售量和估计价格、付款条件、销售发票和货项清单的数目、申请金额及币种等。信用额度分单笔信用额度和循环信用额度两种，前者只能使用一次，而后者可以多次重复使用，即当进口商支付了一笔应收账款后，该笔应收账款代表的额度可以再次使用若干期。如果出口商品系分批装运，则适合申请循环额度；如果是一次性出运，则适合申请单笔信用额度。

二、出口保理商联系进口保理商

出口保理商对出口商的经营状况和已填好的《信用额度申请表》进行正常审查后，根据进口地情况选择进口保理商，并通过电子数据交换系统（EDI）向进口保理商发送《出口商信息表》和《初步额度申请表》，说明如下内容并据以报价：

（1）买卖的商品或劳务的特点；

（2）预计交易额；

（3）付款条件；

（4）买方的数量和概况；

（5）预计交易额下发票数。

三、进口保理商核定初步信用额度

进口保理商收到有关交易资料后，立即着手对进口商的资信进行调查，并将调查结果、可以向进口商提供的信用额度的具体建议以及自己的条件和报价（费率），发送“信用额度回复”信息以通知出口保理商。根据国际保理商联合会的有关规定，进口保理商应在 14 个工作日内答复出口保理商。

四、出口保理商与出口商签订出口保理协议

如进口商资信可靠，向其提供信用额度建议的数字也真实可信，出口保理商即将调查的结果通知出口商，对出口商与进口商即将进行的交易加以确认，并与之进一步洽商，提出自己的条件和报价。

如果出口商同意接受报价，则与出口保理商签订出口保理协议，然后在协议规定的信用额度内与进口商正式订立买卖合同。

五、进口保理商批准信用额度

出口保理协议一经签订，出口保理商随即通过 EDI 保理系统向进口保理商提出正式的信用额度申请。当进口保理商收到已签署的协议和信用额度申请这两条信息，与《出口商信息表》和《初步额度申请表》核对审查后，则正式批准信用额度和信用额度有效期限，并在 14 个工作日内正式通知出口保理商。正式批准信用额度下的应收账款是进口保理商认可的应收账款。

六、出口商转让应收账款

出口商按合同装运货物后，将代表应收账款的单据提交给出口保理商，以转让债权。

如果合同中规定的付款条件是赊销方式，那么出口商可以直接将单据寄给进口商，只需向出口保理商提交发票副本。但当出口商向出口保理商申请融资时，出口保理商会要求

出口商提交全套正本单据。后者对全套单据审核无误后，将给予出口商预付款，一般预付金额为发票金额的80%，并在收到单据后1～2个工作日内将款项划到出口商账户上。在D/P和D/A条件下，出口商应将全套正本单据提交给出口保理商，再由出口保理商将单据转给进口保理商办理托收。与一般贸易结算方式不同的是，出口商在制作单据时，需在发票各联印刷或粘贴“转让条款”，注明发票项下的全部债权均已在法律上转让给进口保理商，进口保理商成为债权人。这一转让过户文句不可遗漏。这种债权转让也可以以“介绍信”的方式通知进口商。如果是与进口商首次通过保理方式作业的出口商，一般需在单据中随附这样一份介绍信，以解释保理安排，并指示进口商在得到进一步通知之前，对由出口商提供的所有货物或服务，都向保理商进行支付。介绍信的格式和内容一般由进口保理商提供。

七、保理商承购应收账款

出口保理商按发票金额扣除利息和承购费用后，立即或在双方商定的日期将货款支付给出口商，并将单据寄送给进口保理商。出口保理商通常为出口商开立往来账户和贴现账户两个账户。往来账户用来记录保理商和出口商双方之间的一切经济往来。出口商售给保理商的所有应收账款均记入贷方，保理商对出口商支付的所有收购价款包括保理费和贴现费均记入借方。该账户的贷方余额代表已转让给保理商的债款中尚欠出口商的剩余部分。往来账户每月向出口商提供一次，或出口商可通过计算机终端随时查看。

贴现账户用来记录提供融资的情况。保理商对出口商的所有预付款融资及管理费、贴现费均借记该账户，所有收回的货款贷记该账户。该账户的借方余额代表着保理商收付款的差额，即提供预付款融资的余额，贴现费就是根据该账户的每日余额按照保理协议规定的贴现率计算出来的。但卖方不必负担因买方倒闭等形成的坏账的贴息。在获悉买方破产倒闭的同时，该买方名下的所有已核准应收账款会被立即贷记贴现账户，作为已收回款项对待，损失由保理商承担。

八、应收账款的催收和付款

进口保理商收到出口保理商寄来的发票后，记入应收账款，之后开始负责向进口商催收货款并向出口保理商提交会计记录。当进口商付款后，进口保理商应立即将扣除保理佣金后的余额向出口保理商划付。如果在收妥进口商的付款后，进口保理商没有及时将款项付给出口保理商，则进口保理商应赔偿出口保理商从应付日到实付日以两倍伦敦同业拆放利率计算出的利息，并支付任何由于延迟支付而使出口保理商所遭受的汇率损失。如果对该相关货币没有伦敦同业拆放利率的报价，则应使用出口保理商对该货币可获得的最低拆借利率的两倍以计算利息。如果是由于不能控制的原因造成进口保理商不能立即将收妥的款项付给出口保理商，则进口保理商应立即向出口保理商说明原因，并向出口保理商支付从应付日到实付日按最低拆借利率计算出的利息。

若出口保理商在发票到期日后未能收到进口保理商的付款，出口保理商有义务向进口保理商催收。进口保理商收到催收通知后，应当立即向进口商追讨债务。保理商追讨债务的技术是专业化的，且方式多样。万一追讨失败，保理商还可在征得出口商同意后，通过法律手段收取欠款。

根据国际保理商协会发布的《国际保理业务惯例规则》(1994年修订本)，进口保理商应承担任何已核准应收账款项下进口商未能按照合同条款，于到期日支付所产生的损失风险。若进口商在付款到期后 90 天内仍未付款，进口保理商应于第 90 天对出口保理商付款。如果保理商没有按上述要求对出口保理商付款，则进口保理商必须负责向出口保理商支付从应该付款日到实际付款日整个期间的利息损失。

九、争议及其解决

进口商拒绝付款的原因也可能来自贸易合同纠纷，而保理商并不承担因这类争议而产生的拒付风险。

如果进口商收到货物后，发现出口商没有严格按照合同执行，可以提出异议，向进口保理商发出争议通知书。进口保理商当立即通过 EDI 保理系统将争议通知书转给出口保理商，同时宣布终止已经核准的信用额度。争议通知书中应包括所有保理商所了解的关于应收账款和该争议情况的细节和信息。出口保理商接此通知书后，应立即无延误地以最快捷方式通知出口商。此时，出口商应立即与进口商联系，采取积极的态度去解决争议。同时，出口商应随时向出口保理商通报进展情况。出口保理商则应将进展情况转告进口保理商。根据《国际保理业务惯例规则》，如果出口保理商收到争议通知后 60 天内未与进口保理商联系，则进口保理商不再对此笔应收账款负责。如果争议在出口保理商收到争议通知后 365 天之内得到有利于出口商的解决结果，而且在争议期间，出口商和出口保理商均积极努力地解决争议，出口保理商将争议处理过程的情况定期地向进口保理商报告，进口保理商应重新将争议项下的应收账款视为认可的应收账款。然而，如果在 365 天的期限内，进口商正式破产或做出了一般的破产声明或破产通知，那么进口保理商在争议解决之前仍然承担风险。

进口保理商应与出口保理商合作，帮助其解决争议。

第十二章

包买票据业务

第一节　包买票据业务概述

一、包买票据的含义和特点

（一）包买票据的含义

包买票据（forfeiting）业务又被称为“福费廷”，指商业银行对出口商持有并经银行担保的债权凭证无追索权购买（贴现）的业务活动。它源于法语“a forfeit”，意即放弃权利，在此是买断或无追索权购买之意。

包买票据业务中最常见的债权凭证是汇票和本票，它们代表着出口收款权。汇票由出口商出具，由作为汇票付款人的进口商以承兑方式确认其债务责任；本票由进口商出具，出口商为本票收款人。在通常情况下，汇票或本票应由进口商邀请当地知名银行担保。

包买票据业务是一种独具特色的金融服务业务和重要的中长期贸易融资方式，它主要适用于资本货物的出口。

（二）包买票据的特点

（1）主要提供中期贸易融资。包买票据的融资期限一般是3～7年，以5年居多，但最短可以是3个月。包买票据业务的融资期限与资本性物资交易的付款期限是基本一致的。

（2）融资金额一般较大。包买商购买的票据金额一般应在100万美元以上，金额越大越好。如果金额过小，不仅会增加客户的融资成本，而且会抵消包买业务的长处，使之失去竞争力和吸引力。反之，金额较大，就会降低客户的融资负担（成本），充分发挥包买票据业务的优势。

（3）按规定的时间间隔出具债权凭证。贸易合同规定，进口商应以分期付款方式支付货款，通常是每半年还款一次。在出票时也应以此为基础，按融资期限分成金额相等的若干张票据，每半年有一张到期。

（4）使用最通用的货币。原则上讲，凡是在货币市场上可自由交易或兑换的货币计价的商品交易均可叙做包买票据业务，如美元、日元、欧元、英镑等。但在实际中，大部分叙做包买票据业务的交易都是以美元、欧元以及英镑作为计价货币，这主要是因为这几种货币是欧洲金融市场上最通用的货币，其交易量大，有利于包买商匹配资金，消除利率风险和汇率风险。

（5）债权凭证应由进口方银行担保。除非进口商是信誉卓著的政府机构或跨国公司，否则债权凭证必须要由能使包买商接受的银行或其他机构无条件地、不可撤销地进行保付或提供独立的担保。

（6）债权凭证的购买无追索权。即使包买商到期不能从进口商或担保银行收回票款，也不能要求出口商退还所付款项，收不到票款的损失由包买商自己承担。

（7）以正常贸易为背景。一般不涉及军事产品等。

二、包买票据业务的起源及发展

包买票据业务起源于第二次世界大战后的东西方贸易。当时饱受战火摧残的东欧各国需要向美国购买大量谷物，但又因外汇短缺而需向对方融通资金。在这种情况下，富有长期贸易融资经验的瑞士苏黎世银行协会便以美国向东欧国家出口谷物为背景率先开办了以融资为目的的包买票据业务。随后，人们发现包买票据业务付款期限较长、金额较大等特点使它更适合于资本性物资商品贸易。

目前，世界上绝大多数的国际知名商业银行都在积极介入包买票据业务。特别是自20世纪60年代中期瑞士信贷银行成立附属公司——苏黎世融资公司——正式经营包买票据业务以来，许多著名大银行先后成立了专门的包买公司或包买业务部。在伦敦有巴克莱银行、劳合银行、米特兰银行、国民西敏寺银行等；在纽约有大通曼哈顿银行、太平洋安全银行、花旗银行、欧文信托银行、芝加哥银行等。目前，中国银行等国内银行也在着手开办该项业务。

在包买票据业务迅速推广的同时，包买票据业务技术和市场机制不断改进：

第一，形成了包买票据的二级市场。包买商在向出口商购买作为债权凭证的远期票据后，如果由于某些原因，不愿将自己的资金束缚在这种投资上，可将所持有的全套或一期或几期远期票据出售给二级包买商，二级包买商还可再转让远期票据的一期或几期或全套。每期票据都是一份独立、完整的债权凭证，持有它即享有全部票据权利。目前伦敦的包买票据二级市场最为活跃。不过，出口商出于保守商业秘密的考虑，有时会要求初级包买商保证其得到的票据不在二级市场上转让，或在包买协议中加列限制条款而使包买票据难以转让。

第二，出现了包买辛迪加。由于包买协议涉及的交易金额较大，包买商出于资金和信用额度的限制或出于分散风险的考虑，往往联合其他包买商组成辛迪加（银团），共同对某笔大额（5 000万美元以上）交易提供包买票据服务。

第三，提供可变利率融资。采用可变利率的包买业务仅限于二级市场。即初级包买商在二级市场上以当时的贴现率出售票据，并规定在将来约定的时间不断加以调整。但由于这种做法背离了包买票据业务提供固定利率的宗旨，所以包买商一般不愿以可变利率方式进行大量交易。

第四，银行提供风险担保。为彻底清除业务风险，初级包买商有时会邀请当地的一家或几家银行对自己打算或已经叙做的包买业务提供风险担保。这种担保是独立于进口方银行担保之外的完整法律文件，担保行（又叫风险参与银行）对由任何来自进口商、担保行的信用风险和债务人所在国的国家风险造成的票款迟付或拒付，负有不可撤销的和无条件赔付责任。风险担保或风险参与的作用相当于提供出口信用保险。

第二节　包买票据业务操作流程

一、包买票据业务的操作程序

（一）出口商询价

出口商在与进口商进行贸易洽谈的早期阶段，就应主动向包买商联系询价，了解包买商是否愿意就该笔交易进行洽谈以及它对银行担保等方面的要求。在得到包买商的肯定答复后，出口商即可正式提出申请，主要内容有：

（1）需要融资的金额、货币和期限。

（2）出口商的详细情况，包括名称、注册地点、营业地点、资信状况等。

（3）进口商的详细情况，包括名称、注册地点、营业地点、资信状况等。

（4）将要提交的票据种类，即汇票还是本票。

（5）担保行的名称及其所在国家。

（6）担保方式，即是保付签字，还是担保函。

（7）分期付款的面额、间隔和到期日。

（8）出口商品的名称及类别。

（9）预计交货期。

（10）预计提交票据的时间。

（11）有关的进出口许可证或特许、授权书是否已办妥。

（12）票据的付款地。

（二）包买商报价

包买商应从以下几个方面来考虑是否承做这笔业务：

（1）对进口商所在国家或地区核定的信用限额是否有足够的余额来承做该笔业务。如余额不足，能否通过二级市场来分散国家风险。

（2）对担保人资信进行评估。

（3）商品交易本身是否属正常的国际贸易。

（4）有无对买卖双方资信状况产生不利影响的记载及报告。

（5）必要时，能否以有利可图的价格在二级市场上转卖票据。

弄清以上问题后，包买商即可表明自己的态度，并提出希望采用的贴现率。

（三）签订包买合同

当包买商的报价被出口商接受后，双方即可正式签订包买合同。其主要内容包括项目概况、债权凭证、贴现金额、货币和期限、贴现率与费用、当事人责任与义务等。

订立包买合同意味着包买商承担了将来按某种价格向出口商购买某种票据的责任和义务。

（四）签订贸易合同

出口商将已确定的融资费用计入成本，向进口商报价，只要报价被对方接受，即可正式签订贸易合同。

(五) 出口商发货、寄单和出具汇票

贸易合同签订后，出口商即可发运货物，备齐单据，并将单据通过当地银行寄交进口方银行。如果合同规定债权凭证为汇票，那么出口商还应签发汇票并寄给进口商。

(六) 进口商申请银行担保

进口商收到出口商寄来的汇票后应予以承兑并申请银行担保。如果合同规定债权凭证为本票，则出口商不必签发汇票而由进口商签发本票并申请银行担保。

(七) 进口商借单提货

接到出口银行寄来的单据后，进口方银行可在一定条件下，将单据借给进口商。进口商即可凭单提货。

(八) 包买商购进债权凭证

出口商收到经银行担保的债权凭证后，即可按包买协议规定出售给包买商，一次性提前收回货款。包买商购进债权凭证后应持有票据，按不同到期日依次向进口商或担保银行索偿，或在二级市场上售出。

二、包买票据业务的成本和费用

包买票据业务的成本和费用主要有：贴现率与贴息、选期费、承担费、担保费和宽限期贴息等。

(一) 贴现率与贴息

贴现率一般是固定的，其高低由进口国的综合风险系数、融资期限、融资货币的筹资成本等决定。具体而言，贴现率通常是按包买合同签订日或交割日的 LIBOR（伦敦银行同业拆放利率）计算，并加计利差（margin）。利差是包买商根据融资成本、所承担的风险和所希望得到的利润来确定的。

贴息是根据融资金额和贴现率（discount rate）计算出来的融资成本。

(二) 选期费

选期费是包买商收取的选择期（option period）补偿费用。选择期是指包买商给予出口商根据商业谈判的结果来决定是否要求包买商提供贸易融资的一段时间（从签订包买合同至签订贸易合同）。

选择期根据交易商品的类别、金额而长短不一，在正常情况下通常为几天。如果选择期不超过 48 小时，包买商一般不收费；如果超过 48 小时，则需要收取一定的风险承担费用，即选期费。

(三) 承担费

承担费是包买商收取的承担期（commitment period）补偿费用，承担期是指从包买双方达成交易到实际交付债权凭证进行贴现这段时期（从签订包买合同至交付债权凭证）。在这段时间内，包买商因对该项交易承担了融资责任而相应限制了其承担其他交易的能力以及承担了利率和汇率风险，所以要收取一定的费用，即承担费。

承担期不是事先固定的，但一般不超过 6 个月。银行一旦承诺为出口商贴现票据，那么从签订包买合同起的任何一天都有可能实际贴现付款，如中途出口商因某种原因未能履约，包买商要蒙受一定的资金损失。因此，收取相应的费用是合理的，承担费率一般为年率 0.5%～2.0%。

计算公式为：

承担费＝票据面值×年承担费率×承诺天数/360

（四）担保费

进口方银行因出具保函或对票据加保而向进口商收取的风险费和手续费。

（五）宽限期贴息

宽限期又叫多收期，指从票据到期日至实际收款日的估计延期天数。由于各国法律规定的不同和各个银行工作效率的差异以及其他因素，可能造成票款的迟付，增加收款人成本。包买行为弥补可能发生的损失，通常要在报价时加算几日（一般为 3～7 天）的贴息，即宽限期贴息。

除担保费外，以上费用表面上都是由出口商承担的，但出口商早已将这些费用通过加价转嫁给了进口商，因此，实际上是进口商承担了主要成本和费用。

第十三章

跨境贸易人民币结算业务

第一节　跨境贸易人民币结算业务概述

一、跨境贸易人民币结算的定义和实施原因

（一）跨境贸易人民币结算的定义

跨境贸易人民币结算（RMB cross-border trade settlement）是指境内符合条件的企业在自愿的基础上，按照规定的结算模式使用人民币进行跨境贸易收支。其具体包括以下含义：

（1）从事跨境贸易人民币结算的企业须符合规定条件。根据《跨境贸易人民币结算试点管理办法》规定，申请企业须通过所在地省级政府并协调当地有关部门推荐，由中国人民银行会同相关管理部门审核同意后，方可从事跨境贸易人民币结算业务。该规定的主要目的是希望在试点起步阶段确保业务的风险可控，但可以预见，随着跨境贸易人民币结算业务的进一步发展，从事此类业务的企业会越来越多。

（2）从事该项业务应满足自愿原则。因此，即便企业可以从事该项业务，也可以在跨境贸易收支中使用外币，相关管理部门既不能强制也不能无故禁止企业从事跨境贸易人民币结算。

（3）企业应通过规定的结算模式实现人民币的跨境收支。为便于统一管理，目前只有两类结算模式可供选择，即清算行模式与境内代理模式。但随着业务的开展，未来会有越来越多的其他结算模式可供选择。例如，2010 年 8 月 31 日，中国人民银行发布了《境外机构人民币银行结算账户管理办法》，明确境外机构可在境内银行申请开立人民币结算账户，用于依法开展的各类跨境人民币业务。

（二）实施跨境贸易人民币结算的原因

实施跨境贸易人民币结算，主要与人民币地位、结算需要以及逐步成熟的技术条件有关。其原因具体如下：

（1）使用人民币结算与人民币在周边国家或地区的地位紧密相关，特别是 2005 年人民币汇率形成机制改革后，人民币币值稳中有升，人民币在周边国家或地区广受欢迎。

（2）使用人民币结算有利于国内企业出口。受 2007 年爆发的国际金融危机影响，美

元、欧元等主要结算货币汇率大幅波动，国内企业面临较大的汇率风险。在严峻的国际贸易形势下，使用人民币结算将有利于国内企业规避汇率风险，改善贸易条件，确保对外贸易的稳定增长。

（3）使用人民币结算需通过国内的人民币支付清算系统来实现，经过多年的发展，我国已初步具备了所需的技术条件，且完全有能力满足跨境贸易人民币结算需要。与此同时，由于人民币是我国的法定货币，使用人民币结算将对拓宽境内金融机构业务范围、增加业务收入发挥作用。

除此之外，使用人民币结算是我国树立负责任大国形象，并向周边国家或地区提供金融支持以应对金融危机的重要举措。自2007年以来，中国人民银行先后与韩国、中国香港、新加坡、马来西亚等国家或地区的货币当局签署了双边本币互换协议，因此只有允许在跨境贸易中使用人民币结算，才能使外国货币当局从货币互换中获得的人民币成为可使用通货。

二、《跨境贸易人民币结算试点管理办法》的主要内容

2009年7月1日发布的《跨境贸易人民币结算试点管理办法》共计27条，对跨境贸易人民币结算中涉及的主体、业务程序以及信息监测与监管等多项内容进行了较为全面的规定。其具体包括以下八个方面的内容。

（一）试点企业的选择与银行分类的规定

试点地区政府负责协调商务、人民银行、海关、税务等部门，并确定跨境贸易人民币结算试点企业。为试点企业提供人民币结算服务的境内银行包括为试点企业开户的境内结算银行（domestic settlement bank）和为境外参加银行（overseas participating bank）开户的境内代理银行（domestic agent bank），这些境内银行须向中国人民银行当地分支机构备案，以落实相关监督管理规定。

境内结算银行是指境内具有国际结算能力、为试点企业开户的银行。其具体业务包括：按规定办理跨境贸易人民币结算国际收支统计申报；按中国人民银行相关要求接入人民币跨境收付信息管理系统（cross-border RMB receipt and payment information management system）并报送人民币跨境收付信息。境内代理银行是指为境外参加银行开立人民币同业往来账户的境内银行。境内代理银行可以同时作为境内结算银行，并为试点企业办理人民币结算业务，但境内结算银行却不一定是境内代理银行。境外参加银行则是指那些直接或间接为境外企业提供开户服务，并在港澳地区人民币业务清算行或境内代理银行开户的境外银行。

（二）对人民币跨境清算渠道的规定

《跨境贸易人民币结算试点管理办法》规定，试点企业既可以通过中国港澳地区人民币业务清算行（RMB clearing banks in Hong Kong and Macau，以下简称港澳清算行），又可以通过境内代理银行进行贸易项下人民币清算。在这里，港澳清算行是指经中国人民银行和中国香港、中国澳门金融管理局认可，已加入中国人民银行现代化支付系统并办理港澳人民币清算业务的商业银行。目前，中国香港的人民币清算行是中国银行（香港）有限公司，澳门地区人民币清算行是中国银行（澳门）有限公司。

（三）对开立人民币账户的规定

境内代理银行可以与境外参加银行签订人民币代理结算协议，为其开立人民币同业往来账户。利用该账户，境外参加银行可以为开户企业提供人民币收支服务。

（四）对兑换和融资的规定

允许境外参加银行在一定限额内向境内代理银行购买人民币铺底资金。境内代理银行可依境外参加银行要求兑换人民币，并可为境外参加银行办理贸易结算项下的人民币融资业务，用于贸易及账户头寸临时性需求。港澳清算行可以从境内外汇市场、银行间同业拆借市场兑换人民币或融资。上述兑换比例和融资限额均由中国人民银行规定。此外，明确了境内结算银行可以为境外企业提供人民币贸易融资，但融资额度以贸易合同金额为限。

（五）对贸易真实性审核和反洗钱要求的规定

境内结算银行应当按照中国人民银行的规定，对交易单证的真实性及其与人民币收支的一致性进行合理性审查。境内结算银行和境内代理银行应当按照反洗钱相关规定，采取有效措施，了解客户交易目的和交易性质，确保能重现每笔交易。

（六）对出口货物退（免）税和不纳入外汇核销管理的规定

使用人民币结算的出口贸易，享受出口货物退（免）税政策。试点企业的跨境贸易人民币收支不纳入外汇核销管理，办理报关和出口货物退（免）税时无须提供外汇核销单。

（七）对国际收支统计申报和外债登记管理的规定

对跨境贸易人民币结算业务中涉及的国际收支，试点企业和境内银行应当按照有关规定办理统计申报。境内代理银行办理购售人民币业务，应按规定进行购售人民币统计。跨境贸易人民币结算项下涉及的居民对非居民的人民币负债，暂按外债统计监测有关规定办理登记，但不纳入现行的外债管理。目前，境内企业借取外债须到国家外汇管理局办理外债登记与核准手续，但根据该规定，由跨境贸易人民币结算所形成的外债则无须办理登记预核准手续，只需满足统计监测要求即可。

（八）对信息监测和监督管理的规定

中国人民银行建立人民币跨境收付信息管理系统，对人民币跨境收付情况进行统计、分析与监测；同时有权对境内结算银行、境内代理银行和试点企业开展业务检查。一旦发现违规情况，可依法进行处罚。同时，中国人民银行与其他管理部门还建立了必要的信息共享机制，以形成对跨境贸易人民币结算的监管合力。

案情：

A企业是一家从事轻工产品生产、加工及出口的外商独资企业，其客户遍布世界各地，A企业是首批跨境贸易人民币结算试点企业。2010年8月，中国人民银行当地分支机构对A企业的人民币结算业务进行了例行检查，发现有两笔业务涉嫌违规。

第一笔涉及来料加工业务。2009年10月，A企业与境外B企业签订来料加工合同，根据合同，B企业将向A企业提供生产资料，A企业则按照要求生产产品并出口至B企业，A企业按合同金额的4.05%收取加工费。2010年3月，在A企业将产品出口至B企业后，B企业却向其支付了占合同金额50%的加工费。境内结算银行在未经询问证实的情况下，就擅自为A企业办理了人民币款项的入账手续。

第二笔涉及一般出口业务。2009年11月，A企业向境外C企业出口了一批货物，但A企业始终未在境内收取该笔款项，也不向相关管理部门汇报。直至在检查期间，A企业才匆忙从境外收取该笔款项，而银行的SWIFT报文显示，付款人是境外的D企业。

问题：在本案例中，企业或银行都违反了哪些规定？为什么？

分析：（1）在第一笔业务中，根据《跨境贸易人民币结算试点管理办法》（以下简称

《办法》）及其实施细则的规定，试点企业从事来料加工业务，如收取人民币资金超过合同金额的30%，试点企业应自收到境外人民币货款之日起10个工作日内向其境内结算银行补交规定的说明材料与凭证。若未在规定时间内补交规定的说明材料与凭证，境内结算银行不得为其继续办理超过合同金额30%的人民币资金收付。事实上，《办法》及其实施细则之所以规定30%的比例，是因为根据目前来料加工惯例，加工费一般不会超过合同金额的30%，即便超过该比例，只要交易合理合法，且能提供证明材料，也可为其办理收款手续。

根据以上规定，A企业在收到合同金额50%的加工费后，应及时补交规定的说明材料与凭证。同时，在收到补充说明材料前，境内结算银行不得为其办理超比例的人民币资金收付。经调查发现，A企业之所以实际收取加工费比例高于合同比例，是因为B企业是其境外关联企业，基于境内投机套利目的，B企业利用高报加工费率方式向境内转移资金，并由A企业代其运作。因此，在此案中，无论是A企业还是境内结算银行均涉嫌违规。

（2）在第二笔业务中，根据《办法》及其实施细则规定，试点企业在货物出口后210天时，如仍未将人民币款项汇回境内，应当在5个工作日内通过境内结算银行向人民币跨境收付信息系统报送该笔货物的未收回金额及对应的出口报关单号，并向境内结算银行提供相关资料。如该企业拟将出口人民币收入存放境外，应通过其境内结算银行向中国人民银行当地分支机构备案，并向人民币跨境收付信息系统报送存放境外的人民币资金金额、开户银行、账号、用途及对应的出口报关单号等信息。

根据以上规定，A企业的收款期限已明显超过了210天，同时也不向人民币跨境收付信息系统及境内结算银行进行报备。经调查发现，A企业擅自将出口人民币款项拆借给境外的D企业（A企业的关联企业），因此，A企业不仅违反了《办法》，还严重违反了现行资本项目管理规定（向境外拆借须得到外汇管理局的批准）。

第二节　跨境贸易人民币结算模式及其操作流程

根据《跨境贸易人民币结算试点管理办法》规定，跨境贸易人民币结算主要采取两类清算渠道进行结算，分别是清算行渠道与境内代理银行渠道。两类渠道决定了两类结算模式，分别是清算行模式与境内代理银行模式。本节将结合进出口贸易流程分别介绍两类结算模式的基本原理。

一、清算行模式与境内代理银行模式下的人民币结算流程

（一）出口收入人民币结算流程——清算行模式

清算行模式的基本原理是，人民币收付均通过港澳清算行进行过渡与周转，即境外参加银行通过在港澳清算行开立账户收支人民币，境内结算银行则通过内地共用系统——中国现代化支付系统——实现与港澳清算行间的人民币收支，进出口企业继而通过境内结算银行与境外参加银行最终实现人民币结算。这里的中国现代化支付系统，是中国人民银行按照我国支付清算需要，利用现代计算机技术和通信网络开发建设的，能够高效、安全地处理各不同银行办理异地、同城各种人民币支付业务及其资金清算的应用系统，它是商业

银行之间和商业银行与中国人民银行之间的支付业务资金最终清算系统。

该模式有以下特点：一是流出入境内的人民币渠道单一化，即人民币跨境收支只能通过港澳清算行进行过渡；二是风险可控，且管理较为容易。货币当局仅需对港澳清算行实施调控，即可调节跨境人民币收支的整体规模；三是结算链条过长，不仅会给企业带来较重的结算费用负担，还会使其结算时间更长。

在港澳清算行模式下，出口收入人民币结算流程主要包括以下步骤（见图 13－1）。

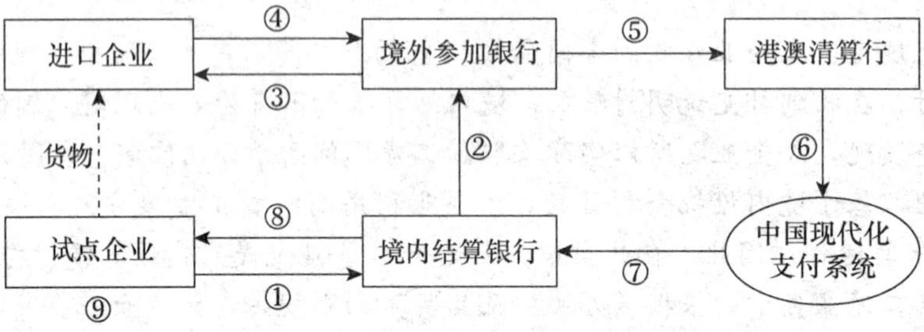

图 13－1　出口收入人民币结算流程（港澳清算行模式）

说明：①提交出口单据；②寄单要求付款；③提示付款；④发出付款指令；⑤发送付款指令；⑥向支付系统提交指令；⑦从支付系统收到来账业务；⑧为试点企业入账；⑨办理国际收支申报等手续。

首先，试点企业与境外企业签订出口合同并发货。试点企业将相关单据交给境内结算银行，委托其从境外收取货款。境内结算银行通过寄送相关单据，要求境外参加银行付款。

其次，境外参加银行向境外企业提示付款。如果境外参加银行并不是境外企业的开户行，则需要向境外企业的开户行提示付款。为简化起见，以下内容均假设境外企业的开户行就是境外参加银行（实践中绝大部分境外企业也都采用了这种方式）。

境外企业向境外参加银行发出付款指令。境外参加银行随后向它的开户行——港澳清算行——发出付款指令，请求其付款给境内结算银行。港澳清算行通过中国现代化支付系统完成对境内结算银行的支付，随后，境内结算银行再将相应的人民币款项贷记试点企业的人民币账户。

最后，试点企业须按照要求做好国际收支申报手续。

（二）进口支付人民币结算流程——清算行模式

在港澳清算行模式下，进口支付人民币结算流程类似于出口收入人民币结算流程，唯一不同的是结算方向发生了改变（见图 13－2），在此不再赘述。

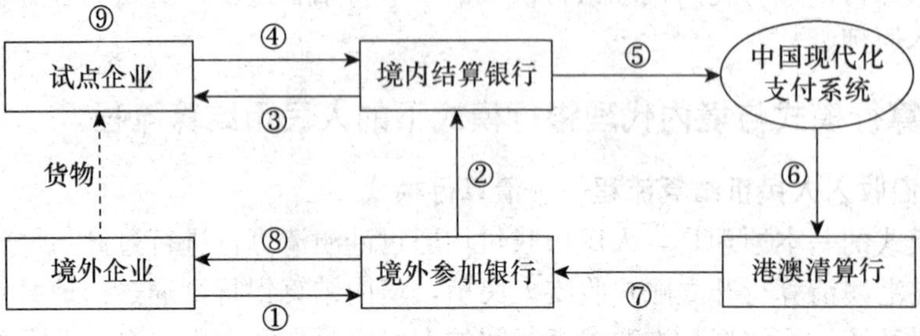

图 13－2　进口支付人民币结算流程（港澳清算行模式）

说明：①提交出口单据；②寄单要求付款；③提示付款；④发出付款指令；⑤发送付款指令；⑥从支付系统收到来账业务；⑦将收款指令发送境外参加银行；⑧为境外企业入账；⑨办理国际收支申报等手续。

（三）出口收入人民币结算流程——境内代理银行模式

境内代理银行模式的基本原理是，人民币收付均通过境内代理银行进行过渡与周转，即境外参加银行通过在境内代理银行开立账户收支人民币，境内结算银行则与境内代理银行实现人民币收支，进出口企业分别通过境内结算银行与境外参加银行最终实现人民币结算。

该模式有以下特点：一是境内代理银行数量远多于港澳清算行数量，流出入境内的人民币通道实现了“多元化”；二是风险有所上升。境内管理部门须对多家境内代理银行实施监管，方能确保风险可控；三是结算链条有所缩短，企业的结算费用与结算时间有所下降。

在境内代理行模式下，出口收入人民币结算流程主要包括以下步骤（见图 13－3）。

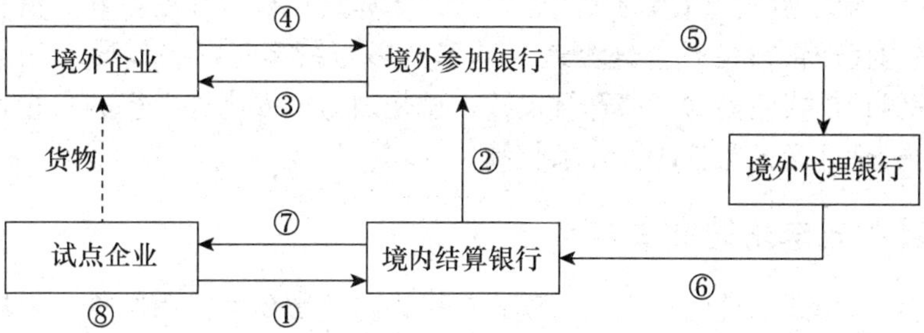

图 13－3　出口收入人民币结算流程（境内代理银行模式）

说明：①提交出口单据；②寄单要求付款；③提示付款；④发出付款指令；⑤提交汇款指令；⑥将收款指令发送给境内结算银行；⑦为试点企业入账；⑧办理国际收支申报等手续。

首先，试点企业与境外企业签订出口合同并发货。试点企业将相关单据交给境内结算银行，委托其收取货款。境内结算银行寄送相关单据，要求境外参加银行付款。

其次，境外参加银行向境外企业提示付款。境外企业向境外参加银行发出付款指令，境外参加银行再向它的开户行——境内代理银行——发出付款指令，请求其付款给境内结算银行，境内代理银行通过转账方式完成对境内结算银行的支付。境内结算银行则将相应的人民币款项贷记试点企业人民币账户。

最后，试点企业须按照要求做好国际收支申报手续。

（四）进口支付人民币结算流程——境内代理银行模式

在境内代理银行模式下，进口支付人民币结算流程类似于出口收入人民币流程，唯一的不同是结算方向发生了改变（见图 13－4），在此不再赘述。

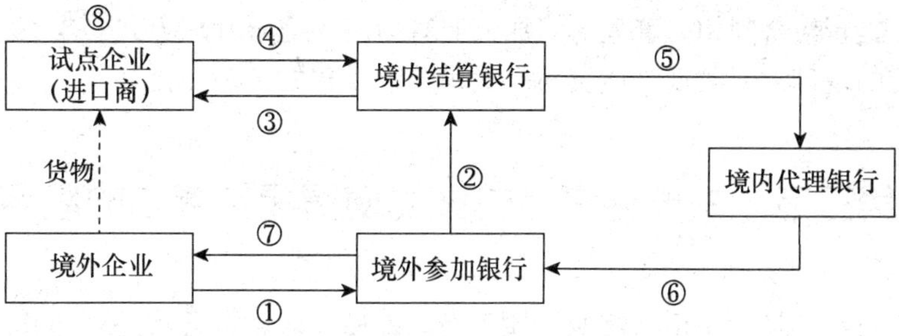

图 13－4　进口支付人民币结算流程（境内代理银行模式）

说明：①提交出口单据；②寄单要求付款；③提示付款；④发出付款指令；⑤提交付款指令；⑥将收款指令发送给境外参加银行；⑦为境外企业入账；⑧办理国际收支申报等手续。

二、清算行模式与境内代理银行模式的比较

清算行模式与境内代理银行模式主要有以下的相同点与不同点。

在相同点方面，一是两种模式均通过境外中资或境内银行作为人民币跨境收支通道。清算行模式是通过中国银行在香港与澳门的分支机构，境内代理银行模式则是全部通过境内银行。这样做的好处是可以确保风险可控，一旦国际收支出现不利变动，中国人民银行能迅速进行控制。二是境外参加银行均需在港澳清算行或境内代理银行开立人民币账户，并利用该账户实现人民币收支。

在不同点方面，一是清算行模式实质上是“境外代理银行”模式，因为港澳清算行均位于港澳地区，均受港澳货币当局的监管。二是结算路径长短存在差异。清算行模式的结算路径长于境内代理银行模式，这会造成结算费用与结算时间的差异。三是管理风险不同。境内代理银行模式明显高于清算行模式，这是因为境内代理银行的数量远高于港澳清算行数量，对管理部门的监管能力要求较高。

三、结算模式未来的发展方向

目前，清算行模式与境内代理银行模式对促进跨境贸易人民币结算的发展均发挥了积极作用。但这两类模式无疑均存在缺陷，清算行模式过于单一，也容易导致港澳清算行的业务垄断，企业结算效率较低；境内代理银行模式虽增加了银行竞争，避免了业务垄断，但增加了管理风险，同时结算程序仍然冗长。

综合上述优缺点，未来跨境贸易人民币结算模式的发展方向可能会向以下两个方向发展：

一是境外代理银行模式。除中国香港与中国澳门外，所有与中国内地有贸易往来的国家或地区都可以成立一家或数家境外代理银行，但前提是须经过当地货币当局的批准。在这种模式下，境外代理银行均应加入中国现代化支付系统，结算流程类似于港澳清算行模式，该模式可大大降低港澳清算行的业务垄断程度。在初始阶段，可鼓励中资银行的海外分行成为境外代理银行，经一段时间试点后，逐步推广至境外银行也可以成为代理银行。

二是境外企业直接在境内结算银行开立人民币账户。目前，部分边境地区以及上海、广东等已经开始试点。这种模式的最大好处是减少了结算程序，降低了企业的结算费用，缩短了结算时间。

上述两种模式也存在缺点，特别是人民币收支通道的“多元化”会产生管理风险。因此，中国人民银行应会同相关管理部门加大监管力度，完善管理方式、丰富监管手段，在确保风险可控的基础上，实现跨境贸易人民币结算模式的“多元化”。

第三节　主要结算方式在跨境贸易结算中的应用

在介绍完跨境贸易人民币结算业务原理及结算模式后，本节将结合前几章的内容，详细地介绍汇付（电汇、票汇）、托收（跟单托收）以及信用证等主要结算方式在跨境贸易人民币结算中的应用。鉴于清算行模式相对境内代理银行模式更为复杂，因此本节将以清算行模式为例，结合中国港澳地区进出口实际，具体说明上述几类结算方式的使用。境内

代理银行模式则留作思考题，供学生练习使用。

一、汇付（电汇）

下面将分别从出口与进口两个方面阐述汇付（电汇）在跨境贸易人民币结算中的使用。

（一）出口流程

在采用电汇作为结算方式时，港澳进口企业应根据合同条款向试点企业支付人民币款项，具体包括六步（见图 13－5）。

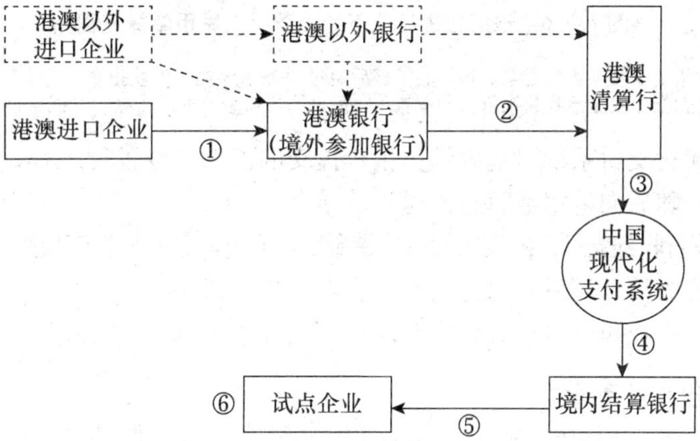

图 13－5　电汇在出口项下跨境贸易人民币结算流程

说明：①提交汇款指令及相关资料；②审核后通过业务系统提交汇款指令；③向支付系统提交汇款指令；④支付系统将汇款指令发送给境内结算银行；⑤审核后为企业办理入账手续；⑥试点企业办理国际收支申报。

（1）港澳进口企业向港澳银行（境外参加银行，以下同）提交汇款指令，指令中的收款银行是试点企业开有人民币账户的境内结算银行。港澳以外进口企业也可以通过直接或间接地在港澳银行开户等方式实现人民币支付。

（2）港澳银行经审核处理后，通过业务系统向港澳清算行提交汇款指令。

（3）港澳清算行收到汇款指令后，经检查无误并借记港澳银行人民币账户，将汇款指令发送至中国现代化支付系统。

（4）中国现代化支付系统对港澳清算行发来的汇款指令进行合规性检查，并贷记境内结算银行人民币账户，随后将汇款指令发送至境内结算银行。

（5）境内结算银行收到系统发来的业务指令，经审核无误后为试点企业办理入账手续。

（6）试点企业收妥贸易款项后，按照要求办理国际收支申报等手续。

（二）进口流程

试点企业利用电汇向港澳出口企业支付人民币款项时，具体流程类似于出口，主要包括六步（见图 13－6）。

（1）试点企业向境内结算银行提交汇款凭证及相关贸易背景资料，背景材料主要是为了证明贸易支付的真实性。

（2）境内结算银行对试点企业提交的凭证及资料进行审核后，向中国现代化支付系统提交汇款指令，同时借记试点企业人民币账户。

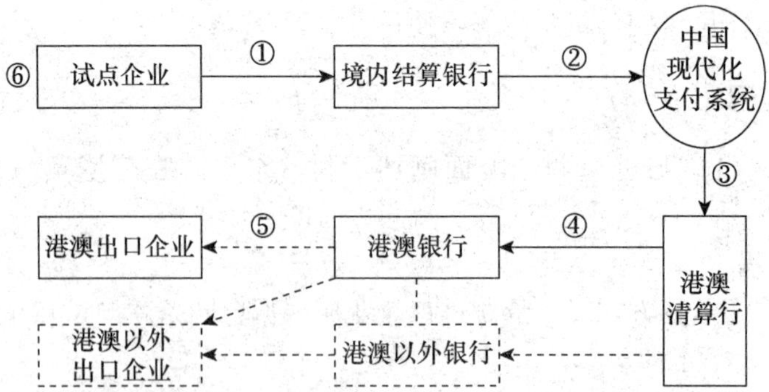

图 13-6 电汇在进口项下跨境贸易人民币结算流程

说明：①提交汇款指令及相关贸易背景资料；②审核后通过业务系统提交汇款指令；③支付系统将汇款指令发送给港澳清算行；④将收款指令发送给收款银行；⑤审查无误后，为出口企业办理入账；⑥试点企业办理国际收支申报。

(3) 中国现代化支付系统对境内结算银行提交的汇款指令进行审查，并借记境内结算银行人民币账户，随后向港澳清算行发送汇款指令。

(4) 港澳清算行收到支付系统发来的汇款指令后，通过业务系统将汇款指令转发港澳银行。

(5) 港澳银行收妥款项后，为港澳出口企业办理入账手续。

(6) 境内试点企业付妥款项后，应及时办理国际收支申报等手续。

二、光票托收（支票）

目前，光票托收（支票）主要在东南沿海地区的试点企业中使用，本部分将以广州试点企业与港澳企业采取支票结算为例，说明光票托收（支票）在跨境贸易人民币结算中的具体流程。

（一）出口流程

采用光票托收（支票）结算方式，试点企业主要通过 13 步实现收取相关人民币款项（见图 13-7）。

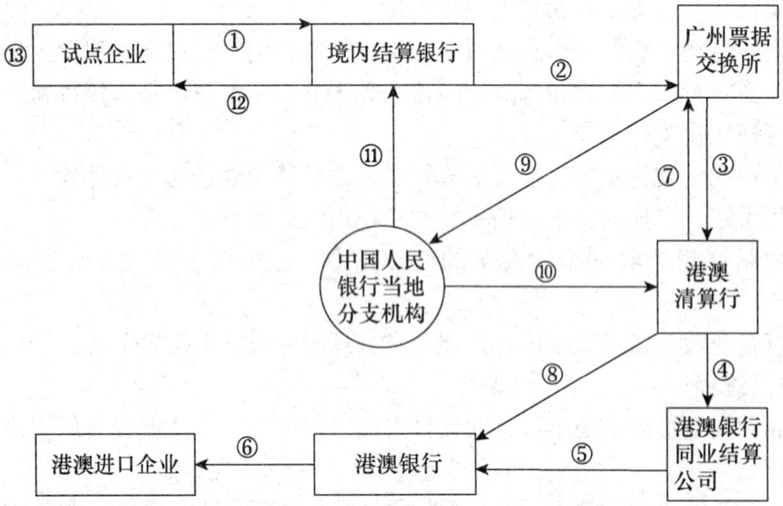

图 13-7 光票托收（支票）在出口项下跨境贸易人民币结算流程

说明：①提交支票，委托银行收款；②审核后通过业务系统提交偿付指令；③提交支票；④提交支票；⑤按付款银行进行清分；⑥借记企业账户；⑦反馈无退票信息；⑧借记付款账户；⑨提交票据交换系统清算差；⑩借记港澳清算行账户；⑪贷记境内结算银行账户；⑫贷记试点企业账户；⑬试点企业办理国际收支申报。

（1）试点企业按照合同发货并收到港澳进口企业开出的支票后，委托境内结算银行将支票向港澳银行提示付款。港澳银行是该支票的付款银行。

（2）境内结算银行接受委托后，委托广州票据交换所向港澳银行转交支票。

（3）广州票据交换所将支票清分至港澳清算行。

（4）港澳清算行将支票提交至港澳银行同业结算公司。

（5）港澳银行同业结算公司清分支票后将其提交至港澳银行。

（6）港澳银行经审核无误后，借记港澳企业人民币账户。

（7）港澳清算行将港澳银行无退票信息发送至广州票据交换所。

（8）港澳清算行借记港澳银行人民币账户。

（9）广州票据交换所根据无退票信息，向中国人民银行当地分支机构提交票据交换系统清算差。

（10）中国人民银行当地分支机构根据广州票据交换所提供的信息借记港澳清算行人民币账户。

（11）中国人民银行当地分支机构同时贷记境内结算银行的人民币账户。

（12）境内结算银行按规定为试点企业办理入账手续。

（13）试点企业收妥款项后，按照要求做好国际收支申报等手续。

（二）进口流程

采用支票结算方式，试点企业主要通过 12 步支付相关人民币款项（见图 13－8）。

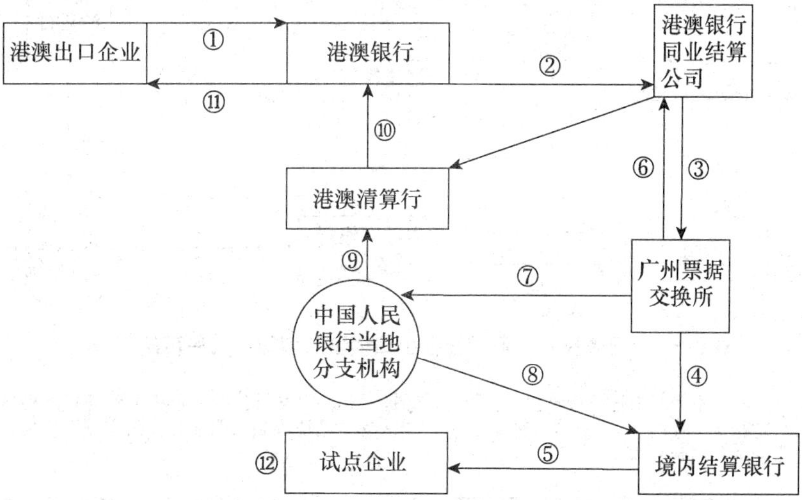

图 13－8　光票托收（支票）在进口项下跨境贸易人民币结算流程

说明：①提交支票，委托银行收款；②审核后提交支票给港澳银行同业结算公司；③将支票转交给广州票据交换所；④将支票提交境内结算银行；⑤借记试点企业账户；⑥反馈无退票信息；⑦提交票据交换系统清算差；⑧借记境内结算银行账户；⑨贷记港澳清算银行账户；⑩贷记港澳银行的人民币账户；⑪贷记港澳出口企业账户；⑫试点企业办理国际收支申报。

（1）试点企业按照合同收货并签发支票给港澳出口企业，港澳出口企业委托港澳银行收款。境内结算银行是付款银行。

（2）港澳银行接受委托后，委托港澳银行同业结算公司向境内结算银行转交支票。

（3）港澳银行同业结算公司将支票转交至广州票据交换所。

（4）广州票据交换所将支票提交至境内结算银行。

（5）境内结算银行经审核无误后，借记试点企业人民币账户。

（6）广州票据交换所将境内结算银行无退票信息发送至港澳银行同业结算公司，同时港澳银行同业结算公司将该无退票信息提供给港澳清算行。

（7）广州票据交换所将票据交换清算差提交至中国人民银行当地分支机构。

（8）中国人民银行当地分支机构随后借记境内结算银行的人民币账户。

（9）中国人民银行当地分支机构贷记港澳清算行的人民币账户。

（10）港澳清算行随后贷记港澳银行的人民币账户。

（11）港澳银行为港澳出口企业办理入账手续。

（12）试点企业付完款项后，按照要求做好国际收支申报等手续。

三、跟单托收（汇票）

下面分别从出口与进口两个方面具体阐述跟单托收（汇票）在跨境贸易人民币结算中的使用。

（一）出口流程

在将跟单托收（汇票）作为结算方式时，境外进口企业将根据惯例向试点企业支付人民币款项，主要包括九步（见图13－9）。

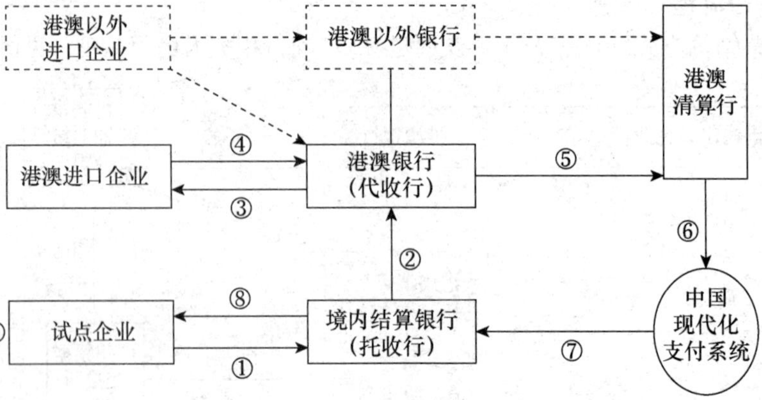

图13－9　跟单托收（汇票）在出口项下跨境贸易人民币结算流程

说明：①发货后开立汇票，委托银行收款；②委托；③提示；④提交付款指令及相关贸易背景资料；⑤审核后通过业务系统提交付款指令；⑥向支付系统提交付款指令；⑦从支付系统收到来账业务；⑧审查无误后，为试点企业办理入账；⑨试点企业办理国际收支申报。

（1）试点企业按照合同发货并开立汇票后，委托境内结算银行（托收行）将汇票及相关单据向境外进口企业提示付款。

（2）境内结算银行接受委托后，委托港澳银行（代收行）向港澳进口企业转交汇票及单据。

（3）港澳银行（代收行）接受委托后，将汇票及单据提示港澳进口企业。

（4）港澳进口企业向港澳银行（代收行）提交付款指令及相关贸易背景材料。

（5）港澳银行（代收行）收到付款指令并审核相关贸易背景材料后，借记港澳进口企业人民币账户并通过业务系统向港澳清算行发出汇款指令。

（6）港澳清算行经审核并借记港澳银行（代收行）人民币账户后，向中国现代化支付系统提交付款指令。

（7）中国现代化支付系统对港澳清算行发来的付款指令核对无误后，向境内结算银行发送收款指令，并贷记境内结算银行人民币账户。

（8）境内结算银行收到收款指令经审核后，为试点企业办理入账手续。

（9）试点企业收妥款项后，按照要求做好国际收支申报等工作。

（二）进口流程

试点企业在向港澳出口企业支付人民币款项时，具体流程类似于出口，主要包括九步（见图 13-10）。

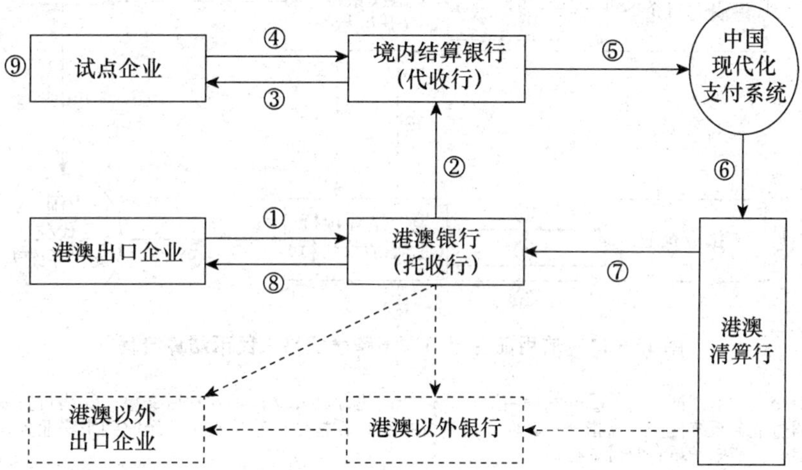

图 13-10　跟单托收（汇票）在进口项下跨境贸易人民币结算流程

说明：①发货并开立汇票后委托银行收款；②委托；③提示；④提交付款指令及相关贸易背景资料；⑤审核后通过业务系统提交付款指令；⑥将付款指令转发给港澳清算行；⑦将收款指令发送给收款银行；⑧审查无误后，为企业办理入账；⑨试点企业办理国际收支申报。

（1）港澳出口企业按照合同要求发货并开立汇票后，连同其他单据委托港澳银行（托收行）向试点企业收款。

（2）港澳银行（托收行）接受委托后，委托境内结算银行（代收行）向试点企业提示汇票及单据。

（3）境内结算银行（代收行）接受委托后，将汇票及单据提示试点企业。

（4）试点企业向境内结算银行（代收行）提交付款指令。

（5）境内结算银行（代收行）收到付款指令并核对后，通过业务系统向中国现代化支付系统提交付款指令，并借记试点企业人民币账户。

（6）中国现代化支付系统对境内结算银行（代收行）发来的报文核对无误后，向港澳清算行发送收款指令，并借记境内结算银行（代收行）的人民币账户。

（7）港澳清算行审核并贷记港澳银行（托收行）人民币账户后，通过业务系统向港澳银行（托收行）发送收款指令。

（8）港澳银行（托收行）收到收款指令并审核后，为港澳出口企业办理入账手续。

（9）试点企业付妥款项后，按照要求做好国际收支申报等手续。

四、信用证

下面分别从出口与进口两个方面具体阐述信用证在跨境贸易人民币结算中的使用。

(一) 出口流程

在采用信用证作为结算方式时，港澳进口企业将根据信用证惯例向试点企业支付人民币款项，主要包括12步（见图13-11）。

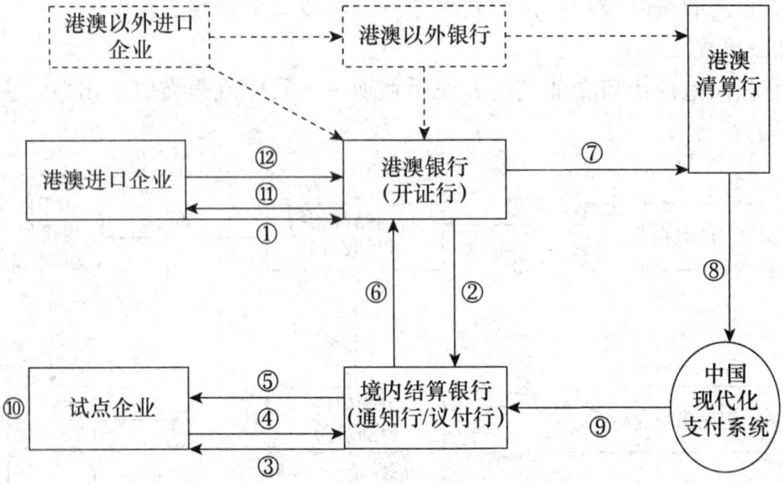

图13-11 信用证在出口项下跨境贸易人民币结算流程

说明：①提交开立信用证申请；②开立信用证；③通知信用证已开立；④发货后交单；⑤垫付贸易款；⑥寄单索偿；⑦审核后通过业务系统提交付款指令；⑧向支付系统提交付款指令；⑨从支付系统收到来账业务；⑩试点企业办理国际收支申报；⑪通知赎单；⑫付款赎单。

(1) 港澳进口企业向为其开立人民币账户的港澳银行提交开立信用证申请。

(2) 港澳银行开立信用证后，要求境内结算银行（通知行/议付行）通知试点企业信用证已开立。

(3) 境内结算银行（通知行/议付行）通知试点企业信用证已开立。

(4) 试点企业随后备货，在发出货物取得运输单据并备齐信用证要求的其他单据后，将单据交给境内结算银行（通知行/议付行）。

(5) 境内结算银行（通知行/议付行）审核信用证及相关单据后买入单据。

(6) 境内结算银行（通知行/议付行）支付货款后将单据及信用证立即寄给港澳银行。

(7) 港澳银行审核单据认为符合信用证要求后，通过业务系统向港澳清算行提交付款指令。

(8) 港澳清算行收到付款指令并检查无误后，借记港澳银行人民币账户后，向中国现代化支付系统发送付款指令。

(9) 中国现代化支付系统对港澳清算行发来的付款指令进行检查处理后，将支付指令发送给境内结算银行（通知行/议付行），并贷记境内结算银行（通知行/议付行）的人民币账户。

(10) 试点企业按要求做好国际收支申报等手续。

(11) 港澳银行通知港澳进口企业付款赎单。

(12) 港澳进口企业付款赎单。

(二) 进口流程

试点企业利用信用证向港澳出口企业支付人民币货款时，具体流程类似于出口，主要包括12步（见图13-12）。

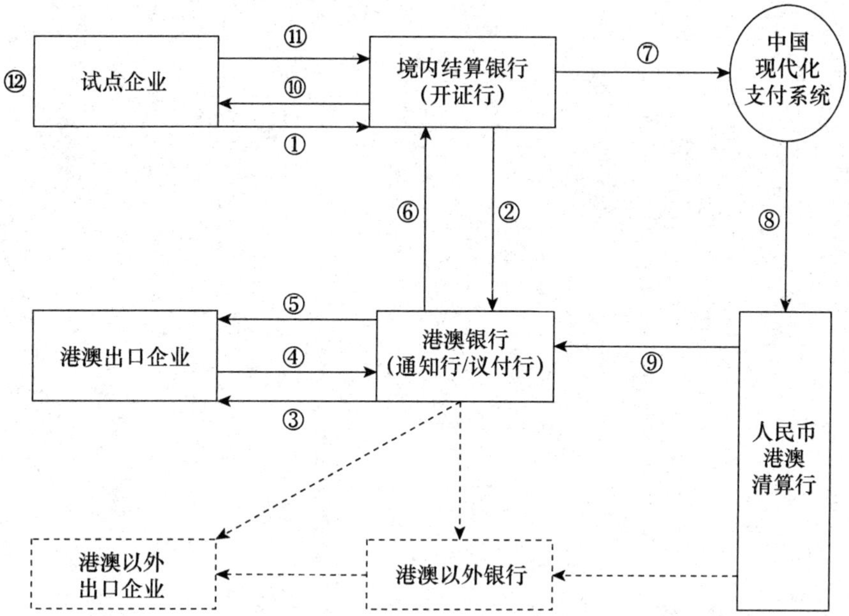

图13－12　信用证在进口项下跨境贸易人民币结算流程

说明：①提交开立信用证申请；②开立信用证；③通知信用证已开立；④发货后交单；⑤垫付贸易款；⑥寄单索偿；⑦审核后通过业务系统提交付款指令；⑧支付系统发送付款指令；⑨将偿付指令发送至收款银行；⑩通知赎单；⑪付款赎单；⑫试点企业办理国际收支申报。

（1）试点企业向境内结算银行提交开立信用证申请。

（2）境内结算银行开立信用证后，通知港澳银行（通知行/议付行）。

（3）港澳银行（通知行/议付行）通知港澳出口企业信用证已开立。

（4）港澳出口企业收到信用证后备货，在发出货物并取得运输单据后，将单据连同信用证提交港澳银行（通知行/议付行）。

（5）港澳银行（通知行/议付行）审核相关单据及信用证后，向港澳企业买入相关单据。

（6）港澳银行（通知行/议付行）将所买入的单据立即寄给境内结算银行。

（7）境内结算银行审核单据并认为符合信用证要求后，通过业务系统将付款指令发送至中国现代化支付系统。

（8）中国现代化支付系统对境内结算银行提交的付款指令进行检查后，将付款指令发送至港澳清算行，并贷记港澳清算行人民币账户。

（9）港澳清算行收到中国现代化支付系统来账后，通过业务系统将偿付指令发送至港澳银行（通知行/议付行）并贷记其人民币账户。

（10）境内结算银行通知试点企业付款赎单。

（11）试点企业向境内结算银行付款，并获得单据以提取货物。

（12）试点企业按照要求办理国际收支申报等手续。

第四单元

国际贸易结算融资业务

第十四章

打包贷款业务

第一节 打包贷款概述

一、打包贷款的含义和特点

(一) 打包贷款的含义

打包贷款是出口地银行向出口商提供的短期资金融通，指的是出口地银行为支持出口商按期履行合同、出运交货，向收到合格信用证的出口商提供的用于采购、生产和装运信用证项下货物的专项贷款。

(二) 打包贷款的特点

(1) 打包贷款的币种。人民币和国际上主要可兑换货币。

(2) 打包贷款的额度。信用证下的打包贷款金额一般不超过信用证总金额（按当日银行买入价折算）的80%。

(3) 打包贷款的期限。贷款期限以信用证有效期为基础，一般为自放款之日起至信用证有效期后一个月，原则上不超过半年，最长不超过一年。

(4) 打包贷款的利率。根据风险水平双方议价，按实际贷款天数计息。

二、打包贷款的优点

(1) 扩大贸易机会。在企业自身资金紧缺而又无法争取到预付货款的支付条件时，帮助企业顺利开展业务、把握贸易机会。

(2) 减少资金占压。在生产、采购等备货阶段都不必占用企业的自有资金，缓解了企业的流动资金压力。

(3) 信用证正本留存于银行，并做好跟踪调查工作，以确保客户出货后不向其他银行交单议付。

(4) 正常情况下以该信用证项下议付押汇或收汇作为第一还款来源，也可以该信用证项下出口押汇款作为还款来源。

第二节 打包贷款业务操作流程

一、打包贷款的对象和条件

（一）打包贷款的对象

中国企业（尤其是出口商）如具备独立法人资格并具有进出口经营权，即可凭海外银行开来的以企业为受益人的有效信用证正本，向银行申请叙做出口信用证打包贷款。在流动资金紧缺，国外进口商虽然不接受预付货款的条件但同意开立信用证的情况下适宜选择打包贷款业务。

（二）打包贷款的条件

企业如需办理打包贷款，必须满足以下条件：

（1）企业应当独立核算，自负盈亏，且经营作风良好，无违法违规和违约等不良行为记录，企业须有出口业务经营权。

（2）企业须有出口亏损弥补来源，有齐全的生产销售计划和健全的财务管理制度，恪守信誉并在银行开有账户；信誉良好，有按期偿付贷款本息的能力。

（3）企业所持的有效信用证正本需由资信良好的海外银行开立，不可撤销，且信用证条款必须经银行核准，抵押信用证项下的出口单据必须交银行进行议付。

（4）企业应向银行提供有关外销合同，企业具有良好的贸易履约能力，制单能力强，能按期、按质、按量完成生产（收购）和交货计划。

（5）能及时、准确地向银行提供相关贸易背景资料和财务报告，主动配合银行的调查、审查和检查。

（6）贷款用途符合中国的国家法律、法规及有关政策规定。

（7）银行要求的其他条件。

二、打包贷款的办理程序

打包贷款的申办程序如下：

（1）申请。欲申请打包贷款的出口商，事先一般与银行签订打包贷款总协议，该协议确定双方的责任和义务以及总的放款额度。协议签订之后，出口商提出贷款要求时，可凭正本信用证和打包贷款申请书到银行提出申请。

（2）审查。银行的审查包括资信的审查和信用证的审查两个方面，如申请人的经营范围、经营能力、财务状况等，在签订打包贷款总协议之前为确定总额度银行已做过审查，如未签订过总协议，此时银行要进行认真的审核；然后是审查信用证的条款，如开证行的资信、出口货物的市场情况、信用证的有效性等。

（3）签约，即双方签订打包贷款合同。经审查，若银行同意出口商的申请，则双方磋商后即可签约。合同的内容除贷款货币、金额、期限、利率、还款方式、违约处理等项目外，还包括出口商的承诺，如出口商在本合同下的全部出口商品必须向银行所认可的保险机构投保，银行有权检查监督出口商对贷款的使用情况，有关打包贷款合同项下贷款债务的转移需征得银行同意等。

(4) 发放。签约后，银行便可向出口商发放贷款，贷款金额一般为信用证金额的60%～80%，期限从贷款之日起至信用证项下货物出运办理议付或货款收妥结汇日止，一般为3个月。核发贷款时，银行应在信用证上批注。

(5) 偿还。提供打包贷款的银行承担议付行的角色，当出口商交单议付时，银行从议付款中扣除打包贷款的本金、利息和其他费用，也可按协议在收妥结汇时偿还。如出口商未在信用证的有效期内交单，或开证行因单证不符拒付，或开证行无理拒付，银行有权在贷款到期时，从出口商的存款账户上或信用证收妥的货款中扣除本息及费用。

图14-1展示了出口商采用打包贷款方式进行贸易结算的流程。

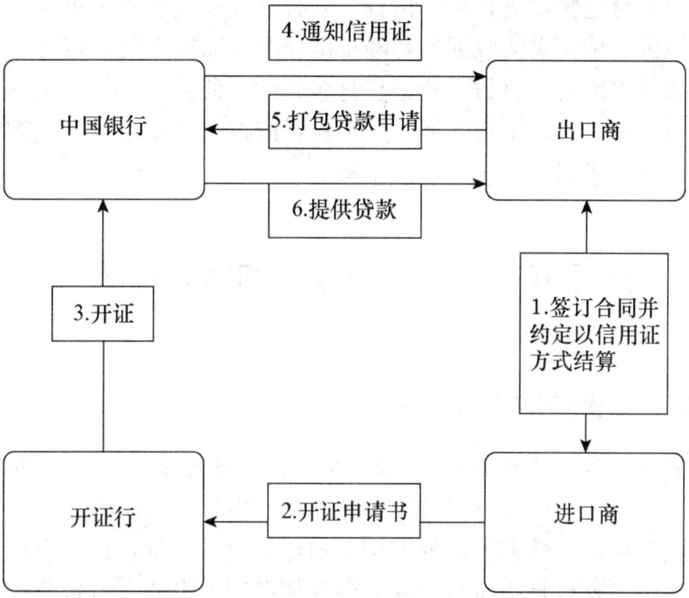

图14-1　出口商采用打包贷款方式进行贸易结算的流程

打包贷款的资金必须专款专用，仅限于信用证项下出口商品的备货备运、生产和出运，不得用于其他用途。

作为出口贸易融资的一种方式，打包贷款早已被港澳及国外商业银行视为一项重要的业务大加利用，它不仅增加了银行业务的品种，扩展了其经营范围，而且这种业务是和结算业务相结合的，方便了出口商，增强了其竞争力。和流动资金贷款相比，打包贷款具有较强的针对性和安全性，贷款的回收率较高。近些年，此业务在我国已得以普及。

具体来说，出口商与国外进口商签订买卖合同后，就要组织货物出口。在此过程中，出口商可能出现资金周转困难的情况。例如，出口商用自有资金购买货物，存放在仓库里，资金被占用。在这种情况下，出口商用进口地银行向其开来的信用证，或者其他保证文件，交付出口地银行作为抵押，借入款项。出口地银行在此情况下向出口商提供的贷款就称为打包贷款。

打包贷款的期限一般很短，出口商借入打包贷款后，很快将货物装船运出，在取得各种单据并向开证行开具汇票后，出口商通常前往贷款银行，进行议付，该银行收下汇票和单据后，将以前的打包贷款改为出口押汇，这时的打包贷款即告结束。在打包贷款中，如果出口商不按规定履行职责，贷款银行有权处理抵押品，以收回贷出款项。打包贷款的数额一般为出口货物总值的60%～70%。

"打包贷款"是一个会计科目，这个科目核算借款单位在接到国外开来信用证后，因货物装运出口前需要短期资金而由银行发放的贷款。

三、打包贷款的主要账务处理

（1）发放贷款时，借记"打包贷款"科目，贷记"单位存款"等科目；按规定计算应收利息时，借记"应收利息"科目，贷记"利息收入"科目；实际收取利息时，借记"单位存款"等科目，贷记"应收利息"或"利息收入"科目。收回贷款时，借记"存放境外同业"等科目，贷记"打包贷款"科目。

（2）期末，应对打包贷款进行全面检查，并合理计提贷款损失准备。对于不能收回的打包贷款应查明原因。确实无法收回的，经批准作为呆账损失的，应冲销提取的贷款损失准备，借记"贷款损失准备"科目，贷记"打包贷款"科目。

贷款损失准备一经确认，不得转回。这个科目应按借款单位进行明细核算。这个科目的期末借方余额，反映了银行打包贷款的余额。

第三节　打包贷款业务的风险与防范

一、打包贷款业务中的主要风险

信用证打包贷款业务，从其内容设计来看，还是比较合理的。在正常情况下，银行的这类贷款回收可以有一定的保障。只要作为出口商的借款人能正常生产出口产品，能按期付运，仔细制作出口单据，就能回收外汇用以归还贷款。但是，许多银行都认为打包贷款业务具有很大的风险。这也是由打包贷款业务的特点所决定的。打包贷款是信用证交易和流动资金贷款两者的结合。由于是出口货物付运前融资，对银行而言，没有货物，没有担保，信用证只是还款来源的保证，而不是抵押。在一般商业信用证条款上，拿信用证作抵押在法律上对信用证的权利义务关系不产生影响，而反过来，信用证交易正常与否却直接影响到打包贷款能否顺利收回。因此，在某种程度上，打包贷款面临信用证交易和一般流动资金贷款的双重风险。

（一）信用证本身结算的风险

首先，货物能否按照信用证所定期限装出，事先并无把握；其次，货物即使按期装出，所有单据及汇票是否能完全符合信用证的要求而毫无误差，也不可知。仅此中任何一项，就足以使信用证收不到款。这一方面有可能是出口商执行合同不严肃，处理信用证项下单证不认真，用不符点单据担保交单，一些严重不符点如推迟装船、迟延交单，即使银行审查发现也已无法修改，货物出运后，国外进口商以不符点为由拒绝付款，导致银行贷款风险。另一方面则有可能是国外进口商为保证自身利益在信用证中设置非规范性单据或签字证明等软条款。非规范性单据如非海运提单，或者海运提单一份或全部正本直接寄给国外进口商，议付时不能向银行提交全套单据，导致物权丧失，一旦出现纠纷，将影响收汇。签字条款如规定出口商交单时需提交进口商签字的证明出口货物经检验合格的文件，这样，合同交易主动权完全掌握在国外客户手中，一旦行情有变，国外进口商借口货物质量问题拒绝签字证明，使信用证项下出口收汇无法保证。由此可见，信用证打包贷款存在相当大的风险，银行一般对带有软条款的信用证不做打包贷款。

（二）还款来源方面的风险

即使用作打包贷款抵押的信用证的开证行信誉很好，打包贷款仍有较大的风险。具体表现如下：

一是一证多贷现象。有些客户将信用证正本交某银行作抵押，又用副本信用证再次向其他银行申请贷款并担保交单议付，或者到他行做托收，使该银行提供贷款后却得不到单据。

二是开出并不使用的信用证来套取银行资金。例如，出口商接到信用证后，由于行情变化，时间紧张等原因不准备履约，但还是利用信用证向银行申请打包贷款，将贷款资金挪作他用，使该笔资金还款失去来源。又如，开证人和受益人恶意串通诈骗，少数不法客户在银根较紧的情况下与外商恶意串通开立大额信用证，向银行骗取打包贷款，然后将贷款全部或者部分挪作他用，使信用证逾期失效，外商予以默认，致使打包贷款不能按期全部归还，甚至难以收回。

三是出口商将打包贷款挪作他用。出口商以统一调度资金为由，将打包贷款资金用于其他业务，如购买房地产或者违规炒作股票，待信用证项下货物或生产原料收购需要付款时再另行筹措，一旦周转不灵，立刻影响该笔业务的正常开展。

二、打包贷款的风险控制与防范

（1）思想保持警惕。尽管有非常严格的条件，但是打包贷款仍然是一项颇具风险的业务。现在不少商业银行都可以开展国际业务，相互之间争夺客户的竞争比较激烈，但银行不应因此忽视风险防范。

（2）严格贷款审查。贷前对出口商的资产负债、经营管理、财务状况、资信情况等进行深入细致的调查，对符合流动资金贷款条件的才能办理信用证抵押贷款，尤其是要注意企业历年的创汇业绩。贷时审查信用证条款及开证行的资信，包括客户交来的信用证是不是正本信用证、信用证的真实性、贷款申请人与信用证受益人是否一致、开证申请人与外贸合同规定的进口商是否一致、信用证是否限制议付、单据要求有无软条款、偿付指示是否明确合理等。贷后检查已抵押信用证的交单情况，视不同的交单情况掌握以后的贷款发放。应与出口商保持联系，监督企业按贷款合同规定使用资金，保证专款专用，及时掌握备货，出货，督促企业及时交单，出单后要进行跟踪，保证按时收汇还贷。

（3）加强银行内部协作。目前打包贷款大都在银行国际业务部门发放，客户来源比较复杂，有些客户来自外地，或在其他银行开立基本账户。而多年来国际业务部门缺乏对客户资信的全面调查程序，如果银行对客户没有统一授信额度控制，那些资不抵债的客户仍有可能在信用证的掩护下得到融资，从而加大了银行打包贷款的风险。因此，银行国际业务、信贷和结算部门要经常交流信息，清理逾期未用的信用证，使银行能够掌握进出口公司的交单情况，便于贷后管理。

（4）落实贷款的担保措施。打包贷款有信用证做抵押，银行资金有一定的安全保证，但如果忽视有效担保措施的落实，同样会造成风险。因为打包贷款本质上是属于流动资金贷款，流动资金贷款所面临的所有风险，它同样都会遇到。所以，应根据贷款申请人的资信情况及其与贷款银行的业务关系，来确定适当的贷款担保方式。

第十五章

出口押汇业务

第一节　出口押汇概述

一、出口押汇的含义及特点

（一）出口押汇的含义

出口押汇是指企业（信用证受益人）在向银行提交信用证项下单据议付时，银行（议付行）根据企业的申请，凭企业提交的全套单证相符的单据作为质押进行审核，审核无误后，参照票面金额将款项垫付给企业，然后向开证行寄单索汇，并向企业收取押汇利息和银行费用并保留追索权的一种短期出口融资业务。

（二）出口押汇的特点

（1）出口押汇是对出口商有追索权的融资，如果押汇银行未能按时从国外收回款项，有权要求出口商立即归还押汇融资本息；

（2）通常期限较短，从出口商提交出口单据之日起，至预计从国外收回款项的日期为止，短则几天，长不超过数月；

（3）押汇金额可以是出口应收账款的全额，也可以是应收账款的一定比例，视出口商的需求及押汇银行在风险方面的考虑而定。

二、出口押汇业务的优点

（1）押汇融资加快了出口商的资金周转，将其未来的应收账款转化为现金；

（2）相对于银行贷款而言，出口押汇的手续简便易行；

（3）出口商通过出口押汇业务可以即时得到货款，提前办理外汇结汇，能够有效地规避汇率风险；

（4）对于融资银行来说，出口押汇业务有出口单据所代表的物权/应收账款作为质押，比对出口商的信用放款更有保障；

（5）融资银行除了可以获得放款回收保证和存贷款利差之外，还可赚取结算单据的手续费、货款支付的汇兑收益等多种收益。

第二节　出口押汇业务操作流程

一、出口押汇的对象和条件

（一）出口押汇的对象

企业如具有进出口经营权并具备独立法人资格，且以信用证作为出口结算的方式，即可凭信用证项下的出口单据向银行申请叙做出口押汇。

（二）出口押汇的条件

企业如需向银行申请叙做出口押汇，必须满足以下条件：

（1）企业应在申请行开立人民币或外币往来账户，办理进出口结算业务。

（2）企业资信良好，履约能力强，收汇记录良好，具有一定的外贸经验。

（3）出口的商品应为企业主要出口创汇产品，适应市场需求，国内外经销网络健全畅通，并取得了必要的配额及批文。

（4）企业应具有健全的财务会计制度，能按时向银行报送财务报表，接受银行对企业生产经营及财务状况的实时审核。出口押汇款项应用于合理的资金周转需要。

（5）开证行及偿付行所在地政局及经济形势稳定，无外汇短缺，无特别严格的外汇管制，无金融危机状况，且开证行自身资信可靠，经营作风稳健，没有故意挑剔单据不符点而无理拒付的不良记录。

（6）信用证条款清晰完整且符合国际惯例，经银行认可无潜在风险因素。转让信用证银行原则上不予办理出口押汇。

（7）叙做出口押汇的单据必须严格符合信用证条款，做到单单一致、单证一致。对远期信用证项下的出口押汇，须在收到开证行承兑后方可叙做。

二、出口押汇的办理程序

出口押汇的办理程序如图 15－1 所示。

（1）进出口双方签订贸易合同；

（2）进口商根据合同要求向进口商银行提出申请，委托其开立信用证；

（3）进口商银行向出口商银行开出信用证；

（4）出口商银行收到信用证后，通知出口商，要求其按照信用证要求提交相应单据；

（5）出口商根据信用证条款向出口商银行递交相应单据，并向出口商银行申请办理出口信用证押汇业务并提交出口押汇业务申请书；

（6）出口商银行对单据及押汇申请进一步审核，审核通过后按单据金额的一定比例发放押汇款；

（7）出口商银行向进口商银行交单，提示进口商银行即期付款或承兑付款；

（8）进口商银行到期付款；

（9）出口商银行收到进口商银行支付的款项后，扣除押汇本金、利息及相关手续费后将余款解付至出口商账户。

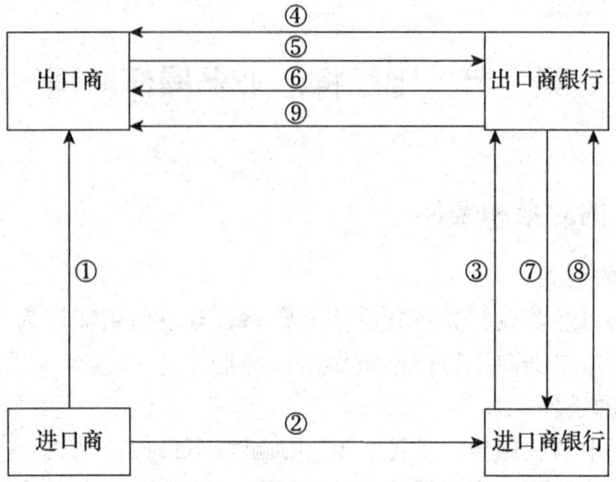

图 15-1 出口押汇的办理程序

说明：①签订贸易合同；②申请开立信用证；③开出信用证；④收到信用证，通知出口商；⑤交单、申请押汇；⑥审核过后发放押汇款；⑦交单议付、提示付款；⑧到期付款；⑨结清余款后解付到账。

三、出口押汇的主要账务处理

（1）收到押汇货款时：

借：银行存款

　贷：短期借款

（2）收到买方外汇，外汇指定银行结算时：

借：银行存款（经常项目账户实际收到外汇及折算人民币）

　短期借款（扣收数）

　财务费用（押汇利息及手续费）

　贷：应收账款——外方进口商（外方实付外汇及折合人民币）

第三节 出口押汇业务的风险与防范

一、国家或地区风险及其防范

国家或地区风险主要指进口商、开证行、保兑行所在国家或地区在国际经济活动中，由于国家主权行为引起损失的可能性。在信用证出口押汇业务中，该风险通常是由于进口国家采取与国家主权有关的措施而使进口商拒受货物或阻止向国外付款所产生的风险。国家或地区风险主要包括三类：

一是由于国家或地区政局不稳，政局或政权非正常更迭，或发生战乱、罢工等，引起一国经济混乱，直接阻碍了国际贸易、国际清算的正常开展；

二是由于交易对手国家实力薄弱，或者由于国家宏观经济政策失误导致国家失衡，出现一定时期的经济、金融危机，造成对方银行丧失支付能力；

三是由于国家对外关系的决策影响，当局宣布限制或禁止进口某种商品，实施外汇管制等。这将使对外贸易受阻或陷入停顿，造成相关进出口企业的巨大经济损失，引起贸易融资还款违约风险的产生。

一般而言，如果信用证规定的货运目的地是政局不稳定或战争动乱地区，也易发生货物灭失或开证行拒付的风险。出口商银行一般可以通过要求资信良好的第三方银行为信用证加具保兑或确认偿付等手段降低风险，考虑为此类信用证办理押汇。

二、出口商的信用风险及其防范

信用证出口押汇的直接还款人是出口商，因此出口商的信用是信用证出口押汇融资风险的根本所在。通常，出口商的信用风险表现在以下三个方面：

一是在国际信用证贸易中，货款是凭单据而非凭货物支付的，如果出口商品存在较为严重的质量或数量问题，导致买卖双方发生贸易纠纷甚至演变为法律诉讼，就会增加开证行拒付风险；

二是源于经营管理不善，生产能力不足，企业资金周转不灵，现金流量不足，甚至破产等原因，导致在开证行拒付的情况下出口商无力偿付；

三是出口商提交伪造信用证或单据骗取银行押汇款项，这是信用证欺诈的主要表现形式之一，对承做信用证出口押汇的银行危害很大。

针对此类风险，商业银行在进行审核的过程中，需要密切关注出口商的资信，一方面避免出现贸易欺诈、进出口双方联手作假单据欺骗银行等风险，另一方面在出现拒付或迟付的情况时可以及时履行追索权，要求出口商返还融资款及利息。

三、银行风险及其防范

银行风险来自银行经营及资信方面的风险，主要是指开证行或保兑行不愿或不能偿付造成的融资风险。在出口信用证结算方式下，信用证出口押汇业务的重要还款来源就是国外开证行的信用证下付款，开证行或保兑行负第一性付款责任。如果开证行或保兑行出现支付危机乃至破产，失去偿付能力，或者银行资信欠佳，无理拒付单证，融资银行就不得不转向出口商追索。而受益人因资金周转困难办理融资，出口项下的资金又无法回笼，即使受益人资信再佳，银行回收融资款项也需一段时间。

因此，对于开立大额信用证的银行或证下指定付款行、保兑行等规模小的银行，特别是一些不常见的地区性小银行，应注意受证金额是否与其规模相匹配。对于作风恶劣、常常无理拒付挑剔单据的银行也应注意考核，谨慎办理押汇。总之，如开证行资信情况欠佳，银行评级较差，清偿能力不足，除非资信良好的第三方银行加具保兑或确认偿付，否则一般情况下出口商银行不适宜为此类信用证办理押汇。

四、单证风险及其防范

信用证出口押汇是以信用证支付为前提的一种融资行为，而信用证又以单据为唯一付款依据，因此，单证风险成为信用证出口押汇的一大风险。单证风险主要包括三个方面：

一是信用证伪造的风险。二是单据伪造的风险。主要是指受益人在没有真实的基础交易的情况下，利用信用证独特的独立抽象性原则及严格相符原则，伪造单据或者提交记载内容虚假的单据，向押汇行骗取信用证出口押汇款项等。三是在出口融资业务中由于提交的单据存在单证不符、单单不符等问题，造成的信用证下收款不着的风险。由于单证不符，开证行第一性付款责任得以解脱。如果在此时押汇，则风险点发生转移，由开证行转向进口商、出口商品的市场及出口商信用方面。因此对于押汇行而言，单证相符押汇和单证不符押汇所承担的风险程度是完全不同的。

商业银行应根据 UCP600 及相关国际惯例从严审核单据，确保单证相符、单单一致。实务中，在无法完全相符，押汇金额又控制在对出口商的授信总额内时，单据如存在非实质性不符点，应要求押汇申请人出具保函。对运输单据为非物权凭证，或非提交全套物权凭证，或有实质性不符点从而对进口商权益构成实质性损害等项下的单据应避免予以融资。

五、技术性风险及其防范

一方面主要是指银行在办理国际贸易结算业务过程中，由于从业人员不熟悉信用证操作的国际惯例并熟练运用信用证条款保护融资银行利益，而在审核文件或单证时操作失误或不够严谨，在对信用证真实性、信用证条款审查及信用证项下单据进行审核时出现的技术性错误。

另一方面是指在融资项目审批过程中，审查人员对贷款人的信誉、财务状况、还款能力、市场前景等分析不够深入，对贷款企业的变化情况没有及时掌握。另外，银行内控机制不够完善，操作风险控制不严，这些因素还可能引发工作人员违规操作，形成风险隐患，甚至造成融资行的重大损失。

第十六章

进口押汇业务

第一节　进口押汇概述

一、进口押汇的含义及特点

（一）进口押汇的含义

进口押汇是开证行给予进口商（开证申请人）的一项短期融资便利，即企业（开证申请人）在银行给予减免保证金的情况下，委托银行开出信用证，在单证相符须对外承担付款责任时，由于企业临时资金短缺，无法向银行缴足全额付款资金，经向银行申请并获得批准后，由银行在对该企业保留追索权的前提下代为垫付款项给国外银行或出口商，并在规定期限内由企业偿还银行押汇贷款及利息的融资业务。

（二）进口押汇业务的特点

（1）专款专用，仅用于履行押汇信用证项下的对外付款；

（2）进口押汇是短期融资，期限一般不超过 365 天；

（3）进口押汇利率按银行当期流动资金贷款利率上下浮动计收；

（4）押汇百分比、押汇期限等由银行按实际情况决定；

（5）进口押汇须逐笔申请，逐笔使用。

二、进口押汇业务的优点

（1）与流动资金贷款相比能带给银行更多的收入，但只需承受更小的风险；

（2）银行通过持有信托收据，确认了单据或货物的所有权归属银行，同时银行可以随时取消信托关系，收回借出的单据和货物；

（3）办理即期信用证下的进口押汇，为企业创造了较晚对外押汇的有利条件，且操作较为简便；

（4）对企业来说，办理进口押汇的手续比流动资金贷款简单；

（5）使用信托收据，进口商可以立即取得单据，及时报关和提货，减少了码头上的仓储费，从而避免或减少了不能及时提货所遭受的损失。

第二节　进口押汇业务操作流程

一、进口押汇的对象和条件

（一）进口押汇的对象

企业（开证申请人）如使用银行授信额度开立信用证，由于单证相符必须承担对外付款责任时，因资金临时周转困难等原因，确实无法在规定付款日前筹措到付款资金的，可在收到银行到期付款通知书后向银行申请叙做进口押汇。

（二）进口押汇的条件

（1）企业应当具备独立法人资格，且经营良好，无违规、违法和违约等不良记录；

（2）企业必须在银行开有外汇或人民币基本账户或往来账户，保持经常结算往来，信誉良好；

（3）企业应有齐全的财务管理制度和生产销售网络，进口商品有正常合理的销售渠道和可靠的资金回笼来源，能够按期偿还银行的垫款资金；

（4）企业财务状况良好，具备短期偿债能力，如需要，企业应向银行提供经认可的贷款担保或抵押。

二、进口押汇的办理程序

进口押汇的办理程序如图 16－1 所示。

（1）当信用证受益人把信用证项下的单据提交我国开证行要求付款时，如果进口商（开证申请人）在开证行的资金不足，进口商申请进口押汇；

（2）银行在审单无误的情况下，叙做进口押汇，与进口商签订押汇协议。押汇银行有权监督上述信用证项下货物的销售情况；

（3）押汇行把押汇款付给进口商或直接给受益人（出口商银行），取得信用证项下的单据；

（4）一般情况下，进口商凭信托收据预借提单提货；

（5）货物出售后用货款偿还银行押汇款及利息。

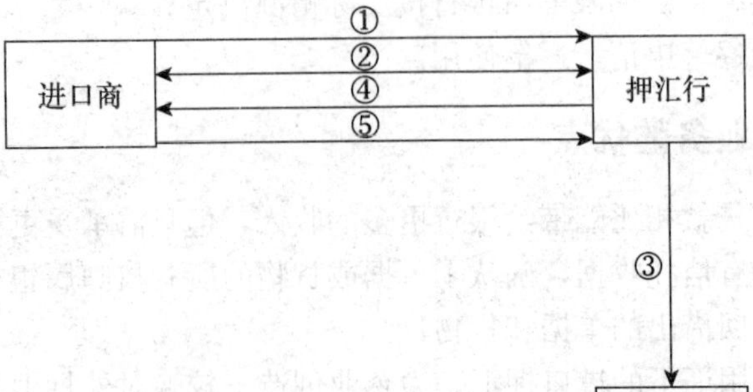

图 16－1　进口押汇的办理程序

说明：①提出押汇申请；②签订押汇协议；③支付货款；④交付单据；⑤还款。

第三节　进口押汇业务的风险与防范

一、进口押汇业务中的主要风险

（一）意识错误风险

进口押汇的经常性错误在于没有认识到开证行是通过信托的方式把代表货物所有权的单据交给进口商的，而把进口押汇看成普通的贷款。银行和进口商之间实际上是信托关系，银行设立自己为收益人，把货物的所有权凭证通过信托的方式交给进口商，进口商作为受托人对货物仅有处分权。

（二）信用风险

在进口押汇中，一旦银行通过信托收据"放单"给进口商，就不可避免地存在进口商恶意逃避银行债务的情况，即进口商在自身出现支付危机的时候，可能在极短的时间内通过转移有效资产、故意延长还款时间等手段逃避债务，造成开证行经济损失。

（三）操作风险

即使信用证项下的单据所代表的货物成为信托财产，具有高度独立性，但是在进口押汇的操作中，开证行的优先受偿权无法得到全面保护，开证行也面临着一些操作风险：

（1）进口货物被留置的风险。进口商为了获得更高的利润，往往会对进口货物进行加工，然后才出售。此外，进口货物也可能会存放到第三方的仓库内，因为进口商往往只是中间商，很少有仓储设备。我国《担保法》第八十四条规定，因保管、运输、加工发生的债权，债务人不履行债务的，债权人有留置权。法律规定可以留置的其他合同，适用前款规定。因此如果进口货物被加工或仓储，那么一旦进口商拖欠加工费或仓储费，那么进口货物就有被留置的可能性，从而对银行的权益造成危害。值得注意的是，由于留置属于法定担保物权，因此也不能排除进口商和加工方或仓储方串通，恶意行使留置权的可能性。

（2）进口货物被购买后的风险。如果进口商提货后，马上把货物销售出去，但未按进口押汇合同约定，将货物销售所得交付给银行，此时购买者由于已经支付了货款，并取得了货物的所有权，那么银行将无法从购买者处取回被信托的货款，而只能依照信托法的规定，追究进口商的受托人责任。

（3）货物销售所得款项被混同的风险。如果进口商把产品处理后不马上还款给银行，而是购买了其他商品或进行再投资，或者对进口货物进行加工，这时货物的总价值已经增加了，增加的部分无疑是进口商自己的财产，当这两部分财产已经成为一体而无法分割时，应如何将进口货物的信托财产与受托人自身的财产分离，确保信托财产的独立性，这是一个技术性难题。

二、进口押汇的风险防范

造成进口押汇风险的原因是多方面的，针对有可能产生风险的各种情况，应该做出积极应对，要详细考虑到能够造成风险的任何细微环节，对可能的风险要提前防范，使其不利影响降到最低。银行了解信用证下进口押汇风险所在后，应做出积极的应对，通过加强各个方面的管理来防范风险，并将风险拒之门外。

（一）常规性防范操作

（1）银行方面在受理进口押汇业务前，必须对申请人的情况进行全面审查，确认其是否为独立法人，有没有不良信用记录，审查其财务状况和进口商品是否有正常合理的销售渠道和可靠的资金回笼来源，是否具备短期偿债能力。

（2）与进口商签订进口押汇合同，确定有效保证形式，合理控制货权，在合同中明确陈述押汇金额、期限、利率：进口押汇金额不得超过境外银行来单索汇金额，进口押汇一般是短期融资，利率比照同期外汇流动资金贷款利率。

（3）注意选择合理的担保形式，协调好质押、抵押、信托收据、保证之间的关系。注意放汇后的管理，随时了解货物的情况。

（4）注意汇率风险，进口押汇的币种原则上应以本币为主。

（5）尽量不办理展期。

（二）严格操作程序，减少操作风险

（1）在开证行收到信用证单据，审单无误后或单据虽有不符点但开证行和进口商均能接受的情况下，银行可根据进口押汇合同及企业提交的信托收据办理业务。不得将信用证项下垫款转为进口押汇。

（2）要由精通会计、信贷和国际业务的人员对进口押汇后企业的提货、加工、销售、出口收汇等过程提供服务，时刻关注资金的安全。

（3）规定周转性额度，开证后银行应扣减其开证额度；押汇后扣减其押汇额度，归还押汇本息后两个额度同时恢复。

（三）加强对信用风险的控制

信用风险是金融、贸易活动中很难克服的问题，因为所有的法律制度都是基于诚实信用的原则制定的，即使有完备的法律保障，也难以避免信用风险的发生。作为贸易融资业务，银行必须对提出授信申请的客户的情况进行全面审查，以合理授信。应在对企业综合实力、行业前景、资信情况、与银行往来记录等进行评判的基础上确定是否对企业授信，是一揽子授信还是单项授信。申请授信企业必须能够满足银行在有效保证形式等方面提出的要求。通常进口押汇额度包括在开证授信额度内，且不超过一定比例。对曾经发生过信用证垫款及贷款逾期的企业要从严控制授信，调整出口押汇授信比例和额度。

第十七章

开证授信业务

第一节　开证授信概述

一、开证授信的含义和特点

（一）开证授信的含义

开证授信是银行对一些资信较好、有一定偿债能力的进口商，根据客户提供的抵押品数量、质量和资信情况，核定其开证额度，供客户循环使用。

（二）开证授信的类型和特点

一般情况下，开证授信分为可控制货权开证授信和不可控制货权开证授信。

1. 可控制货权开证授信

可控制货权开证授信主要包括以下三种情况：即期信用证项下要求全套货权单据；即期信用证项下要求非货权单据，但银行为指定收货人；远期信用证项下已落实货物控制措施。

特点：货权可控，开证行可以通过控制货权约束进口商的履约行为，进口商违约可能性较小。

2. 不可控制货权开证授信

不可控制货权开证授信主要包括以下三种情况：即期信用证项下要求非全套货权单据；即期信用证项下要求非货权单据；远期信用证项下未落实货物控制措施或进口商品不适合实施货权控制。

特点：开证行不能通过控制货权约束进口商履约行为，风险较大。

二、开证授信的优点

（1）进口商可以充分利用银行信誉，无须现款，便可获得所需的进口商品；

（2）进口商通过利用融资行专业化的服务，能降低贸易环节中的风险，进一步提高抗风险的水平，增强其在国际市场的竞争力；

（3）与流动资金贷款相比，开证授信用途更明确，对融资行来说更安全，流动性更强；

(4) 开证授信是或有融资，通过占用银行较少的资本金，为银行带来可观的收益，有利于银行在扩大业务规模的同时保持较理想的资本充足率水平。

第二节 开证授信业务操作流程

一、开证授信的对象和条件

企业如需办理开证授信，必须满足以下条件：

(1) 依法核准登记，具有经年检的法人营业执照或其他足以证明其经营合法性和经营范围的有效证明文件；

(2) 拥有开户许可证，并在开证行开立结算账户；

(3) 具有进出口经营资格；

(4) 与开证行有业务合作关系，且信用良好。

二、开证授信的办理程序

(1) 提交相关合规性文件，以证明进口商的资质以及还款能力，这些文件包括公司章程、财务报表等。

(2) 提供银行接受的可靠保证、抵押/质押，并办妥有关手续。

(3) 经银行内部逐级审批通过后，银行与进口商签订“进口信用证业务授信协议书”。

(4) 签订授信协议书后，进口商即可向银行申请开立信用证。

(5) 银行以授信方式开出信用证后，待国外出口商发运货物，并向银行寄单索汇时，银行按照国际惯例审单无误后通知进口商付款，凭进口商付款向其交单，由其办理提货。

第三节 开证授信业务的风险与防范

一、银行办理开证授信所面临的风险

（一）进口商信用风险和经营风险

进口商信用风险和经营风险主要表现为由于自身经营管理不善，生产能力不足，企业资金周转不灵，现金流量不足，甚至已破产等原因而无力偿付信用证款项；货到后进口商品市场价格下降，进口商履约意愿减弱，进口商就可能不愿或无力履行付款赎单责任；对行业知识、国际惯例、国际结算程序等缺乏应有的了解，以商务纠纷为由干扰信用证的执行，或者拒绝偿还融资贷款。

（二）出口商及出口商银行信用风险

出口商及出口商银行信用风险表现为在进口开证融资业务中，如果进口商品在品质或规格、数量方面存在问题，会降低进口商履约意愿。如果出口商银行违反信用证操作惯例，或者蓄意协同出口商伪造单据，进行欺诈，将很大可能导致进口商拒绝付款，最终形

成开证行的垫付。

（三）贸易背景不真实的风险

信用证业务如果不是基于真实的贸易背景，就失去了它原有的意义，因为银行都是根据贸易背景来为企业提供融资支持的。进口商利用信用证业务中银行只处理单据的特点，伪造贸易合同、单据等进行欺诈，会给银行带来资金和信用方面的损失。比如进出口商串通虚构贸易关系，伪造进出口买卖合同，欺骗银行为所谓的买方减免保证金，开出信用证。随后，“信用证受益人”伪造单据，提交给开证行。开证行凭表面相符的单据付款后，进出口双方分赃并随之消失。在议付信用证项下，如果受益人向议付行提交了表面相符的单据，还可以提前获得信用证项下融资。开证行因不能对抗善意第三方——议付行，即使事后知道了进出口双方有欺诈嫌疑，也不得不对外垫付。

（四）信用证软条款欺诈风险

信用证软条款是指开证申请人开立的信用证中附有某些“陷阱条款”，据此条款开证申请人或开证行可随时解除其付款责任，出口商货款的收回完全依赖于买方的商业信用，信用证成了“商业信用证”，而不是“银行信用证”。软条款信用证的欺诈具有相当大的隐蔽性，对受益人的威胁相当大。

（五）不能有效地控制货权的风险

如果信用证要求的运输单据不是全套物权凭证或开证行不掌握全部货权，如 1/3 海运提单直接寄给申请人且不需要银行背书转让申请人即可直接提货，银行就会丧失货权，对于付款的资金来源就失去了一项保证。又如在实务中还要防止预借提单欺诈风险。预借提单是在信用证装运日期及交单日期均已到期，而货物尚未装运完毕，或根本尚未开装的情况下，托运人提出要求，由承运人或其代理人签发“已装船提单”，这样的提单即为“预借提单”。签发预借提单，其性质属于卖方与承运人共同串通隐瞒迟交货物的真相，属于对收货人的欺诈行为。

（六）汇率风险

汇率的无序波动给从事国际贸易融资业务的银行带来了一定的风险。授信开证期限越长，汇率风险就越大。进出口商在国际贸易经营中面临汇率风险，在信用证类贸易融资项下，进出口商有可能将这种风险转移给银行。如银行收取人民币保证金，对外开立大额日元信用证，一旦日元大幅升值，则人民币保证金不足以对外支付。如果企业无法承担由汇率变动引起的资金不足的风险，则开证行就面临被动垫款对外支付的风险，从而遭受贸易融资的损失。

（七）对客户信用风险审查不严，担保的合法有效性落实不足

如果银行内部管理不善或工作人员专业水平不高、责任心不强等，可能导致授信审批环节出现道德风险或操作性风险。

二、银行针对开证授信的风险应采取的防范措施

（一）明确审查内容，落实有效担保

开证行应对申请人的基本情况、财务状况、生产经营情况、信用状况以及行业及市场环境进行详细的了解。通过审核其营业执照、财务报表等了解其企业性质、经营范围、财务状况、盈利能力等。深入实地，通过沟通和查阅有关资料、凭证，对开证申请人及担保人的基本情况、现金流、非财务因素和担保人的担保能力等有关情况进行全面的事前调查

与综合分析评价。如进口商品直接用于销售，还应调查国内市场行情，对大宗商品进口应进一步了解国内购货方支付能力。如果商品的市场价格出现大幅下跌的迹象，要立即与开证申请人沟通，采取必要的风险防范措施。对于授信额度不足、以往办理信用证业务中有不良记录、生产经营已出现重大问题或潜在危机的企业，银行应拒绝为其办理开证授信。

（二）注重出口商履约能力的调查

主要了解出口商是否具备相应生产和货源组织能力，以往履约记录如何等。对于大宗商品进口，应建议进口商委托专业征信公司对供货人资信状况进行调查。

（三）控制好保证金比例

根据进口商品性质、当前市场行情、进口商信用记录和支付能力、货权的控制程度等合理确定保证金比例。基本的控制原则是，对热炒商品或保质期较短、容易腐烂变质的商品，向申请开证企业要求较高的保证金比例及核定其较小的授信额度；对工贸企业生产原材料进口，可收取较低的保证金比例和给予较大的授信额度。

（四）加强内控措施

银行应加强内控，做好外汇的后续监管工作，从根本上杜绝客户利用无贸易背景信用证从银行骗取银行资金的可能性。不管进口商用什么方式开立无贸易背景信用证，只要最终有一定的金额与海关报关数据不符，无法核销，又不能做出合理的解释，外汇管理局就可以认为，该公司开立了无贸易背景的信用证，有套骗汇和骗取银行资金的嫌疑，外汇管理局就可以把该公司列入黑名单，限制该公司做新业务。

（五）利用信用证欺诈例外原则向法院申请止付令

所谓信用证欺诈例外原则，是指银行在一般情况下遵循信用证交易规则，但是如果确有证据证明卖方实施了欺诈行为，银行可拒绝付款，买方也可要求开证行拒付，或向法院申请办理止付令对银行的付款或承兑予以禁止。因为在这种情况下，通常开证行所收到的单证是相符的，也就是说开证行负有付款的义务，但是，如果付款，则受到欺诈，付出的款项很有可能收不回来；如不付款，则违反了其负有的法律义务，极有可能遭到受益人、议付行或其他权利人的起诉，且会影响到其商业信誉，因而，在银行负有付款义务的情况下，为了避免自身利益受到损害，可向法院申请止付令，以排除付款义务。尤其在开证申请人与受益人合谋乃至与第三方银行合谋欺诈开证行时，申请止付令是最有效的保障方式。

（六）切实落实合规性审核

认真审查授信开证是否合法、合规，是否符合国家的产业政策和信贷政策；审核与交易相关的材料，如商业合同、付汇备案表、进口许可证等是否齐备、完整、真实、有效；审核信用证有关条款要求是否符合国际惯例，并有助于保障银行和进口方的权益；确保其他法律性文件办理的手续、文本格式的形式要件合规、合法、完整。

（七）严格审查信用证条款，控制货权

即期信用证项下，只有在进口商付款后方可赎单；远期信用证项下，严格按照事先确定的监管方式对商品实施监管，并监控进口商将回笼货款存入指定账户，不得挪用。对于信用证要求非全套物权单据或非物权运输单据的情况，开证行应严格审查贸易背景的真实性，并有效落实银行对货物的所有权，如全套提单通过银行提交或非全套物权单据要经银行背书或授权申请人方可提货等。这样，当申请人不能按时办理相关付款、承兑手续时，开证行一旦进行了垫付还可以通过处置货物来得到补偿，减少损失。

（八）防范汇率风险

对于客观存在的汇率风险，银行应注意使用一些防范汇率风险的金融工具，固定外汇汇率，锁定交易成本。对大额进口开证业务，如付汇来源与信用证币种不同，应建议进口商办理套期保值，以规避汇率风险。

（九）加强后期管理

银行应跟踪贸易进程，及时发现和解决问题。信用证开出后开证行应对申请人的资信状况、货物的销售情况及企业的应收账款明细等进行动态跟踪，及早发现和规避风险隐患，对可能出现的问题要及时采取防范措施，如要求申请人追加保证金等。

第十八章

提货担保业务

第一节 提货担保概述

一、提货担保的含义和特点

（一）提货担保的含义

提货担保是指国际贸易中，从近洋地区进口的航程短，若出口商向银行交单较晚，可能进口信用证项下的进口货物先于正本货运单据到达目的地，进口商为了及时提货，要求开证行出具书面担保，交给运输公司先予提货，保证待取得正本货运单据后，及时补交给船公司再换回原书面担保，并负责交付船公司的各项应收费用及赔偿由此而可能遭受的损失。提货担保的实质是银行保函。

（二）提货担保的特点

（1）进口商凭提单副本等文件向银行提出申请。进口商办理提货担保，必须向银行提交提货担保申请书、船公司到货通知、致船公司的预先提货保证书，以及提单和发票等的复印件。银行对上述文件进行审核，以确保所指货物确属该信用证项下的货物。

（2）银行的担保责任在以正本提单换回提货担保时解除。银行对出具的提货担保函应进行专项登记并跟踪监督，待正本单据到达后，督促进口商及时到承运人处用正本提单换回提货担保函，以解除银行的保证责任。进口商退回的提货担保函，银行逐笔核销。如果进口商迟迟未退还担保函，银行应及时发函催促和跟踪，以便及时追回提货担保函。担保函如系进口商已退或申请人遗失，须由进口商出具证明，证明上述情况并由承运人盖章确认，同时进口商书面保证承担并免除银行担保函项下的一切责任。

（3）银行一般收取全额保证金。由于提货担保风险较大，因此在需要时，可适当考虑增加其他安全措施：在即期信用证条件下，考虑落实全额保证金；在远期信用证条件下，考虑落实全额保证金或要求提货担保申请人书面承诺在付款前交足保证金；或要求申请人增加第三方担保、房产抵押、有价证券的质押等，以便万一风险发生，开证申请人在处理业务时能有所顾忌，从而使开证行将损失减少到最低程度。

（4）提货担保中进口商向银行承诺，承担无条件付款责任。提货担保其实是开证行出具的一种保函，开证行作为担保人承担保函项下保证人所面临的一切风险。因此，银行出具提货担保后，要求申请人对于事后收到的信用证项下的单据，无论其与有关信用证是否相符，均保证立即承兑或付款，不得拒付。

二、提货担保的优点

（1）为进口方降低进口成本和交易风险。进口单位委托办理提货担保，既减轻了进口单位的仓储费用负担，又不致使其货物因品质变化而遭受损失；

（2）便于进口方及时地抓住交易时机，尽快地出售货物或者利用进口货物，为其尽快筹集资金偿还银行作为开证行所作出的付款创造条件。

第二节　提货担保业务操作流程

一、提货担保的对象和条件

开证行为提货担保申请人办理提货担保业务仅限于开证行自身开立的信用证项下的商品进口，并且在运输方式为海运、信用证规定提交全套海运提单的条件下方可办理；对于其他形式的进口商品、运输方式为非海运、对于部分正本提单直接寄进口商或银行不能控制货权的信用证不予办理提货担保。有的银行还要求进口商出具信托收据，具体说明在赎单之前货物所有权归银行，并负责赔偿银行可能遭受的一切损失。

在国内银行实际操作中，申请提货担保的企业一般须满足以下条件：

（1）进口商应是生产经营状况和信用记录良好的企业，已向银行落实保证金或者相应担保；

（2）必须针对的是原开证行开立的信用证，提货担保申请人是信用证的申请人，提货担保书的内容与信用证项目表面一致；

（3）进口商声明放弃单据中的所有不符点。

二、提货担保的办理程序

提货担保的办理程序如图 18－1 所示。

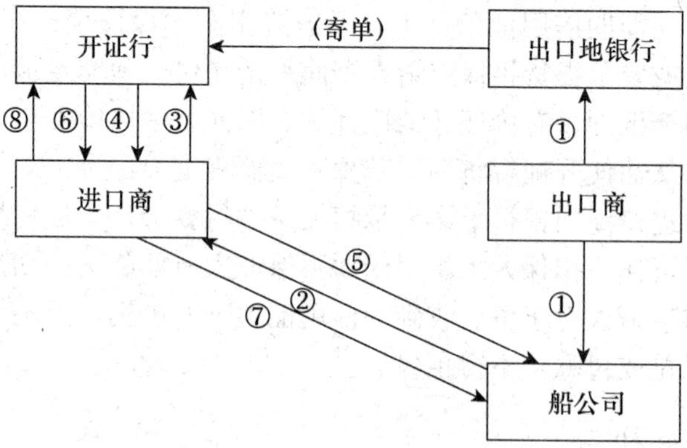

图 18-1 提货担保的办理程序

说明：

①出口商将货物交船公司并委托其运输至指定的港口，同时将单据交出口地银行议付或处理。

②船公司接受出口商的委托，将货物运抵信用证指定的港口，在货物到港后通知进口开证申请人（一般为提单的收货人或被通知方）。

③进口商（开证申请人）在开证行尚未收到包括提单在内的单据时，向开证行申请办理提货担保。

④开证行根据具体情况，有条件地为进口开证申请人办理提货担保，并出具提货担保书。

⑤进口开证申请人在签订相关协议后，凭开证行出具的提货担保书向船公司提取货物。

⑥开证行在收到出口地银行寄送的包括提单在内的单据后通知进口商，并要求收回提货担保书。正本提单寄达后，开证行要在提单上背书，在背书上写明“To release our Guarantee only”。银行通常要求留存 1/3 正本提单，并由申请人凭其余正本运输单据换回提货担保书并交还银行。

⑦进口商持提单去船公司换回开证行出具的提货担保书。

⑧进口开证申请人将提货担保书归还开证行。

第三节 提货担保业务的风险与防范

一、信用证提交的单据与提货担保项下的货物不符风险防范

银行应要求进口商在提货担保申请书中列明商品名称、唛头、数量、船名、发票金额、发货人、装运地点及日期、合同号、信用证号、提单号等，审核上述项目要与信用证表面一致，确定该货物属开证行所开信用证项下货物。

二、贸易欺诈风险防范

办理提货担保业务原则上应为近洋运输货物，远洋运输货物必须提供充分理由；要确认信用证处于正常状态，在信用证未通知受益人或申请人不接受电提不符点情况时，不应办理提货担保；应在正本单据的合理到达时间以前办理，对已过交单期正本单据仍未寄到的不应办理提货担保。

三、进口商信用风险防范

进口商信用风险表现为进口商凭银行出具的提货担保提取货物后，收到正本单据时又拒付或者拒绝承兑。因此银行应严格审查进口商的资信情况并要求进口商提交提货担保申请时须书面明确保证以下事项：

（1）即使单据存在不符点，申请人也不得拒付或拒绝承兑；